CONTORNOS DE LA NARRATIVA ESPAÑOLA ACTUAL (2000-2010)

Un diálogo entre creadores y críticos

Palmar Álvarez-Blanco y Toni Dorca
(Coordinadores)

La Casa de la Riqueza
Estudios de cultura de España, 19

LA CASA DE LA RIQUEZA
ESTUDIOS DE CULTURA DE ESPAÑA
19

El historiador y filósofo griego Posidonio (135-51 a.C.) bautizó la Península Ibérica como «La casa de los dioses de la riqueza», intentando expresar plásticamente la diversidad hispánica, su fecunda y matizada geografía, lo amplio de sus productos, las curiosidades de su historia, la variada conducta de sus sociedades, las peculiaridades de su constitución. Sólo desde esta atención al matiz y al rico catálogo de lo español puede, todavía hoy, entenderse una vida cuya creatividad y cuyas prácticas apenas puede abordar la tradicional clasificación de saberes y disciplinas. Si el postestructuralismo y la deconstrucción cuestionaron la parcialidad de sus enfoques, son los estudios culturales los que quisieron subsanarla, generando espacios de mediación y contribuyendo a consolidar un campo interdisciplinario dentro del cual superar las dicotomías clásicas, mientras se difunden discursos críticos con distintas y más oportunas oposiciones: hegemonía frente a subalternidad, lo global frente a lo local, lo autóctono frente a lo migrante. Desde esta perspectiva podrán someterse a mejor análisis los complejos procesos culturales que derivan de los desafíos impuestos por la globalización y los movimientos de migración que se han dado en todos los órdenes a finales del siglo XX y principios del XXI. La colección «La casa de la riqueza. Estudios de Cultura de España» se inscribe en el debate actual en curso para contribuir a la apertura de nuevos espacios críticos en España a través de la publicación de trabajos que den cuenta de los diversos lugares teóricos y geopolíticos desde los cuales se piensa el pasado y el presente español.

CONSEJO EDITORIAL:

Óscar Cornago Bernal (Consejo Superior de Investigaciones Científicas, Madrid)
Dieter Ingenschay (Humboldt Universität, Berlin)
Jo Labanyi (New York University)
José-Carlos Mainer (Universidad de Zaragoza)
Susan Martin-Márquez (Rutgers University, New Brunswick)
Chris Perriam (University of Manchester)
José Manuel del Pino (Dartmouth College, Hanover, NH)
Joan Ramon Resina (Stanford University, CA)
Lia Schwartz (City University of New York)
Ulrich Winter (Philipps-Universität Marburg)

CONTORNOS DE LA NARRATIVA ESPAÑOLA ACTUAL (2000-2010)

Un diálogo entre creadores y críticos

Palmar Álvarez-Blanco y Toni Dorca
(Coordinadores)

IBEROAMERICANA ● VERVUERT ● 2011

© Iberoamericana, 2011
Amor de Dios, 1 – E-28014 Madrid
Tel.: +34 91 429 35 22
Fax: +34 91 429 53 97
info@iberoamericanalibros.com
www.ibero-americana.net

© Vervuert, 2011
Elisabethenstr. 3-9, D- 60594 Frankfurt
Tel.: +49 69 597 46 17
Fax: +49 69 597 87 43
info@iberoamericanalibros.com
www.ibero-americana.net

Iberoamericana Vervuert Publishing Corp., 2011
9040 Bay Hill Blvd.
Orlando, FL 32819
USA
Tel. (407) 217 5584
Fax. (407) 217 5059

ISBN 978-84-8489-551-0 (Iberoamericana)
ISBN 978-3-86527-600-1 (Vervuert)
Dep. Legal: M-778-2011

Diseño de cubierta: Carlos Zamora

The paper on which this book is printed meets the requirements of ISO 9706

Impreso en España

ÍNDICE

PRESENTACIÓN
Toni Dorca
Contornos de la narrativa española actual (2000-2010) 13

INTRODUCCIÓN
Palmar Álvarez-Blanco
Escribir en el siglo XXI, a pesar o a favor de las circunstancias 19

CRÍTICOS
Ramón Acín
La edición a vuela pluma: ¿que veinte años son nada? 35
Txetxu Aguado
Modelos emocionales de memoria: el pasado y la Transición 45
Palmar Álvarez-Blanco
*De etnomanías y otros terrores: literatura e inmigración
en la España del siglo XXI* 55
Adolfo Campoy
La literatura poscolonial española del Magreb 67
Margarida Casacuberta
La novela catalana a principios del siglo XXI 75
Toni Dorca
*Los innumerables relatos de la historia: el Dos de Mayo
en la novelística actual* 91
Sebastiaan Faber
*La literatura como acto afiliativo: la nueva novela de la Guerra Civil
(2000-2007)* 101

Antonio Gómez López-Quiñones
*La misma guerra para un nuevo siglo: textos y contextos de la novela
sobre la Guerra Civil* 111
Germán Labrador Méndez
*Historia y decoro. Éticas de la forma en las narrativas
de memoria histórica* 121
Annabel Martín
*La palabra remendada: literatura y futuro en Euskadi.
Julia Otxoa y Bernardo Atxaga* 131
Alberto Medina
Entre patrias: Bolaño, escritura global y comercio de la ruina 141
Cristina Moreiras-Menor
Narrativa gallega contemporánea y memoria cultural 151
Nuria Morgado
*"¿Quién teme a Schopenhauer?" Escribir para trascender:
La Catedral Metaliteraria de Enrique Vila-Matas* 163
Mari Jose Olaziregi
Narrativa vasca o la memoria de la nación 175
Edurne Portela
*La escritura de la memoria en la nueva narrativa en español:
una perspectiva transatlántica* 189
José V. Saval
El mundo editorial hispánico del siglo XXI 199
Steven Torres
Políticas de la transposición de la literatura al cine en España 207
Carmen de Urioste
Narrativa de escritoras españolas en el nuevo milenio 219
Dolores Vilavedra
*La narrativa gallega de autoría femenina:
una interpretación desde el siglo XXI* 229

CREADORES
Óscar Aibar
Los metalibros y yo 241
Xurxo Borrazás
Escribir a la intemperie 247
Juan Cobos Wilkins
Cuando fui expulsado del Paraíso 255

Najat El Hachmi
Escribir en el siglo XXI 259

Laura Freixas
La escritura en el siglo XXI.. 263

Miquel M. Gibert
Breve historia de un escribidor... 263

J. A. González Sainz
La literatura como desazón.. 273

Belén Gopegui
Tres condiciones necesarias, aunque no suficientes, para una literatura de izquierdas.. 281

Miguel Mena
Tanto por leer, tanto por contar 285

José María Merino
Hablando de crisis narrativa.. 289

Rosa Montero
Garabatos de arena.. 293

Gonzalo Navajas
Narrar el siglo XXI: la cultura de la transnación............................. 297

Antonio Orejudo
Argumentistas y fragmentarios en la selva del supermercado.............. 301

Julia Otxoa
Algunas notas sobre mi narrativa... 305

José Ovejero
El final abierto... 309

Breves notas biográficas 313

A nuestros padres, José (1934-2008) y Fernando (1929-2009),
in memoriam.
A Eileen y Derrin, siempre.

AGRADECIMIENTOS

Este libro es una realidad gracias a la contribución desinteresada de todas las personas que han participado en él.

A los críticos les agradecemos su paciencia, a los escritores su generosa aportación, a Carleton College su granito de arena y a la casa editorial que lo presenta su apuesta por el proyecto.

En la suma de todas estas voces se encuentra el camino de un rico diálogo.

Gracias también a los lectores por su colaboración.

PRESENTACIÓN

CONTORNOS DE LA NARRATIVA ESPAÑOLA ACTUAL
(2000-2010)

Toni Dorca
Macalester College

La panorámica de la narrativa española del siglo XXI que el lector tiene en sus manos arranca de la experiencia de un final de ciclo que coincide con el advenimiento de una nueva centuria y un nuevo milenio. El agotamiento de un paradigma epistemológico desde el que explicar a la vez la realidad y la creación artística suscita en el escritor actual una respuesta que se bifurca en dos direcciones (Palmar Álvarez-Blanco). Por un lado, una mayoría se inclina por mantener a base de relatos nostálgicos la ficción de continuidad promovida por la cultura del bienestar; por otro, un grupo más reducido se afana por desmantelar la ilusión de nostalgia en la que está inmerso el sujeto contemporáneo, cultivando desde la intemperie un tipo de relato que aspira generalmente a no convertirse en *best seller* (Xurxo Borrazás). Otra taxonomía semejante aboga por una división entre *argumentistas*, quienes dan primacía a la trama, y *fragmentarios* o partidarios de explotar al máximo las posibilidades y límites del lenguaje (Antonio Orejudo).

Antes de adentrarnos en los contornos propiamente dichos de la narrativa actual, convendría matizar que el adjetivo *española* que figura en el título de nuestra antología se emplea en un sentido muy amplio, que incluye a quienes publican en cada una de las cuatro lenguas oficiales. Hay que apuntar aquí que la revitalización de las literaturas catalana, gallega y vasca es fruto de la normalización lingüística —insuficiente para unos, abusiva para otros, según el prisma nacionalista desde el que se enfoque la cuestión— y el aprendizaje de las lenguas minoritarias en la escuela. El escritor de provincias de antaño se ha reciclado así en escritor autonómico (Miguel Mena), primer paso a veces para una divulgación a escala nacional en la que la apuesta de las editoriales y la traducción de las obras al castellano tienen un papel determinante.

La cartografía de la narrativa en lengua catalana que se escribe en Cataluña, el País Valenciano y las Islas Baleares destaca por la abundancia y la variedad de sus propuestas, explicables a partir de la existencia de un público lector que consume todo tipo de relatos (Margarida Casacuberta). El mismo fenómeno tiene lugar en Galicia en relación con la novela escrita por mujeres, cuyo resurgimiento en el siglo XXI ha de atribuirse a la implicación simultánea de diversos agentes como la crítica, las editoriales o los premios (Dolores Vilavedra). En dicha comunidad se observa asimismo una preferencia por un regionalismo crítico que representa la identidad cultural diferenciada de un país sin fronteras, en constante proceso de desubicación y reubicación (Cristina Moreiras). Por su parte, la narrativa en lengua vasca ha recuperado el gusto por contar historias, destacando entre su variedad de manifestaciones un tipo de relato que quiere quebrar el discurso monolítico acerca del nacionalismo (Mari Jose Olarizegi). Puede decirse, por tanto, que la literatura vasca ha asumido recientemente el proyecto de remendar la realidad a través de la ficción, liberando el discurso intelectual del secuestro al que lo había sometido un nacionalismo identitario y carente de autocrítica (Annabel Martín).

El término *española* ha de incorporar igualmente las literaturas poscoloniales del Magreb escritas en castellano, que comprenden cuatro subgrupos (Adolfo Campoy): el marroquí, integrado por árabes y bereberes, el sefardí, el saharaui y los autores magrebíes de la diáspora. Finalmente, los narradores latinoamericanos que residen en España encarnan una segunda modalidad de esta condición de *entre patrias* (Alberto Medina) que caracteriza la producción literaria en el mundo hispánico.

La narrativa del siglo XXI se compone, por tanto, de una extensísima nómina de escritores que acoge una multiplicidad de tendencias, careciendo sus integrantes de cualquier filiación generacional (Antonio Orejudo). Si bien puede argüirse que dicho eclecticismo no favorece en principio el predominio de una tendencia sobre las demás (Rosa Montero), la reevaluación de la Guerra Civil, la dictadura franquista y la cada vez menos ejemplar Transición se ha convertido en la principal preocupación de un número no desdeñable de creadores y de críticos. La existencia de una *nueva* novela sobre la Guerra Civil pone de manifiesto la obligación moral de conocer el pasado a partir de unas relaciones *afiliativas* (Sebastiaan Faber) o unos modelos emocionales de memoria (Txetxu Aguado) cimentados en la solidaridad, la compasión y la identificación con las víctimas. El efecto compensatorio de esta rememoración de la Guerra Civil, sobre todo al contrastarlo con el desencanto del presente (Antonio Gómez López-Quiñones), puede tener, no obstante, efectos contraproducentes. La categoría *memoria histórica* presenta en ocasiones problemas de decoro (Germán Labrador Méndez) por la falta de adecuación entre la realidad de los hechos y el tono nostálgico desde el que se narran. Una respuesta a este desajuste se encuentra en aquellas novelas que, a ambos lados del Atlántico, proponen un acercamiento entre irónico, ofensivo e impertinente (Edurne Portela) al trauma de la violencia institucionalizada.

Un modo muy distinto de acercarse al pasado tiene lugar en la novela histórica, género que disfruta hoy en día de un éxito de ventas sin precedentes que ha catapultado a la fama mediática a algunos de sus cultivadores. A diferencia de lo que sucede con el tratamiento de la Guerra Civil, el franquismo y la Transición, la novela histórica tiene en el presente una finalidad primordialmente lúdica que se cifra en la recreación exótica de un tiempo y un lugar remotos. Ello explica, sin duda, el rechazo de la crítica ante lo que se percibe como una operación de mercadotecnia que sustituye descaradamente el criterio de calidad por el de rentabilidad. Incluso en aquellos casos en los que se abordan hitos de nuestra historia como el Dos de Mayo, privan el entretenimiento y el oportunismo —léase bicentenario de la Guerra de la Independencia— en detrimento de una reflexión sobre la nación española articulada desde el presente (Toni Dorca). Pese a ello, hay todavía algún que otro escritor a quien la fascinación por un fenómeno del pasado, caso del carlismo, lo incita a depurarlo en materia artística digna y sin concesiones al gran público (Miquel M. Gibert).

La eclosión de relatos personales a medio camino entre el testimonio y la ficción ha generado formas de metanovela más radicalmente experimentales que las que emergieron en los primeros años de la democracia. La llamada *autoficción* ha devenido, pues, una práctica habitual en un grupo de narraciones cuya trama consiste en referir al lector el proceso mismo de su composición. La confusión de autor, narrador y protagonista en un nombre y apellido comunes es indicio de la desmembración del yo (Rosa Montero) ante la incertidumbre existencial del mundo en que vivimos (José Ovejero). La imposibilidad de distinguir los eventos reales de los inventados atenta contra el pacto autobiográfico de Philippe Lejeune, mediante el cual el autor se compromete a contar sin tapujos ni exageraciones los hechos de su vida a cambio de que el lector no dude de su veracidad. Una segunda vertiente de la autoficción busca descifrar el juego de espejos en que la literatura esconde a la vez su trampa y su verdad (Nuria Morgado), haciendo del libro un objeto totémico que abre las puertas al reino de lo maravilloso (Óscar Aibar).

La novela sobre la inmigración expone un modo alternativo de examinar uno de los fenómenos más característicos de la globalización. El retrato robot del inmigrante que se ofrece de manera habitual en los medios de comunicación de masas, y con el que concuerda la mayoría de la población nativa, es el de un individuo que rechaza la asimilación al país de acogida y opta por la delincuencia y la vagancia antes que por un empleo honrado. El acercamiento desde la literatura, por el contrario, rebate dicho estereotipo para adentrarse en la instrumentalización de la labor del inmigrante al servicio de la sociedad del bienestar. Por su condición de trabajador explotado y en situación ilegal, el *otro* aparece en muchas de estas obras como un sujeto doblemente colonizado que, lejos de medrar en tierra ajena, termina sumido en un estado de *mal-estar* (Palmar Álvarez-Blanco).

La novela femenina está vigente en estos inicios del siglo XXI en cuatro grupos de escritoras que se mantienen en activo: las *mayores,* las de la democracia, las del *boom* y las novísimas (Carmen de Urioste). Pese a la inserción de la mujer española en el campo laboral, con lo que ello entraña de una mayor igualdad en la relación entre sexos, hay autoras cuya obra sigue nutriéndose de toda una tradición nacional y extranjera de literatura femenina de carácter reivindicativo (Laura Freixas).

El tantas veces denostado cuento vive asimismo un momento de esplendor, ocupando un lugar de privilegio en colecciones especializadas que denotan, por otra parte, la buena salud de nuestra literatura (José María Merino). La nueva apreciación por las formas breves ha llegado incluso al microrrelato, producto típicamente latinoamericano que en los últimos tiempos tiene un cierto predicamento en España. La síntesis del lenguaje y la intensidad expresiva corren en él parejas con la indagación en el conocimiento del ser humano y su mundo (Julia Otxoa).

El examen de las tendencias dominantes en la narrativa del siglo XXI no basta, con todo, para tener una idea cabal de la misma. Una panorámica completa debe tener en cuenta los otros elementos que constituyen lo que Pierre Bourdieu denomina el *campo literario,* entre los que figuran en primer lugar las transposiciones de novelas al cine. Las adaptaciones cinematográficas suelen redundar en un incremento tanto del número de lectores como del de espectadores, de ahí que se hayan convertido en práctica habitual. La historia de estas adaptaciones desde principios del siglo XX hasta el presente ilumina además la ideología de cada época, pues no en vano se propugna en ellas un determinado concepto de nación de acuerdo con la coyuntura política del momento (Steven Torres). La producción cultural en el terreno de la narrativa en español es también inseparable de la difuminación de las fronteras nacionales y los espacios identitarios, circunstancia que ha posibilitado el surgimiento de un panhispanismo de vocación global auspiciado por las multinacionales del libro ubicadas en Barcelona y Madrid (Alberto Medina).

Capítulo aparte merece la mediación más influyente de nuestros días en el campo literario, a saber, la mercantilización de las letras y su sujeción a las leyes del mercado. Aunque sería ingenuo olvidar que la escritura ha estado siempre subordinada a factores externos que han condicionado su recepción, el poder que hoy detenta la industria editorial no tiene precedentes en la historia. La adopción generalizada de un modelo empresarial confirma la pérdida del aura de la obra de arte que en su día pronosticó Walter Benjamin, máxime si se consideran otros factores como el impacto del libro de bolsillo y las expectativas que se han generado en torno al *e-book* (José V. Saval). La novela ha devenido un objeto de consumo efímero que se vende cada vez más en el hipermercado y la web en lugar de la librería, y que precisa para su comercialización de unos premios que se otorgan habitualmente con vistas a copar las listas de los *best sellers* (José V. Saval). La perniciosa asociación de ventas y calidad (Rosa Montero) ha fijado el criterio de cantidad como el único válido (Antonio Orejudo), relativizando la importancia de la estética a la hora de aquilatar los méritos de una obra. A ello hay que añadir una amplísima oferta que confunde y reblandece los gustos de un lector cada vez más ocioso y menos proclive a la reflexión seria, con la consiguiente devaluación del papel de la crítica literaria (Ramón Acín). Como es de suponer, la publicación de novelas de indudable valía que solamente leen unos pocos apenas afecta a las leyes del mercado, inmunes por lo general a todo *succès d'estime* que no venga acompañado del éxito comercial.

La conversión del libro en mercancía ha alterado asimismo la función del escritor. Sepultadas en el olvido las manifestaciones de bohemia y malditismo que colorearon los primeros años del siglo XX en defensa de la autonomía del arte, los autores del tercer milenio se han integrado con normalidad en los mecanismos de producción capitalista. Lo han hecho además sin apenas rechistar, conscientes de que el oficio de escribir no difiere en lo sustancial de ningún otro a pesar del prestigio social que pueda tener para algunos (Óscar Aibar). Así pues, la profesionalización es el desiderátum de la gran mayoría de los cultivadores de la novela en la actualidad, a sabiendas incluso de la enorme dificultad que entraña (Miguel Mena) y de lo agotador que resulta la promoción diaria de uno mismo en los medios de comunicación de masas (Najat El Hachmi).

La hegemonía del mercado editorial no ha supuesto, sin embargo, la completa inmolación de la literatura en el altar del poderoso caballero que es don Dinero. El testimonio de nuestros creadores demuestra, por el contrario, que el oficio de narrar se alimenta aún del contacto diario con la realidad (Miguel Mena) y está íntimamente ligado a la liberación de un yo cuyos demonios interiores pugnan por salir a la superficie. La escritura surge naturalmente a modo de secreción corporal y sirve de vehículo bien de autoconocimiento (Najat El Hachmi), bien de desenmascaramiento del orden aparente mediante la elección de un final abierto (José Ovejero). El cultivo de una *literatura de invasión* alumbra los espacios recónditos e insondables del alma (Juan Cobos Wilkins), mientras que en otros casos el argumento deviene pretexto para comunicar las emociones y reflexiones de quien la compone (Laura Freixas). El *arte* puede ser igualmente un antídoto contra el dominio de la *técnica,* en busca de la *verdad* de la condición humana entendida como proceso de desvelamiento (J.A. González Sainz). El conflicto entre el deseo de afirmación individual y la uniformidad mediática se traduce en ocasiones en la búsqueda de momentos de apertura tanto ética como epistemológica (Gonzalo Navajas). Tampoco ha perdido vigencia la función social de la literatura, consistente en la práctica de un realismo que se niega a rendir pleitesía al poderoso al objeto de integrarse en un proyecto colectivo (Belén Gopegui). Muchas cosas han cambiado, qué duda cabe, pero en lo esencial perdura la irrenunciable necesidad de los seres humanos de contar historias (José María Merino) para orientarse y orientar en el caos de una realidad cada vez más fragmentada y absurda.

INTRODUCCIÓN

ESCRIBIR EN EL SIGLO XXI, A PESAR O A FAVOR DE LAS CIRCUNSTANCIAS

Palmar Álvarez-Blanco
Carleton College

El libro que usted tiene en sus manos responde a un ejercicio crítico de análisis de las circunstancias que rodean a la novela en el espacio de la primera década del siglo XXI. Partiendo del hecho de que los participantes en este foro plantean preguntas que no admiten una única respuesta, este proyecto se presenta como un eslabón más de una conversación que se viene desarrollando y que se irá completando a medida que avance el tiempo. Por su parte, la convivencia textual de la perspectiva crítica con la experiencia autorial enriquece y completa la lectura de un libro cuyo tono general se corresponde con lo escrito por Gonzalo Sobejano en el prólogo a *Novela española contemporánea (1940-1995)*:

> Ocuparse de literatura actual es una tarea que ofrece numerosos inconvenientes: por mucho que se desvele, uno no puede conocer todo aquello que se está produciendo; si no se contenta con la mera información, habrá que emitir interpretaciones y formular juicios de valor necesariamente provisionales, puesto que el propio dictamen habrá de irse modificando al paso de los años, conforme surjan realidades que alteren la visión que se había alcanzado de las anteriores. (10)

De acuerdo con el título impreso en la portada del libro, este proyecto explora los contornos por los que discurre lo que decidimos llamar, no sin reparar en la cualidad potencialmente conflictiva del término, *narrativa española actual*. Generalmente, cuando se habla del lugar de la narrativa española, la crítica se refiere solamente a relatos escritos en español y publicados en España. Sin embargo, el hecho de que desde 1977 se venga otorgando el Premio Nacional de las Letras a la mejor obra de "un autor español, en cualquiera de las lenguas oficiales" (Prieto de Paula y Langa Pizarro 46) invita a la posibilidad de reunir a todos los autores, independientemente de la lengua oficial utilizada, en torno a la mesa de una literatura nacional[1]. Por otro lado, pensando en el tenso clima de disconformidad que gobierna el reparto del territorio de la España contemporánea, hablar de literatura nacional bien pudiera ser motivo de nuevas disputas, por lo que casi resulta obligado regresar al uso de la lengua como criterio diferenciador. Asimismo, en el caso de que el pasaporte fuera aceptado como requisito para entrar en el coto privado de la literatura española —¿solamente la escrita en español?—, sería necesario razonar el estatus, dentro de esta categoría, tanto de la obra de novelistas extranjeros nacionalizados en España, como la de aquellos autores residentes en lo que antiguamente fueron colonias y protectorados españoles y en donde ha permanecido el uso del español como lengua literaria[2].

Como se observa a partir de esta mínima reflexión, el cauto uso de esta etiqueta obedece a la problemática delimitación de un territorio en el que, diariamente, se disputa la instalación de fronteras allá donde reemerge el espíritu del derecho a la propiedad. Como parte de este clima contencioso de base político-económica y administrativa, también es frecuente encontrar la reivindicación institucional y regional de distintos autores y autoras

---

[1] En 1989 Bernardo Atxaga logra alzarse con el Premio Nacional de Narrativa con su obra en vasco *Obabakoak*. En 1995 Carme Riera lo consigue con *Dins el darrer blau*, en catalán, y un año después Manuel Rivas recibe el premio con su obra en gallego *¿Qué me queres, amor?* Posteriormente, Unai Elorriga lo gana en el años 2002 con *SPrako tranbia* y en 2009 Kirmen Uribe, con *Bilbao-New York-Bilbao*, ambas escritas en vasco.

[2] Este hecho anima el proyecto antológico coordinado por Lorenzo Silva, Marta Cerezales y Miguel Ángel Moreta titulado *La puerta de los vientos. Narradores marroquíes contemporáneos* (2004). En su prólogo, Lorenzo Silva afirma: "La mayoría de los relatos que componen este libro no han sido traducidos de lengua alguna: fueron originalmente escritos en castellano por sus autores, que han asumido, sin ningún apoyo y en casi heroica soledad, la tarea de mantener viva nuestra lengua como vehículo de expresión literaria en el Rif y el Yebala [...] Y aun fuera de los límites estrictos de aquel territorio. [...] Se trata, a juicio de los que nos hemos reunido aquí, de escritores tan nuestros como los que viven en Madrid o Zamora, porque la filiación más rotunda e íntima de un escritor es el idioma en que escribe" (13). Por su lado, es habitual encontrar en los medios de comunicación declaraciones del periodista y escritor guineano, afincado en España, Donato Ndongo, en las que recuerda la existencia de una ignorada literatura hispanófona en África.

con el fin de reforzar fronteras mediante el incremento del capital cultural. A cambio de la cesión de los derechos de imagen, es frecuente que el escritor reciba un apoyo institucional que aumenta el valor de su obra. Para completar este complejo panorama del lugar de lo literario español, si además instalamos esta categoría en el contexto de reciente adopción de un pasaporte comunitario y en un momento de aceleración de corrientes migratorias, su uso adquiere dimensiones hasta ahora no examinadas.

Teniendo en consideración lo expuesto, parece apropiado emprender cualquier recorrido por la geografía de la novela española contemporánea portando una mirada crítica que sospeche del uso de ésta y de otras fórmulas supuestamente literarias. De hecho, como podrán comprobar los lectores, en el contexto específico de este libro, la etiqueta de *narrativa española actual* es un continente que admite distintos contenidos. Podría decirse, haciendo uso de lo escrito por Constantino Bértolo en el prólogo del libro *Trece por docena* (2005), que este proyecto, lejos de querer enmarcar la narrativa en una geografía real, proyecta "un retrato parcial pero significativo de la literatura que se está haciendo en nuestra geografía: una muestra de la diversidad con que se están construyendo y circulan los imaginarios del miedo o del deseo y las subjetividades colectivas e individuales" (9).

Una vez aclarado el contexto de esta fórmula inicial, queda por explicar, brevemente, el sentido que le damos a su componente *actual*. Fernando Valls, haciendo uso de ideas procedentes de José Ortega y Gasset y de Antonio Vilanova, discurre en su *Realidad inventada* que la función del crítico es la de "orientar al lector mediante el análisis y la valoración" (19). Su trabajo, como el del profesor de literatura, es cuidar de que cada libro sea evaluado, exclusivamente, en función de sus objetivos propuestos y alcanzados. Hacer crítica literaria *actual* significa, partiendo de esta premisa, examinar cada obra en relación a sí misma y a su momento, olvidando su procedencia, su situación comercial o su valor en bolsa. Solamente un examen de lo escrito permite aislar lo actual de cada obra, es decir, aquello que la distingue y que, a un mismo tiempo, la ubica dentro de una tradición literaria.

Con el fin de llevar a cabo esta tarea, nos pareció importante limitar la reflexión a un paréntesis temporal de diez años por dos motivos. En primer lugar, porque existen ya valiosos proyectos antológicos y monográficos dedicados al estudio del género novelesco desde los años cuarenta hasta el final del siglo XX; y en segundo lugar, porque consideramos que el inicio del siglo XXI viene a ser un interesante punto de inflexión que modifica tanto el paradigma de la realidad como el de la novela. Teniendo en cuenta que todo nacimiento de un siglo significa un espacio temporal de ruptura y discontinuidad, pensar que, de algún modo, tal circunstancia pudiera servir de eje en torno al cual hacer girar el pensamiento de críticos y autores movió, de hecho, el inicio de este proyecto. Por este motivo, a cada uno de los aquí congregados se le invitó a reflexionar sobre la novela a la luz del signo de un nuevo milenio. El resultado de este movimiento confirma la intuición de que, efectivamente, el alumbramiento del siglo XXI —nacido bajo los augurios del Y2K *(Year 2000 Kaos)*— es circunstancia que merece cierto detenimiento. Sirvan las siguientes páginas de breve introducción a la circunstancia en torno a la cual se inscribe la narrativa de los primeros años del siglo XXI.

Pequeño retrato de un eclipse secular:
Narrativa nostálgica y contranostálgica para este nuevo milenio

Aquel que se acerca al campo de la narrativa en los primeros años de un siglo, si afina bien el oído, es capaz de escuchar una familiar melodía oculta entre los renglones escritos. Se trata de la melodía de un punto final que admite, simultáneamente, el lamento por lo que fue o pudo haber sido y la celebración de lo esperado en el futuro; su música se despliega en el transcurso de un ejercicio de duelo cuyo resultado es la imaginación de ficciones que ayudan al sujeto a dotar lo ausente de sentido y significado. Buena parte de la ficción escrita en el comienzo de siglo XXI es eco de tal circunstancia, por lo que su terreno resulta un rico campo de trabajo para el estudio antropológico del comportamiento del ser humano ante la certeza de un final.

La vivencia de un fin de siglo eclipsado por el principio de otro inspira en la fértil imaginación multitud de ficciones en torno a esta peculiar experiencia. Precisamente, el aumento de producción de ficciones es uno de los factores comentados por Jane Schaeffer en *¿Por qué la ficción?* (2002), Fernando Valls en *La realidad inventada* (2003), Santos Alonso en *La novela española en el fin de siglo 1975-2001* (2003) y Ramón Acín en *Cuando es larga la sombra* (2009). Si bien parece imposible negar que el factor comercial tenga que ver con la publicación a ritmo vertiginoso, la ubicación de la novela en esta encrucijada temporal de *entre-siglos* permite, sin embargo, una reflexión preliminar que va más allá del ámbito mercantil y nos acerca al recinto psicológico de los temores, de los afectos y de las necesidades humanas. Frente a las voces que buscan en los avances tecnológicos y en el ritmo del mercado las causas para tanta acumulación, la tesis aquí propuesta apunta a que tal proliferación bien puede obedecer a este paradójico *entre-siglos* que desencadena visiones adversas, indiferentes y esperanzadas en torno a esta experiencia.

Para apoyar este argumento, resulta útil acudir a la propuesta de Frank Kermode en su obra titulada *El sentido de un final* (2003). Para Kermode, la ficción que resulta del trance de la experiencia de un final establece un vínculo con lo real que los novelistas desentrañan y comunican al lector mediante la escritura. En este estado terminal, el lamento y la celebración se suceden en un trabajo imaginario de duelo que ayuda a enfocar la visualización de unos límites cuya existencia el sujeto conoce pero tiende a olvidar. Para Kermode, durante este trance lo común es observar la manifestación de dos actitudes en forma de discursos que, procedentes de diversas disciplinas —la religión, la ciencia, la filosofía o las artes—, tratan de ajustar la percepción espacio-temporal limitada a una lógica mediante la confección de narraciones. De acuerdo con esta necesidad, Kermode identifica dos principios propios de la condición humana: el de *complementariedad* y el *transicionalista*.

El principio de complementariedad, nacido en la física cuántica como una "ficción de concordancia" (Kermode 63), trata de dar explicación a hechos novedosos o ilógicos con el fin de crear una pauta humana aceptable. Este principio propone la incorporación de leyes pretéritas en el presente de modo que aquéllas sirvan de complemento a las leyes producto de los descubrimientos más recientes. Cuando tal incorporación no se produce, el resultado es una experiencia de caos y de discontinuidad. De acuerdo con este principio, el pasado no sólo queda cargado de vigencia y autoridad, sino que resulta imprescindible para alumbrar el presente y dotarlo de sentido y significado. Este hecho explica el vínculo que se establece entre la experiencia del fin de siglo y el renacer de un estado nostálgico que ubica en la continuidad una suerte de hogar simbólico en el que el nostálgico "disfruta de la complementariedad por la complementariedad misma" (Kermode 65). El consumo de esta ficción ayuda al nostálgico a disimular, siempre temporalmente, la disonancia que aparece cuando en un momento de cambio se percibe la finitud inmanente al existir transitorio. En este sentido, podría decirse que en dicho principio se resume la esencia de la condición nostálgica.

Bajo el signo de este principio se engendra parte de la ficción del siglo XXI. Su ejemplo literario se corresponde con lo que doy en llamar ficción nostálgica. Este tipo de ficción suministra una satisfactoria experiencia de continuidad mediante el entretenimiento del lector en un espacio reconocible, por lo tanto, controlable y controlado. Siendo su forma rica en variaciones, su función resulta idéntica a la de los cuentos para ir a dormir, encaminando los pasos de su lector hacia el país de los dulces sueños. Sus historias sirven para exorcizar el miedo que surge en un momento de trance y, en este sentido, su función se asemeja a la del fetiche.

Con fines muy distintos a los enunciados para el principio de la complementariedad, el principio de transicionalismo sirve, según Kermode, para "integrarnos en la lengua franca de la realidad" (107). Según mi lectura, el tipo de ficción contranostálgica reproduce la finalidad de este principio al provocar en el lector una gnosis temporal que instituye un límite infranqueable entre lo real y el espacio de la ficción. En el seno de este marco narrativo, escritura y lectura son procesos miméticos del trance en que se engendra un estado de lucidez respecto de la condición nostálgica. La contranostalgia es, por este motivo, producto de un trabajo de duelo llevado a su término; su resultado es un modo de pensamiento dialéctico, en un sentido hegeliano, que se despliega literariamente en la forma de una imaginación dialógica, siguiendo la teoría de Mikhail Bakhtin. Este tipo de narración, cuyo primer ejemplo hallamos en *Lazarillo de Tormes* y que termina de concretarse en la obra cervantina, no duplica el orden al que acostumbra la ficción nostálgica, sino que lo descrea en el proceso de su recreación. Por causa del efecto de extrañamiento que provoca, este tipo de ficción adquiere una cualidad monstruosa, en el sentido que le da Heffrey Cohen a este término[3]. A causa de la naturaleza enigmática de este tipo de ficción, el lector que transita el territorio de la novela contranostálgica se observa desamparado al carecer de indicaciones. Esta desorientación lo obliga a recurrir al uso de sus sentidos, a su imaginación y a su criterio con el fin de encaminar su lectura hacia algún lugar. Por su parte, los autores dedicados al cultivo de este tipo de ficción juegan a desmantelar la magia de la ficción mediante un serio ejercicio de su simulacro. Podría decirse que la escritura contranostálgica persigue devolver al lector a la realidad por la puerta de la ficción. Precisamente por esta paradójica convivencia de opuestos en un mismo espacio, a este tipo de narrativa le es común el campo de la metaficción, la ironía, la parodia, el humor, el juego y la experimentación. Por último, su lectura comunica un sentido crítico de responsabilidad del sujeto en la (de)construcción de significados.

[3] En su análisis, la figura del monstruo se inscribe en un discurso cultural que sintetiza en siete características fundamentales. Según su lectura es: un cuerpo producto de la cultura en que nace; inasible, porque siempre escapa; un ente que demuestra la crisis o la imposibilidad de categorizar; una representación de la diferencia; un texto que vive en la frontera de lo posible y que al mismo tiempo provoca terror y deseo y, finalmente, una entidad que carece de identidad fija.

Hacer memoria literaria es recurso imprescindible para contextualizar este nuevo brote de narrativa nostálgica y contranostálgica en el entorno del cronotopo resultante de la experiencia de un final. En este lugar, el despertar del sujeto a la conciencia del territorio de lo limitado coincide con el amanecer de una conciencia temporal que invita, simultáneamente, a un proceso de desmitificación y re-significación de conceptos como el del progreso, la historia, la razón y la creación. En esta circunstancia —en absoluto novedosa, por mucho que se insista en un origen posmoderno—, el sujeto despierto recurre al lenguaje unas veces para reinventar el Neverland del que nunca salió Peter Pan y otras para adentrarse en la cueva de Montesinos de la que Don Quijote salió transformado.

Esta doble pulsión vital y literaria, aunque no se haya teorizado directamente, queda intuida en numerosos estudios sobre el estado y evolución de la novela contemporánea española. Por ejemplo, Santos Alonso en *Novela española del fin de siglo 1975-2001* opta por repartir su análisis entre siete generaciones de escritores[4] y tres tendencias narrativas coincidentes con varios períodos históricos significativos por ser espacios de cambio y transición: "La novela en la Transición: las expectativas del cambio narrativo" (52-102); "La década de 1980: la normalización del cambio narrativo (1982-1990)" (105-172); y por último, "La década de 1990: entre la autonomía literaria y el comercio (1991-2001)" (178-293). En cada una de estas partes Santos Alonso distingue dos caminos distintos por los que discurre la novela: "los nuevos caminos del realismo" —novela social, de la memoria, psicológica, alegórica, metaficticia— y "la novela de género" —histórica, erótica, de acción y crónica. En una misma dirección, Gonzalo Sobejano en su libro *Novela española contemporánea 1940-1995*, haciéndose eco de la teoría de la novela de Georg Lukács y del lúcido análisis que Carlos Peregrín Otero ofrece en su ensayo titulado *Lenguaje e imaginación: la nueva novela en castellano*, despliega su teoría de la novela en torno a los siguientes conceptos: "metanovela", "novela autónoma o antinovela" y "novela ensimismada" o "neonovela". Si bien trata de delimitar los ejemplos que proporciona bajo las diferentes categorías, también advierte la existencia de obras que son un híbrido de estas intenciones. Para Sobejano existe un momento de armonización del sujeto con la ficción propuesta —lo que en los años cuarenta y cincuenta se traduce

---

[4] En su libro consta la coexistencia de generaciones repartidas entre la generación de posguerra, la del exilio, la realista del medio siglo, la renovadora de los 60, la del 75, la de los 80 y la de los 90.

en lo que considera "la novela de evasión" (104)— y, simultáneamente, aparece lo que llama "realismo incipiente de efectos no inmediatos" (104), que desemboca en la, escasamente estudiada, novela testimonial. Insiste como hace Santos Alonso en la necesidad de separar una tendencia realista que se manifiesta bajo diferentes formas de una novela destinada a mantener el engaño. Si consideramos ambas descripciones a la luz del paradigma de la nostalgia y de la contranostalgia, observamos cómo éstas completan su sentido y significado. Esto mismo ocurre con el contenido de los prólogos de algunas antologías de ficción de última generación —término con el que se hace referencia a las generaciones nacidas entre finales de los ochenta y los noventa. Con frecuencia, la comprensión de su discurso depende de su contextualización en el espacio de convivencia de ambos paradigmas de signo nostálgico. Los lectores podrán encontrar ejemplos de lo escrito en *Mutantes. Narrativa de última generación* (2007), editada por Julio Ortega y Juan Francisco Ferré; *Tierra de nadie* (2005), coordinada por David Barba; *Trece por docena* (2005), compilada por Constantino Bértolo; o *Golpes. Ficciones de la crueldad social*, edición de Eloy Fernández Porta y Vicente Muñoz Álvarez.

Se preguntan Fernando Valls en *La realidad inventada* (2003) y Jordi Gracia en su compilación del volumen IX de *Historia y crítica de la literatura española. Los nuevos nombres: 1975-1990* sobre la peripecia de hacer balance de la literatura actual. Explica Valls que su posibilidad existe sólo si se da en el crítico "el conocimiento de la historia literaria, de la tradición, pero también del presente" (21). Aprender a leer la biografía de la novela a partir de un histórico electrocardiograma del ritmo de su imaginación, ayuda a percibir, como he señalado anteriormente, una familiar sinfonía que varía de tono en función de la respuesta dada en cada momento transitorio. Sólo el oído atento descubre que, mientras en unas ocasiones el ritmo es continuado, mimetizando la comunión de la imaginación con el invento de realidad imperante en cada momento, en otras lo que se escucha es el latir de la ruptura y, por consiguiente, de la discontinuidad. Este ritmo de sonoridad variable compone la vida de una paradójica novela moderna que se teje de paradigmas nostálgicos y contranostálgicos, es decir, al calor de la imaginación de nuevos mitos o ficciones de continuidad así como de su desmantelamiento.

Lejos de querer ofrecer una lectura maniquea, lo que propongo es pensar en ambos paradigmas como posible orientación para el entendimiento de la novela como manifiesta exposición de un vínculo que une el ejercicio de la escritura a la conciencia de la temporalidad. Esta perspectiva niega cualquier posible identificación de la ficción nostálgica con el *best seller* o con la ficción de consumo masivo —esa ficción que para algunos críticos como Pilar Lozano-Mijares se debe incluir en lo que se viene llamando *paraliteratura*[5]. Siguiendo este mismo razonamiento, tampoco concibo la novela contranostálgica como ejemplo de buena literatura ni de literatura para una minoría. Existen multitud de ejemplos de ambos tipos de ficción que confirman lo señalado. Si bien es preciso sospechar de generalizaciones y falsas dicotomías, germen de interesadas visiones de la realidad, también resulta necesario anotar que el tipo de ficción nostálgica resulta más popular, y por tanto más comercial, en momentos transitorios en los que se experimenta intensamente la crisis estimulada por el final de un paradigma. En el caso de la sociedad contemporánea, podemos especular que la documentación de un mayor consumo de ficción nostálgica se debe, precisamente, al vacío latente en un modelo de sociedad que sacia su deseo de continuidad mediante el consumo de la ficción nostálgica del *bien-estar*. La actualización de la condición nostálgica contemporánea bajo la forma del simulacro encuentra en la sociedad del espectáculo una fuente inagotable de retroalimentación. Esta relación del deseo nostálgico con el ejercicio de la simulación ha sido magistralmente analizada en la obra de Jean Baudrillard, *Cultura y simulacro*. De su estudio, lo que interesa resaltar para apoyar el argumento que vengo elaborando, es que para Baudrillard existe una clara diferencia entre el acto del disimulo —fingir tener lo que no se tiene— y el de la simulación —fingir lo que no se tiene. En el primer caso, la ausencia queda manifiesta mientras que en el segundo lo ausente —lo que no se tiene— adquiere presencia en la forma del simulacro borrándose, de este modo, el límite que permite diferenciar lo real de su ficción. En palabras de Baudrilard[6] diríamos que:

> Hoy en día, la abstracción ya no es la del mapa, la del doble, la del espejo o la del concepto. La simulación no corresponde a un territorio, a una referencia, a una sustancia, sino que es la generación por los modelos de algo real sin ori-

---

[5] Para esta investigadora, la *paraliteratura* hace referencia a un "sistema paralelo al de la literatura que incluye manifestaciones textuales —en el sentido semiótico del término— en las que puede existir un elemento no verbal" (191). En lo que denomina *paraliteratura* incluye "la narrativa de consumo, expresión que está restringida a aquellos subgéneros *paraliterari* propios del siglo XX, ligados al fenómeno del *best seller*, cuyos componentes son exclusivamente verbales y cuyo origen radica en el folletín decimonónico: novela popular, novela rosa, novela de ciencia ficción, novela del oeste..." (191).
[6] Simular no equivale a fingir; "fingir deja intacto el principio de realidad; hay una diferencia clara, sólo que enmascarada" (12).

gen ni realidad: lo hiperreal. El territorio ya no precede al mapa ni le sobrevive. En adelante será el mapa el que preceda al territorio —precesión de los simulacros— y el que lo engendre. (9)

Siguiendo a Baudrillard podemos entender el modelo del *bien-estar* como la forma que adquiere el simulacro de un inalterable presente que se ubica en el marco de una ficción de realidad. La adopción y mantenimiento de este placentero invento de realidad depende, en gran medida, del consumo ininterrumpido de ficciones por parte de un peterpanesco personaje que opta, como modo de vida, por el pathos nostálgico. Por este motivo, en esta nueva era de la simulación, la industria de la cultura del espectáculo y del entretenimiento adquiere un papel protagonista.

En su seno existe una inclinación hacia la promoción y el consumo del tipo de ficción nostálgica que fomente los valores del *bien-estar*. Teniendo en cuenta lo escrito, sería posible afirmar que dicho modelo narrativo no sólo cumple con una función propagandística que fomenta la ideología dominante, sino que ésta contribuye al sustento de un engaño colectivo construido a base de un consumo compulsivo de ficción. Si la experiencia de discontinuidad le resulta altamente problemática al adicto nostálgico, la comercialización de productos culturales nostálgicos parece sumamente provechosa en términos de mercado. Es, precisamente, frente a esta manipulación en beneficio del capital contra lo que se posiciona la narrativa contranostálgica escrita a pesar de las circunstancias dominantes. En su espacio, la convivencia textual de la ilusión de continuidad con su desmantelamiento no sólo devuelve la novela al terreno de la ficción, sino que restituye los límites borrados por el gobierno del simulacro. En sintonía con esta idea se explica lo escrito en el prólogo de la antología *Mutantes*:

> Hay libros que uno necesita leer pero no tiene que pagar además un precio por ello. Un precio económico, quiero decir. Otra cosa es el precio moral o estético que usted esté dispuesto a desembolsar por su vida, por cambiar de vida o, simplemente, por mejorarla. Por mantenerse vivo, en suma, y no adormilado en este duermevela anodino en que la cultura contemporánea y sus productos de ocasión lo mantiene mientras alguien en nombre de los sacrosantos valores del mercado saquea sus cuentas corrientes o de ahorro. (9-10)

Para ir terminando, podría afirmarse, regresando al electrocardiograma novelesco del paradigma nostálgico y contranostálgico, que existe un ritmo distinto para cada modelo de ficción. Si bien lo contranostálgico suena a molesto ruido o a clamor, la ficción nostálgica se disemina en una familiar sinfonía que sirve de vehículo para el comercio de un simulacro de realidad. Su armonioso ritmo se instala en la memoria instituyendo los ficticios límites de un hogar simbólico en el que el adicto se protege de las circunstancias adversas. Por su parte, la ficción contranostálgica resulta poco apetitosa para un paladar acostumbrado a otro tipo de manjares. Su lectura incurre en el mismo riesgo que supone un salto sin paracaídas, ya que desenmascara las "imágenes que disimulan el vacío que hay tras ellas" (Baudrillard 16); ese desierto de lo real del que habla Baudrillard. Este tipo de ficción se ocupa de asignaturas pendientes y su autor o autora trabaja con una total conciencia de lo que significa escribir en unas circunstancias en las que la ficción más rentable es la que se ofrece en el mercado como dosis para paliar el mono del adicto nostálgico. Este espécimen de novela sufre la invisible censura que ejerce la lógica capitalista a través de la opinión pública, si bien esta limitación sirve de acicate para agudizar el sentido narrativo en los autores. Escribir, pues, a pesar de las circunstancias significa narrar dialogando con ellas pero nunca a su favor, y siempre sin perder de vista el placer de una ficción bien hecha.

Explica Ricardo Senabre en *Teoría de la novela* que la elección de un libro por parte del lector ya no procede de un acto libre, sino de todo un proceso publicitario que media en dicha relación. Partiendo de esta misma premisa, escribe Fernando Valls que "[h]oy, si se quiere entender la narrativa actual, ya no basta con estar familiarizados con la historia literaria, sino que además es preciso conocer los mecanismos que utiliza el mercado, ese variopinto conglomerado en el que editores, agentes, medios de comunicación (crítica incluida) y público lector dictan unas leyes que cada vez tienen menos que ver con lo literario" (27). Como hemos visto, en este mercado de la industria contemporánea de la cultura del espectáculo y del entretenimiento no sólo se trafica con ficciones, sino que se fomentan nuevas adicciones de acuerdo con las necesidades que crea la condición nostálgica del nuevo milenio. Su vigencia dependerá de la producción y consumo de productos destinados a paliar un insaciable deseo de control; por este motivo, el mercado se asegura de que "el consumidor t[enga] ante sí todo el tiempo la última novedad. El futuro hecho presente y la utopía actualizada en tiempo real. La revolución envasada al vacío a diario, en todos los ámbitos y profesiones" *(Mutantes* 12). Este mismo mercado es el responsable de la comercialización de la imagen del autor en forma de marca reconocible —una nueva adicción conocida como *brand naming*—; una vez convertida en elemento de consumo, su popularidad dependerá de su presencia en los medios de comunicación, los premios y los actos públicos. En muchas ocasiones, esta popularidad no es garantía de calidad sino síntoma del grado de *espectacularización* de la sociedad del *bien-estar*. Parece claro que la novela "no siempre es ya territorio de libertad" (Fernando Valls 27) y, aunque razón no falta en lo escrito, no podemos olvidar la existencia de esta corriente novelística escrita a pesar de las circunstancias. El problema reside en que, frecuentemente, se trata de novela de corto recorrido o de pronto reciclaje, por lo que el crítico en este momento debe vivir prestando mucha atención y aguzando bien los sentidos para poder hallar la aguja literaria en el pajar del mercado. Teniendo en cuenta los motivos expuestos, pensar en la escritura de novela durante estos primeros años del siglo XXI como actividad que se elabora a pesar o a favor de las circunstancias, bien pudiera servir de criterio para el discernimiento del casi invisible límite que separa el uso y el abuso de la ficción en la era posindustrial y neoliberal. A propósito de éste y de otros temas, el lector encontrará en las páginas que siguen una variada evaluación de algunos de los lugares más visitados por la novela contemporánea.

Referencias

Acín, Ramón (2009): *Cuando es larga la sombra*. Zaragoza: Mira Editores.
Alonso, Santos (2003): *La novela española en el fin de siglo 1975-2001*. Madrid: Marenostrum.
Baudrillard, Jean (2000): *Cultura y simulacro*. Barcelona: Kairós.
Bértolo, Constantino (2008): *La cena de los notables*. Cáceres: Periférica.
Cohen, Jeffrey Jerome (1996): "Monster Culture (Seven Theses)". En: Cohen, Jeffrey Jerome: *Monster Theory: Reading Culture*. Minneapolis: University of Minnesota Press, pp. 3-25.
Kermode, Frank (2002): *El sentido de un final*. Barcelona: Gedesa.
Lozano Mijares, María del Pilar (2007): *La novela española posmoderna*. Madrid: Arco Libros.
Mainer, José-Carlos (2005): *Tramas, libros y nombres*. Barcelona: Anagrama.
Pietro de Paula, Ángel L./Langa Pizarro, Mar (2007): *Manual de literatura española actual*. Madrid: Castalia.
Schaeffer, Jean-Marie (2002): *¿Por qué la ficción?* Trad. de José Luis Sánchez-Silva. Madrid: Lengua de Trapo.
Sobejano, Gonzalo (2003): *Novela española contemporánea (1940-1995)*. Madrid: Marenostrum.
— . (2005): *Novela española de nuestro tiempo (En busca del pueblo perdido)*. Madrid: Marenostrum.

VALLS, Fernando (2003): *La realidad inventada*. Barcelona: Crítica.
VVAA (2004): *La puerta de los vientos. Narradores marroquíes contemporáneos*. Cerezales, Marta/Moreta, Miguel Ángel/Silva, Lorenzo (eds). Barcelona: Destino.
VVAA (2007): *Mutantes. Narrativa española de última generación*. Ortega, Julio/Ferré, Juan Francisco (eds). Córdoba: Berenice.
VVAA (2005): *Trece por docena*. Bértolo, Constantino (ed.). Madrid: Caballo de Troya.
VVAA (2005): *Tierra de nadie*. Barba, David (ed.). Madrid: MR Ediciones.

CRÍTICOS

LA EDICIÓN A VUELA PLUMA: ¿QUE VEINTE AÑOS SON NADA?[1]

Ramón Acín
Universidad de Zaragoza

Hoy nadie duda de la importancia que el libro posee en la historia de la humanidad. Desde Gutenberg han transcurrido ya nada menos que quinientos años. El libro, durante este período, ha sido —y aún continúa siendo— un elemento clave. Sin duda, porque desde el principio se conformó como el objeto que mejor supo atesorar el presente, orientándolo hacia el futuro, tras asentarlo en el cauce del pasado. Y porque, sin duda también, desde su aparición consiguió convertirse en el medio más accesible y manejable a la vez que se conformaba como magnífico portador de contenidos múltiples. Y, aunque nunca fue el único en cumplir tales funciones —pienso en la oralidad, el cine, la pintura, etcétera—, sí que ha sido y todavía es el elemento que, con mayor diafanidad y verismo, testimonia al ser humano y su paso por la vida cuando ésta ya ha desaparecido.

Esta condición vital para la humanidad se hace muy visible como objeto, como concepto, como símbolo e, incluso, como instrumento, tanto en lo relativo a la memoria y transmisión del saber como en lo que concierne a la esfera del ocio y del entretenimiento. A él acudieron y acuden las ciencias, el pensamiento, las artes... y, por supuesto, la literatura.

Sin embargo, en nuestros días, esta función tradicional aparece, cada vez más, cercada y atacada por la duda. Una duda múltiple que, sobre todo,

---

[1] Este texto procede del libro de Román Acín *Cuando es larga la sombra* (2009). Agradecemos a Mira Editores el permiso para reproducirlo.

con enorme potencia, le está siendo inyectada por el impacto de las nuevas y sucesivas generaciones de la tecnología. Un impacto, asimismo, que afecta no sólo a la edición en sí, sino a todos los elementos que la hacen posible, que la envuelven y que la rodean.

La tecnología digital e informática puede transformar al libro como objeto físico y, también, cambiarle la concepción y el carácter que siempre le han definido como tal. En ello parece que estamos. Por ejemplo, ya son toda una realidad los *e-books,* los lenguajes *html,* el hipertexto… Por no hablar de la imagen, los DVD, los videojuegos y otros derivados que hace tiempo que ocuparon espacios propios del libro. El temor está presente. O, cuando menos, si no del todo presente, sí acechando o latiendo con fuerza. No hay duda alguna: los cambios se producen. En todos los órdenes. Y, además, lo hacen a velocidad. Por ello, puede parecer de lo más normal que muy pronto pudiera acontecer el gran y más temido cambio.

Es decir, que todo aquello que hasta nuestros días ha funcionado como piedra angular o que ha sido esencial para la cultura, la memoria o el espíritu humanos deje de actuar como tal. De ahí que sea normal que el libro, tan esencial para la humanidad y en la humanidad, sienta la erosión del impacto tecnológico. Y que, incluso, a la vista de sus sucesivos avances, bien pudiera caber la posibilidad de que, en un horizonte no muy lejano, se produjese la sustitución del libro tradicional por el libro electrónico.

Es cierto que la aparición de una nueva tecnología no tiene por qué conllevar la destrucción de la precedente, ni de tampoco la destrucción de las formas en las que ésta se manifestaba —la irrupción del cine, por ejemplo, no acabó con la literatura, aunque sí incidió sobre ella mediante, entre otros aspectos, la merma de la descripción en narrativa, desde entonces innecesaria. Es más, hoy por hoy, el libro tradicional aún muestra su fortaleza. Todavía siguen contando sus varias ventajas. Ventajas que son visibles en su mayor duración frente al libro electrónico, en la gran flexibilidad, en la accesibilidad, en su transporte o, entre otras muchas, en el carácter individual que le es tan propio si se le compara con otras formas de conocimiento que necesitan ser compartidas. Ventajas que colman satisfactoriamente las necesidades que, desde siempre, han sido inherentes a la lectura y al saber. Pero los cambios siguen produciéndose y no dejarán de hacerlo. Y, como se ha mencionado antes, a velocidad. Y, también, desde todas las vertientes y en todos los órdenes.

Durante estos últimos años, ¿qué ha cambiado en la edición y en el mundo que la envuelve y rodea? Nada y todo. Depende de cómo se mire.

Aparentemente, parece que nada o que muy poco puesto que todavía el libro ejerce el gobierno en la sociedad. O porque las nuevas tecnologías aún no han logrado desbancar su primacía. Es verdad, el libro sigue entrando y llenando estanterías y continúa siendo el rey en las esferas de la transmisión cultural y del conocimiento y, también, en parte, aún abarca y cubre el territorio del ocio o de la educación. Sin embargo, el empuje tecnológico se deja notar de forma ostensible, bien porque oprime cada vez más al libro tradicional, o bien porque recorta las áreas de influencia que, hasta hace muy poco, le eran propias[2]. Por supuesto que se siguen publicando libros. Y que existen los receptores —por cierto, abundantes si se les compara con décadas precedentes pese a la cantinela de las estadísticas del "no se lee". O que, entre otros varios aspectos, la función del libro, aunque minusvalorado socialmente por la ascensión y asunción total de nuevos valores ajenos a la calidad o lo artístico, continúa teniendo su importancia —en la actualidad, es cierto, los libros *visten* menos social e intelectualmente que hace apenas veinte o treinta años—, pese al acoso de la imagen y la tecnología.

Pero, con todo, ya nada es igual. En estos últimos años han sucedido muchas cosas, casi sin notarse. Tal vez, demasiadas. Y el libro no es lo que era. Ni tampoco, su mundo; o sea, sus quicios básicos: el lector, el crítico, la concepción de literatura, etcétera. Pueden verse algunos detalles: el acto de leer se ha reblandecido. Y no únicamente porque el lector esté abrumado, dado que apenas puede leer el uno por ciento de la oferta editorial, sino porque, además, el lector, como ya se ha apuntado, está desorientado al carecer tanto del juicio externo que le proporcionaba el crítico como del interno que le era propio, al impedírselo esa oferta tan propensa a la verborrea.

Junto a todo lo anterior, hay que añadir también que el lector ha sido homogenizado, pues cuanto más amplia sea la base de la pirámide lectora, más posibilidades hay de consumo. Sí, la edición ha enloquecido, lanzando montañas de papel que no pueden ser asumidas por sus lógicos receptores: por ejemplo, de los 34.752 títulos de 1985, veinte años después, en 2005, se ha llegado a más de 62.000. ¡Casi el doble! Por si fuera poco, las medidas de valoración social, al igual que las de la calidad cultural y literaria, ya no existen, al ser sustituidas por lo crematístico. Y la crítica, literaria o no, ha perdido su influencia, su norte y, tal vez, hasta su función. Además, el gusto tiende a uniformarse, o ya está uniformado. No es de extrañar, pues, que la literatura

---

[2] Véase, entre otros, el panorama que se desprende al leer Colorado, Arturo (1997): *Hipercultura visual. El reto hipermedia en el arte y la educación*. Madrid: Complutense.

aparezca ante este lector como un producto más del mercado —su tradicional función de conocimiento está sucumbiendo ante el entramado comercial— y que ya no cree opinión. Precisamente, porque ha entrado de lleno en territorios ajenos a su sustancia o se ha escorado hacia el ocio y el entretenimiento, y al hacerlo ha asumido comportamientos que no le son propios; es decir, la literatura, como la misma edición, sufre un proceso de redefinición. Al mismo tiempo, estamos viviendo un momento acrítico donde sólo importa el egoísmo del yo, donde únicamente existe lo que sale en los medios de comunicación —una realidad que depende mucho de la fuerza y presión comerciales y apenas de las tradicionales medidas de valoración— y donde lo que cuenta es únicamente el rasero dictado por la economía.

En suma, la literatura parece separarse de la historia. También el autor ha virado en su concepto y se ha transformado de forma casi total, al menos si se confronta su actual postura con la función que le era habitual en un pasado muy reciente. Prima la ideología del conformismo y apenas existe la reflexión y el compromiso con la sociedad. Por otra parte, casi no se puede hablar de fondos editoriales como hace unos años, porque el almacenaje es costoso y la guillotina es una solución más barata. La lista de cambios o inicios de cambios es interminable.

Todo ello —y más, mucho más— forma parte del panorama actual del libro y de su industria. Todo es transformación o está en proceso. Y tal cúmulo de cosas, qué duda cabe, afectan y mudan la función y el concepto del libro y de la edición. No, claro está, a tenor del aumento anual de nuevos títulos en la actividad editorial. Sí en lo que es esencial, en el concepto, en la significación e instrumentalización del libro. Demasiadas transformaciones en tan poco tiempo. Y demasiados cambios en el abundante y enloquecido mercado que pueden acabar matándolo. Trastocados o rotos las reglas y el orden que rigen el mecanismo, como es el caso, puede aparecer la desconfianza. Hoy día están cambiando hasta los esquemas organizativos, está variando, nada menos, la organización de la organización.

Para quienes estén interesados en el tema, existen magníficos libros a la venta que, desde dentro, hablan sobre el libro y el mundo de la edición. Y no me refiero únicamente a aquellos elaborados por el sector del libro, en los que se analizan sesudamente, con abundantes y explicativas estadísticas, ni a los valiosos informes, tan enjundiosos, como el FUINCA[3]. Me refiero a aquéllos que traducen el pulso vital de la edición al completo. Desde su mismo corazón, mos-

---

[3] *El sector del libro en España. Situación actual y líneas de futuro.* Madrid: Fundesco.

trando sus latidos de alegría a la par que los síncopes. A éstos hay que acudir para comprender en parte la evolución editorial de los últimos años y la *confusión* en la que andan envueltos todos los componentes de este sector. Pienso en la conversación de Severino Cesari con el legendario editor italiano Giulio Einaudi, que puede servir como un magnífico telón de fondo para observar el escenario donde se movía el libro y sus diversos hacedores no hace mucho. Por supuesto, pienso también en el interesantísimo *La edición sin editores*, de André Schiffrin, otro mito del mundo del libro que mira al futuro mostrando como arma un pasado repleto de enseñanzas. Y, entre otros, pienso en *Editar la vida. Mitos y realidades de la industria del libro* de Michael Korda, quien, además de hablar sin tapujos, resume cuarenta años de su experiencia profesional como editor y lanza al ruedo colectivo suculentas meditaciones. Todos ellos atesoran aventuras incomparables, memorias jugosas, visiones gráficas y certeras sobre el libro y la edición y, en buena medida, hasta premonitorias. Son voces muy autorizadas para adentrarse en este laberinto de transformación permanente que está viviendo el mundo editorial. Una transformación que afecta a todo y que, como ya se ha apuntado, no deja títere con cabeza: autor, editor, lector, gusto, sociedad, concepción de lectura, transmisión de saber...

También en España podemos encontrar varias panorámicas, memorias o análisis de interés que clarifican la realidad editorial del país, cada vez más concentrada y globalizada, por un lado, y confusa, por otro. Desde las surgidas del epicentro editor, como sucede con la entrega de Mario Muchnik, hasta los acercamientos de cercanía, como el de Xavier Moret y Sergio Vila-Sanjuán, sin olvidar los análisis en torno al libro, con la literatura al fondo, tal es el caso de *Entre el ocio y el negocio: industria editorial y literatura en la España de los 90,* de J. M. López Abiada, Hans-Jörg Neuschäfer y Augusta López o, entre otros, *Los mercaderes en el templo de la literatura*, sajadora visión aportada por Germán Gullón.

Sin embargo, no basta con mirar al pasado desde el presente. Para observar al completo la mayor parte de los cambios que experimentan el libro y la edición, no sirve la ejecución de una mirada reflexiva a partir, únicamente, de los libros, estudios o informes que hablan desde el cercano pasado del libro, intentando así explicar un presente que se dirige al futuro. Porque los hay, también, que analizan el presente para escudriñar el futuro. Un presente muy complicado, repleto de aristas y ángulos, donde es difícil enfocar lo venidero con claridad. Son utilísimos estos tanteos. Y necesarios. Es el caso, por ejemplo, de *Literatura y multimedia*, de José Romea, Francisco Gutiérrez y Mariano García-Page.

La resultante es que el fenómeno preocupa. Y, como puede intuirse y hasta observarse, preocupa desde casi todas las perspectivas imaginables. Es decir, la visión en torno al libro y el mundo editorial no debe enfocarse únicamente desde la vertiente de la cultura, en general, o de la literatura, en particular. Sirvan todas las obras y autores citados —y otros más que también podrían serlo— de ejemplo y guía para acercarse, primero, y adentrarse, después, en el *confuso* proceso de redefinición y de transformación del sector editorial. Un proceso que, por otra parte, parece ser universal, puesto que, como ya es sabido, los quicios para el conocimiento, nacidos hace tres siglos a la luz de la razón ilustrada, tan básicos hasta nuestros días, comienzan a dar síntomas de caducidad. O, cuando menos, ofrecen a la vista enormes grietas.

Quizá en estos últimos veinte años, además del citado y variado impacto de la tecnología, el hecho más llamativo de entre todas las transformaciones sufridas por el mundo editorial sea la concentración que ha tenido lugar en el sector. Aunque esta concentración tenga una dimensión mundial, en España parece acusarse más. Tal vez por su rapidez evolutiva. La explicación bien pudiera asentarse en la realidad de nuestra historia reciente previa a la democracia. Y en la forma en cómo, tras ese lapso temporal que llamamos franquismo, hemos accedido a una modernidad —de economía, bienestar y consumo, sobre todo— gracias a la mano tendida de Europa. Desde casi el harapo y el utopismo —aquel cambio de la sociedad con las armas de la cultura que se pregonaba— al matrimonio canónico con la economía. Casi nada. Por el momento, la única verdad constatable es el ingente aluvión de títulos, la sobredimensión de la edición.

Comparando la realidad editorial a mediados de los años setenta y ochenta del siglo XX, pujante como industria incipiente pese a los descalabros venidos desde Latinoamérica, y el panorama del 2005, la diferencia es mucho más que abismal. Por ejemplo, donde hace veinte o veinticinco años había editoriales generalistas, ceñidas a su labor (Planeta, Plaza & Janés), o literarias (Alianza, Destino, Seix Barral, Alfaguara...), hoy hay grandes grupos (Planeta, Random House Mondadori, Havas, Santillana, Grup 62) que acumulan sellos, mercado, medios de comunicación y otras líneas de actuación que tienen que ver más con otros fines que con los propiamente editoriales. Globalización y rendimiento. Donde había editoriales independientes, hoy apenas queda aliento para los últimos mohicanos de la edición, mohicanos que, por fortuna, se van renovando tras cada muerte anunciada, manteniendo engrasado el músculo editorial. Porque estas pequeñas editoriales son —coincido con la aseveración de Vila-Sanjuán en el libro ya citado— "el laboratorio de investigación y desarrollo de la cultura del libro español". Donde había editoriales reflexivas o de combate, hoy reina el vacío. La polarización entre las líneas editoriales de los grandes grupos —que por añadidura acaparan la atención/poder de los medios de comunicación de masas— y la de los pequeños sellos, apenas emergentes o semiguadianescos, es evidente. Como es evidente, también, la diferencia en la concepción de sus títulos, el impacto de sus productos o la recepción lectora de éstos, y todo cuanto esta diferencia supone desde la vertiente comercial.

Por ello, no es ilógico que, ante la búsqueda de dividendos que define al modelo de la sociedad actual, *calidad* —literaria o no— y *éxito* caminen por sendas distintas. Y que la primacía de lo económico, bandera obligada de los grandes grupos, fomente lo prefabricado, lo balsámico..., en suma, el conformismo. Cuanto más variado y confuso, mejor. Hoy, por ejemplo, cualquier libro y cualquier autor puede llevar la etiqueta *literaria,* aunque diste kilómetros y kilómetros de serlo. Hecho que, además, coincide con una falta de sustancia reflexiva casi generalizada en el crítico, que ha dejado de clarificar los productos de la industria editorial. Y es que la opinión razonada y la reflexión hace ya un tiempo que se han retirado a los cuarteles de invierno, ante el empuje de la información —ya se sabe: a más información, mayor desinformación— y del espectáculo. Y por lo que parece, al paso que vamos, bien pudiera acabar siendo una retirada definitiva.

Es un hecho que, también, coincide con la pérdida del valor social que tradicionalmente se le adjudicaba a la cultura y, ante todo, a la crítica e historia literaria. La falta de influencia social de ambas, crítica y literatura, en una sociedad cada vez más *presentista* y, por supuesto, cada vez menos atenta e interesada por la memoria, alienta una creación similar. Es decir, una creación que sirva —de nuevo la globalización— en Madrid, en París, en Nueva York y en Pernambuco. O sea, balsámica, atenta al ocio. Es normal, pues, que crezca la homogeneización y la masificación del gusto y del lector, al tiempo que es normal también la oferta de obras literarias y/o de pensamiento que arriesguen poco y que apenas contengan problemas.

El arte, la calidad y demás medidas de valor tradicionales están dejando su sitial al valor único: la venta. Ésta es quien verdaderamente conforma el nuevo concepto del éxito, principlmente económico, por supuesto, en cualquier campo o dirección que uno mire. Lo sublime, observado desde la generalización del lector igualado en gustos, ha dejado de interesar al lector de nuestros días. O está a punto de hacerlo. El arte, aunque resista una minoría

—quizá siempre sucedió de manera similar—, va dejando el paso franco al comercio. De ahí que la conexión entre libro y lector apenas se asiente ya en carriles literarios —como la librería, la biblioteca, el crítico...— y sí lo haga, en cambio, especialmente en la publicidad, el gran camaleón moderno. La esperanza reside en el matrimonio de ambos polos, por frágil que sea o por mucho que parezca un matrimonio de conveniencia.

Apenas veinte años y una enorme transformación en el mundo del libro, en la esfera del autor, en el gusto, en el concepto de cultura y literatura, del comportamiento de éstas y de su importancia en la sociedad y, por supuesto, de los canales que las difunden, en especial de los medios de comunicación de masas que han abandonado —o están abandonando— su premisa básica de informar y argumentar, para abrazar la de seducir y convencer, tan abundante y actual. En nuestros días, el periodismo, aliado tradicional del libro, busca especialmente la adhesión emotiva del lector, de ahí que la persuasión y la publicidad se encumbren como ejes clave de su línea de acción. Tenía razón A. Mattelart con el aserto suyo, ya citado, de que los "capitanes de la industria" se están convirtiendo en "capitanes de conciencias". Entre otros muchos reclamos, reseñas y propagandas, habituales en la aparición de una novedad editorial, las últimas décadas muestran la pujanza de la marca —en el caso que me ocupa, el *sello* editorial— como valor añadido de calidad, como excelencia del producto mostrado que es algo muy distinto a producto razonado. O sea, los esquemas de la persuasión publicitaria se han incrustado en la práctica *informativa* que es propia del libro.

Por ello, puede parecer hasta normal que tampoco la lieratura persiga ya aquella premisa esencial de ser un instrumento válido para el conocimiento o de representación del mundo y su realidad. O que no se empareje —un matrimonio obligado en la concepción ilustrada— con conceptos como formación, prestigio, valor social. Y que sí lo haga con el mundo aparencial o de ocio. Y que pueda parecer de lo más normal, también, que la nueva condición del libro o de cualquier hecho cultural —ayudada y empujada por el mercado— busque la esfera más lúdica del lector, especialmente epidérmica e, incluso, pasajera o, cuando menos, más individual y balsámica —egoísmo de lo propio, no problematización, etcétera. En suma, que la literatura y, en especial, la novela, género dominante en estos últimos años, pueda ser concebida por el autor y vista por el lector casi como artefacto gratificante.

Lo que sí es cierto es que nuestra sociedad y el modo de aprehenderla y entenderla se está transformando. A velocidad. ¿Que veinte años son nada? A lo anterior me remito.

Referencias

Colorado, Arturo (1997): *Hipercultura visual. El reto hipermedia en el arte y la educación.* Madrid: Complutense.

Einaudi, Giulio (1994): *En diálogo con Severino Cesari.* Madrid: Anaya-Mario Muchnik.

Fuinca (1993): *El sector del libro en España. Situación actual y líneas de futuro.* Madrid: Fundesco.

Gullón, Germán (2004): *Los mercaderes en el templo de la literatura.* Madrid: Caballo de Troya.

Korda, Michael (2005): *Editar la vida. Mitos y realidades de la industria del libro.* Madrid: Debate.

López Abiada, J. M./Neuschäfer, Hans-Jörg/López, Augusta (2001): *Entre el ocio y el negocio: industria editorial y literatura en la España de los 90.* Madrid: Ediciones Verbum.

Mattelart, Armand (1995): *La invención de la comunicación.* Barcelona: Bosch.

Moret, Xavier (2002): *Tiempos de editores. Historia de la edición en España 1939-1975.* Barcelona: Destino.

Muchnick, Mario (1999): *Lo peor no son los autores.* Madrid: Taller de Mario Muchnik.

Romea, José/Guitiérrez, Francisco/García-Page, Mariano (1997): *Literatura y multimedia.* Madrid: Visor.

Schiffrin, André (2000): *La edición sin editores.* Barcelona: Destino.

Vila-Sanjuán, Sergio (2003): *Pasando página. Autores y editores en la España democrática.* Barcelona: Destino.

MODELOS EMOCIONALES DE MEMORIA: EL PASADO Y LA TRANSICIÓN

Txetxu Aguado
Dartmouth College

Al acercarse uno a los años de la II República, a su final trágico en la Guerra Civil española, a su posguerra, a la dictadura y a la restauración de un sistema formalmente democrático durante la Transición, la pregunta gira en torno a qué contar y cómo, qué recordar y qué olvidar. Dedicaré este ensayo a intentar dar una respuesta a estas preguntas, máxime cuando la sensación predominante, y bien fundada diría, es la de que algo ha quedado por el camino, perdido entre los vericuetos de tanto consenso por el lado de la política y de tanta escritura periodística por el lado de la crónica histórica de la Transición. A ésta nos la presentan como una mera arquitectura de poder diseñada desde arriba hacia abajo y ajena a las presiones y reivindicaciones ciudadanas. Las calificaciones sobre la Transición han sido la mayor parte de las veces en exceso generosas y grandilocuentes sobre sus virtudes, tanto dentro como fuera del país. ¿Cuántas veces no se escuchó que los españoles habían roto por fin con una *maldición* histórica que los condenaba a repetir sus fracasados intentos de situarse en la modernidad? ¿Cuántas veces no se habló de una historia francamente cainita que se desprendía del disidente con el exilio o la muerte? En la Europa poscomunista o en América del Sur, durante algunos años llegó a convertirse en un lugar común el presentar la Transición española como modelo para otros países en estado de transición y, si se ha de ser honesto, sin saber muy bien desde y hacia dónde[1].

---

[1] Más bien debería haber sido al contrario y haber tomado de Argentina y Chile —y su compleja y a ratos tortuosa pero decidida resolución de llevar a los tribunales a los implicados

Es el caso que tantos halagos sobre la *bien* llevada Transición española han oscurecido sus deficiencias y, si éstas pueden ser subsanables desde la política, más dificultad encuentran esos recuerdos que se silenciaron, se echaron al olvido o simplemente se apartaron[2]. Me estoy refiriendo a la llamada cultura amnésica durante la Transición, objeto de debates sin final a la vista entre los partidarios del *exceso* de memoria y sus detractores[3]. Más que quedar encerrados en discusiones sobre la oportunidad o no del recuerdo hoy en día, se trataría de establecer una relación más fructífera con el pasado, menos traumática para, en última instancia, dejarlo como lo que es, pasado, tiempo ya finalizado y determinado. De lo contario, el pasado aparecerá más satisfactorio como modelo de vida, como si *llenara* más transitar por los territorios seguros de lo ya ocurrido que aventurarse a pensar en la novedad todavía sin definir. Para ser más precisos, la amnesia en realidad podría entenderse como inexistencia de modelos emocionales y afectivos de relación con la memoria del pasado, más que históricos, de los cuales se han ocupado sus profesionales en la abundante bibliografía sobre el período.

---

en la represión salvaje— el ejemplo que debía seguir la Transición española. Para Paloma Aguilar Fernández, las políticas de memoria en España no han sido tan audaces (*Políticas* 472). Podríamos añadir Sudáfrica o incluso Estados Unidos con sus luchas en contra de la segregación racial durante los años sesenta. De igual manera, ¿qué significa con exactitud transicionar? Cristina Moreiras, en *Historia a contrapelo: Estado de Excepción y temporalidad en la transición española,* la concibe como una temporalidad particular entre dos momentos no del todo definidos. Por otro lado, para una recreación literaria de las fuerzas en juego en el momento de la Transición a través de personajes de ficción pueden leerse, entre otras, las novelas de Rafael Chirbes *La larga marcha* (1996) y *La caída de Madrid* (2000) o las de Juan Luis Cebrián *La agonía del dragón* (2000) y *Francomoribundia* (2003).

[2] Desde la política tendríamos la llamada Ley de Memoria Histórica. Para paliar esos silencios se han escrito abundantes textos literarios. Sin pretensión de exhaustividad, mencionaría sobre la ideología de los vencedores la novela de Suso de Toro *Hombre sin nombre* (2006); sobre maquis, el texto de Julio Llamazares *Luna de lobos* (1985) o el de Alfons Cervera *Maquis* (1997); sobre la posguerra, el de Luis Mateo Díez *Fantasmas de invierno* (2004); sobre las condiciones en las cárceles, *La voz dormida* (2002) de Dulce Chacón y, finalmente, sobre la reconciliación, la novela de Jorge Semprún *Veinte años y un día* (2003).

[3] Entre los que vendrían a hablar de pacto de silencio se encontrarían Juan Aranzadi *(El escudo de Arquíloco. Sobre mesías, mártires y terroristas,* 2001) o Gregorio Morán *(El precio de la transición,* 1991). Entre los que lo rechazan, destacaría el historiador Santos Juliá ("Memoria y amnistía en la Transición", en *Claves de Razón Práctica,* 129).

La memoria emocional

Acercarnos a la memoria del pasado supone entonces subsanar los silencios[4] de los que no se nos habló, las historias de los que llevaban ya mucho tiempo muertos y las tropelías de todo género cometidas por quienes, a pesar de ganar una guerra, nunca mostraron ánimo de enmienda ni de reconciliación. Sobre todo implica elaborar un modelo de relación con la memoria del pasado menos sesgada por imponderables sin solución, ya sea el dolor incontenible de quien se ha visto privado del recuerdo justo, la compulsión memorística de quien está *enfermo* de pasado por no concebir momento temporal más satisfactorio o, desde luego, el triunfalismo descerebrado de quien convierte Madrid en una ciudad de un millón de cadáveres.

Ciertamente la literatura cumple mejor el cometido del recuerdo que la historia: no se requiere ahora tanto manifestar lo fáctico o aceptar hipótesis contrastables, como insertarse en lo probable, dejarse arropar por la exploración de afectos y relaciones con un pasado que no se querrá nunca cerrado en una interpretación definitiva sobre su acontecer. La literatura, sus palabras y sus construcciones, nos hablan no sólo de lo que pudo ocurrir, sino de lo que podría ocurrir en el futuro si prestáramos debida atención a sus elaboraciones. La relación literaria es de empatía con quien no tiene voz, con el desaparecido o con el largo tiempo muerto[5]; es un acercarnos desde la ficción a lo que de otra manera nos sería inaccesible, pues si la fraternidad o la solidaridad hacia la circunstancia desfavorable del otro nos son factibles, no lo es el vivir por él o por ella el momento de su defenestración vital. Lo literario vadea esta distancia infranqueable entre nuestra presencia en el hoy y las ausencias de los muertos, recuperando simbólicamente un diálogo con el pasado de otro modo imposible. No ocupar el lugar de los hace tiempo desaparecidos, nunca debería servir de excusa para desentendernos de su problemática o no implicarnos en sus reclamos de reparación.

---

[4] Más de una producción cultural sobre la temática de la memoria incluye la palabra silencio en su título. Véase el documental de Montse Armengou y Ricard Belis *Las fosas del silencio* (2005), el largometraje de Montxo Armendáriz *Silencio roto* (2001) o la novela de Ángeles Caso *Un largo silencio* (2000), por citar sólo unos ejemplos.

[5] No haría falta aclarar que me refiero a la buena literatura de reflexión, y no a la hagiográfica en defensa de una posición ideológica. Sin ánimo de recopilación, señalaría aquí *El jinete polaco* (1991) de Antonio Muñoz Molina, *O lapis do carpinteiro* (1998) de Manuel Rivas y *Las trece rosas* (2003) de Jesús Ferrero, entre otros muchos textos.

Quisiera desarrollar esta habilidad de lo literario para recomponer el diálogo con una imagen veraz en el pasado en dos de las historias contenidas en *Los girasoles ciegos* (2004) de Alberto Méndez. En "Tercera derrota: 1941 o El idioma de los muertos", el personaje Juan Senra se resistirá a dejar en manos de los vencedores la capacidad de la palabra para dar cuenta de lo sucedido. Lo hará desde la cárcel, esperando la ejecución de su condena a muerte en la pantomima de un juicio con un tribunal militar esperpéntico. El coronel que lo preside, antes de condenar a los reos a ser fusilados, les preguntará si llegaron a conocer a su hijo muerto Miguel Eymar. Senra responderá que sí, tratando de ganar unos días más de vida e inventándose una historia elogiosa para quien no ha sido más que un vulgar ladrón, quintacolumnista, traidor a sus propios amigos y finalmente fusilado en campo republicano. En un principio, la invención de la historia no tendrá otro propósito que el de mejorar sus condiciones carcelarias. Después, cuando entra en escena la madre de Miguel Eymar, Juan no podrá sustraerse a dosis crecientes de compasión y escuchará las historias que le cuenta la madre con paciencia. Todo seguirá más o menos igual, espaciándose los camiones de los fusilamientos o con algunas condenas conmutadas, hasta que su amigo Eugenio Paz, de 16 años de edad, que ha participado en la guerra como si fuera un juego adolescente más, es trasladado al amanecer para ser fusilado. Juan caerá en un estado de abatimiento y languidez "como si el mismísimo tiempo se hubiera muerto de tristeza" (98). Decidirá entonces desvelar al coronel y a su mujer la cruda verdad sobre su hijo. Su ejecución no se hará esperar.

A Juan Senra se le facilita la manipulación de la verdad —la elaboración de una historia heroica para un personaje siniestro, el hijo del coronel— mientras las cartas que envía a su hermano son censuradas con una rabia desproporcionada. Su testimonio es conminado a participar del lenguaje pervertido por el franquismo, donde el ladrón es un héroe y, como tal, sus últimas palabras antes de morir tienen que estar dedicadas a España, a sus *valores* eternos e imperiales. Por su lado, Senra en las cartas a su hermano encuentra un "cierto parecido entre la escritura y las caricias, entre las palabras y el afecto, entre la memoria y la complicidad" (78). Son estas últimas las censuradas sin consideración porque en el lenguaje de la *nueva* España "no había espacio para lo humano" (70). En el confinamiento al espacio escritural encuentra Juan Senra ese instante de humanidad compasiva, de relación emocional consigo mismo y con sus amigos. Incluso imaginará un lenguaje soñado con palabras inventadas, enajenadas a la dureza significativa del vocabulario franquista: "Sigo vivo. El lenguaje de mis sueños es cada vez más asequible. Hablo de amortesía cuando quiero demostrar afecto y suavumbre es la rara cualidad de los que me hablan con ternura [...]. Me gusta hablar en ese idioma" (94).

Este idioma del afecto, de las palabras de la memoria, tiene una particularidad. En la última carta escrita a su hermano y que con toda probabilidad no llegará a su destino, escribirá Senra: "Aún estoy vivo, pero cuando recibas esta carta ya me habrán fusilado [...]. He descubierto que el idioma que he soñado para inventar un mundo más amable es, en realidad, el lenguaje de los muertos" (98), el lenguaje de los que no están, el lenguaje de los que no tienen voz. Sus palabras inventadas no pertenecen a este mundo, sino al de todos los condenados bajo el peso de la violencia del franquismo. ¿Ha conseguido Juan Senra, el personaje de ficción, hacer compatibles al testigo —él mismo— y su lengua con la del muerto y la suya, y así legitimar su testimonio? Y los lectores, ¿hemos accedido a la experiencia vedada, incomprensible a lo mejor, del muerto a través del recuento de Juan Senra? Alberto Méndez ha dado expresión literaria al problema de Giorgio Agamben con el testimonio[6]: al reclamar una voz que no le pertenece del todo, el personaje, y el autor que le da vida ficticia, han entendido que el lenguaje del testimonio es el de los muertos, que sin él no hay reconstrucción de una memoria verdadera. Además, este lenguaje sólo será comprensible si encuentra un *traductor* en el testigo cualificado Senra, en ése que podría o bien haber arañado la superficie de la muerte, o estar incluso muerto, o ambas cosas.

No se facilitará esta operación en la posguerra franquista, demasiado empeñada en discursos y testimonios encauzados por las líneas ideológicas y míticas de la dictadura. Así ocurrirá en el último relato de la colección que da título al conjunto, *Cuarta derrota: 1942 o Los girasoles ciegos*. La historia es sencilla de describir; más complicado es determinar por qué tienen lugar unas cosas y no otras, por qué se llega a un final trágico y no a otro distinto. Ricardo Mazo está escondido en un armario, huido de seguras represalias si se presentase en público. Junto con él viven su mujer Elena y su hijo Lorenzo. No saben nada de su triste suerte. Lorenzo asiste a un colegio

---

[6] Para Agamben el problema de lo testimonial consiste en cómo hablar de lo que no tiene un lenguaje para ser descrito, cómo utilizar palabras de sentidos limitados para narrar: "We may say that to bear witness is to place oneself in one's own language in the position of those who have lost it, to establish oneself in a living language as if it were dead, or in a dead language as if it were living" *(Auschwitz* 161).

donde enseña el diácono Salvador. Éste se obsesiona sexualmente con su madre y trata de abusar de ella en su casa. Ricardo sale de su escondite y defiende a su mujer. Después no le queda otra opción que la de suicidarse tirándose por la ventana. El emocional de su muerte sume a cada personaje en una retahíla de explicaciones y justificaciones, sin que se sepa en un primer momento determinar la veracidad de lo contado.

En el cuento la memoria testimonial oscila entre tres voces narrativas. Corresponde al lector, por supuesto, optar por algunas de esas voces en contra de las otras y buscar su hilo conductor. Por un lado, el lenguaje ampuloso del diácono Salvador, ése de quien encubre sus actos reprensibles con justificaciones de matiz religioso. Por otro, el lenguaje de la valoración emocional de la memoria del niño Lorenzo, de su padre y de su madre, el lenguaje donde lo emotivo sesga lo realmente acontecido, aunque ningún alambique destilará en su forma más pura lo objetivo. Finalmente, el punto de vista del narrador, el niño Lorenzo de adulto, embarcado en la empresa de imposible objetividad de quien quiere recordar con exactitud para conocer.

El lenguaje del diácono participa de las retóricas fascistas y religiosas de la Guerra Civil. Su función es enmascarar, ideologizar, adoctrinar a todos para matar el pensamiento, las ideas, la vida. Es un lenguaje falso, hueco, vacío, hiperbólico (145), que encubre la lascivia de un religioso, lleno de lugares comunes sobre la condición pecaminosa de la mujer, su separación en prostituta o ángel del hogar. Está plagado de latinajos con los que sustituir la pobreza —cuando no la ausencia— de reflexión moral por la conducta criminal, por la suya propia y la de sus amigos vencedores. Por su parte, en el cuento el lenguaje de la memoria afectiva es el habla del interior de la casa, de la supervivencia, del amor y de las traducciones literarias del padre, de la cultura y del conocimiento que Lorenzo tiene que ocultar en la escuela. Entre ambos tendrá que optar la tercera voz, la de un Lorenzo presumiblemente adulto, contrastando hechos y consciente de las malas jugadas de la memoria, pero plenamente lúcido sobre una vida donde "[t]odo era real pero nada verdadero" (138). Todo lo que se cuenta tenía lugar en la realidad, no era producto de la fantasía ni de la imaginación, real y bien real en sus efectos sobre el cuerpo físico y el mental de los personajes. Al mismo tiempo, nada era verdadero, todo era difuso, no se sabía a ciencia cierta si *en realidad* ocurría o no; no se sabía si la felicidad sería transitoria una vez más, o si el refugio del hogar supondría un instante de tranquilidad antes de la tragedia del suicidio del padre. Nada era verdadero, además, porque la maraña del lenguaje franquista, representado por la escritura del diácono, no dejaba florecer la interpretación alternativa ni permitía acudir a las palabras, a unas palabras aligeradas de la carga de significado falso, para recomponer el sentido de lo que estaba ocurriendo.

Memorias de esperanza

Si todo lo que tenía lugar durante el franquismo era real, pero nada era verdadero, habría que acudir a la crítica para alumbrar los instantes de lo real en lo verdadero, y viceversa, para hacerlos compatibles y no quedar desnortados en un sentido perdido, siempre elusivo. Sigue siendo acertada la aseveración de Zygmunt Bauman, a partir de Theodor Adorno, sobre el papel del pensamiento crítico: "Adorno's precept that the task of critical thought 'is not the conservation of the past, but the redemption of the hopes of the past' has lost nothing of its topicality" (175). Esto es, más que preservar el pasado intacto —o en la totalidad de sus manifestaciones, como si de un museo de memoria se tratara—, se apuntaría a la recuperación de las esperanzas definidas en el ayer con proyección en el hoy, a su posible reparación. Dejando de lado el término más religioso de redención, y su liberación de las cargas contraídas que no nos pertenecen del todo, favorecería la noción de dar respuesta a esas esperanzas soñadas por otros —ese lenguaje del afecto de Senra o libre de mentiras de Lorenzo— todavía vigentes en nuestro momento y de las cuales nos apropiamos voluntariamente.

Y lo hacemos porque la Transición española, a pesar de sus virtudes, no ha dado una respuesta satisfactoria a memorias que reclaman presencias, principalmente las republicanas y antifascistas. La Transición habría puesto en cuarentena recuerdos difíciles de digerir; no habría aplicado una ley de memoria por igual a todos. Sin forzar demasiado el concepto de Giorgio Agamben, podría hablarse de un estado de excepción[7] memorístico donde la ley suspendida es la del ejercicio libre de memoria individual y colectiva al margen de los paradigmas de recuerdo puestos en circulación durante la Transición. No se trata de decir que la historia es falsa —a pesar de algunos intentos descaradamente manipuladores—, sino de reclamar la capacidad de cada uno de nosotros para acercarnos al recuerdo sin cortapisas. El objetivo no es facilitar cualquier tipo de recuerdo, con la consecuente relativización de

---

[7] Para una discusión sobre este concepto puede verse *Means without End: Notes on Politics* (2000). En particular el capítulo titulado "What is a camp?".

todos, sino insertar las memorias de cada cual en modelos emocionales como los descritos en los cuentos de Alberto Méndez y así acceder al testimonio de los muertos, o de los silenciados, y hacer compatible lo real experimentado con la explicación y los sentidos verdaderos. En suma, articular paradigmas de memoria alternativos a los más conservadores de la Transición.

Esta operación es ineludible porque, en palabras de Gabriel Jackson, "la sociedad española en su conjunto no ha juzgado la dictadura de Franco como régimen criminal, en el mismo sentido en el que Alemania condenó el régimen nazi". Más de treinta años después de la muerte del dictador, estaríamos en presencia de ambivalencias intolerables en la apreciación política, cultural, moral y humana de la dictadura y de las memorias que se opusieron a ella. Finalmente, de las razones señaladas por el historiador Ángel Viñas para conocer el pasado destacaría la última: "el honrar a los muertos"[8] de crímenes políticos, devolverles su dignidad y hacer nuestros sus reclamos de justicia. La esperanza no es más que confianza en la capacidad de nuestro presente para concebir modelos emocionales de relación y testimoniales de escritura menos sesgados por los miedos o conveniencias políticas de la Transición, atisbando respuestas a las preguntas del comienzo sobre el qué, cómo y cuándo recordar.

Referencias

Agamben, Giorgio (2002): *Remnants of Auschwitz: The Witness and the Archive (Quel che resta di Auschwitz*, 1998). Trad. ing. de Daniel Heller-Roazen. New York: Zone Books.

—. (2000): *Means without End: Notes on Politics (Mezzi senza fine*, 1996). Trad. ing. de Vincenzo Binetti y Cesare Casarino. Minneapolis, London: University of Minnesota Press.

Aguilar Fernández, Paloma (2208): *Políticas de la memoria y memorias de la política: el caso español en perspectiva comparada*. Madrid: Alianza.

Bauman, Zygmunt (2006): *Liquid Fear*. Malden, Massachusetts: Polity Press.

Jackson, Gabriel (30 de noviembre de 2008): "¿Se puede dar por cerrada la Guerra Civil?". En: *El País*. www.elpais.com.

---

[8] Concretamente, dice el autor: "Hay tres razones para conocer el pasado. La primera, metodológica, sobre la apertura de los archivos. La segunda, evitar hacer el ridículo como país, como colectividad y como españoles. La tercera, el honrar a los muertos".

MOREIRAS-MENOR, Cristina (febrero de 2007): "Historia a contrapelo: Estado de Excepción y temporalidad en la transición española". En: *Quimera: Revista de literatura* 279, 46-50.

MÉNDEZ, Alberto (2005): *Los girasoles ciegos.* Barcelona: Anagrama.

VIÑAS, Ángel (5 de septiembre de 2008): "El miedo al conocimiento histórico". En: *El País.* www.elpais.com.

DE ETNOMANÍAS Y OTROS TERRORES.
LITERATURA E INMIGRACIÓN EN LA ESPAÑA
DEL SIGLO XXI

Palmar Álvarez-Blanco
Carleton College

Resulta ya un lugar común encontrar en la prensa diaria noticias que revelan los diferentes problemas que surgen a raíz de la llegada de inmigrantes a distintos países miembros de la Unión Europea. Como escribe Manuel Rodríguez Rivero en un artículo del diario *El País* titulado "El flautista de Hamelín y otros regresos", en febrero de 2009 en Italia "neoenergúmenos asustados exigían la expulsión de todos los inmigrantes para aliviar la creciente ansiedad pequeñoburguesa". Un comentario de este tipo nos permite observar, en el espacio reducido de tan solo dos líneas, algunos de los problemas que presenta el modelo multicultural adoptado en Europa y que sirve de argumento a una tendencia narrativa que reaparece en la España contemporánea.

Por un lado, el hecho de que la clase pequeñoburguesa sea tachada por Manuel Rodríguez Rivero de energúmena indica factores psicológicos a los que no se presta excesiva atención cuando se habla del éxito del modelo multicultural; por otro, la exigencia de una expulsión por parte de este grupo permite ubicar dicho reclamo en el contexto de un fundamentalismo identitario ligado, como veremos, a un modelo económico interesado en mantener la ficción de la sociedad del bienestar. Por último, el hecho de que las personas desplazadas sean englobadas bajo un colectivo homogéneo obliga a pensar en el uso de cierta imaginería mediática, "catálogo de tópicos atemorizadores" *(El país del miedo* 37) que, como explica Isabel Álvarez en su estudio *Inmigration and the Written Press in Spain: What is actually being portrayed,* produce un conocimiento "hiper-simplificado y estereotipado" (128) de un sujeto desplazado que solamente es noticia cuando se habla de su dramática circunstancia como ilegal o de su amenazante presencia por ser asociada a actividades criminales[1].

Teniendo en cuenta el análisis que investigadores de la talla de Slavoj Žižek, Alain Touraine, Fernando Savater, Agustín García Calvo y Alfonso García Martínez realizan del modelo multicultural europeo, del discurso de la tolerancia como categoría ideológica y de los factores psicológicos que contribuyen a la configuración de una ficción del *bien-estar* [la cursiva es nuestra], este ensayo surge de una puesta en diálogo de la perspectiva crítica con la visión que, de todas las cuestiones citadas, ofrecen numerosos escritores contemporáneos a través de su obra. Este enriquecedor encuentro en el que confluyen ficción y realidad permite acotar, dentro del vasto ámbito de la novela contemporánea publicada en España, los límites de una tendencia narrativa que, sin ser original de este tiempo, insiste en la necesidad de novelar otros modos posibles de pensar la realidad.

Para ubicar el tema es necesario comenzar recordando de la mano de Alfonso García Martínez, especialista en teoría e historia de la educación en la Universidad de Murcia, que las raíces de los movimientos migratorios europeos coinciden significativamente con la implantación de un modelo económico concreto. En el caso de Europa se trata de un modelo de mercado único de base neoliberal que alimenta en el sujeto, según nuestra lectura, el deseo nostálgico de acceso a un paraíso metamorfoseado, en este momento concreto, en lo que se conoce como sociedad del *bien-estar.*

Siguiendo el examen que de dicho modelo social hace el filósofo español Agustín García Calvo, por sociedad de *bien-estar* se entiende la etiqueta que Hacienda y la banca le otorgan al mundo del desarrollo; según él, se trata de un espacio que "se sostiene por la fe en una ficción, es decir, la del crédito" (17), y que se dirige desde el convencimiento de que hay que luchar para salvaguardar lo que existe, dicho de otro modo, lo que al estado del *bien-estar* le conviene para mantenerse como ficción de continuidad rentable. Este modelo de sociedad del *bien-estar* se sitúa geográficamente según García Calvo "en medio del resto del mundo" (18), siendo el resto del mundo aquel que está en vías desarrollo y al que "no le cabe otro futuro, otra idea ni otra aspiración que la de integrase en la Sociedad del Bienestar" (25).

---

[1] Según datos de Isabel Álvarez, en el año 2007 el 59% de los españoles creía que la inmigración era uno de los problemas más graves, por encima del desempleo y el terrorismo.

Para este modelo de sociedad, todo, incluido el sujeto, es materia prima que da movimiento al capital y, aunque fuera de él existen "circunstancias molestas [...] que llenan cada día las pequeñas pantallas [y] las grandes planas de la Prensa" (27) —pensemos por ejemplo en las sobrecogedoras noticias sobre la llegada masiva de desplazados a Europa o sobre su reclusión en centros cuasi-penitenciarios—, estas circunstancias, insiste García Calvo, son necesarias para que el adepto a dicho modelo económico, "por contraste, tom[e] conciencia de su Bienestar" (26).

Según esta descripción, podría parecer que el sujeto adicto a la ficción del *bien-estar* —el mismo que recibe al procedente de lugares que gusta en llamar *en vías de desarrollo*— disfruta de un estado de felicidad; sin embargo, según los retratos sociales de Najat El Hachmi en *L'últim patriarca* (2008), José Ovejero en *Nunca pasa nada* (2008), Isaac Rosa en *El país del miedo* (2008), Belén Gopegui en *El padre de Blancanieves* (2007), Esther Bendahan en *Deshojando alcachofas* (2005) o de Gabi Martínez en *Ático* (2004), el sortilegio prometido no termina de cuajar. El *bien-estar*, tal y como comprueba el lector, obliga al personaje a aceptar el sacrificio de su *agencia* como paso inevitable para su utópica ascesis[2]. Tal y como demuestran las historias de Manel en *L'últim patriarca*, Nico y Carmela en *Nunca pasa nada*, Sara y Pablo en *El país del miedo*, Manuela y Enrique en *El padre de Blancanieves* y Teli y Sara en *Deshojando alcachofas*, a diferencia de lo esperado, y en sintonía con el análisis de García Calvo, lo que el sujeto alcanza en el ámbito del desarrollo no es paradójicamente otra cosa que una riqueza miserable que lo conduce a un estado de *mal-estar*. Tanto al "trabajador del Desarrollo" como al "alto ejecutivo que trabaja más que nadie" (García Calvo 32), "los bienes del Bienestar [le] saben a vacío" (37) cuando entiende que lo que gobierna el sistema es un insaciable deseo de rentabilidad. En función de dicho criterio, todo se orienta hacia la productividad, el rendimiento, la acumulación de capital y, ante su gobierno, ambos, explotador y explotado, "tienen que agachar la cabeza" por igual y aprender a "retirarse [...] los corazoncitos" (51).

---

[2] Para hacer referencia al concepto de *agencia*, nos basamos en el rol semántico de agente en el seno del modelo prototípico de una oración en voz activa; en este contexto, el agente representa al sujeto animado de un verbo transitivo que actúa con voluntad propia. Véase la descripción del concepto de Charles Taylor en *Human Agency and Language*, propuesta desde una perspectiva filosófica, y el artículo de Álvarez-Blanco y Pinto "*Lo importante es perder* (2003): El proceso contra-nostálgico y el análisis de su discurso en un espacio narrativo del siglo XXI".

A este invento de realidad, fruto de un modelo económico que se presenta como única alternativa ideológica en la era de la *pospolítica*[3], llegan los personajes de las novelas que emigran de mundos en vías de desarrollo. En todas las obras citadas se enfatiza el hecho de que, si bien los desplazados no pueden competir dentro del ámbito laboral en igualdad de condiciones, inmediatamente adquieren un valor instrumental para el capital, siendo absorbidos como mano de obra para lo que Slavoj Žižek bautiza como *sociedad de servicios (Contra los derechos humanos* 91). Este retrato literario encuentra su correspondencia en la realidad que fabrica la campaña publicitaria del Plan Estratégico de Ciudadanía e Integración del Gobierno español. El mensaje, básicamente, trata de concienciar al ciudadano de la necesidad de aceptar la presencia del inmigrante en función de una rentabilidad económica y relegando su figura al espacio de la sociedad de servicios[4].

Tanto novelistas como investigadores coinciden en argumentar que este deseo de vivir inmerso en la ficción del *bien-estar* obliga a los sujetos, independientemente de su pasaporte, a instrumentalizarse como trabajadores del desarrollo. Partiendo de la premisa de que "lo que no se presta a la propiedad no le sirve al desarrollo" (García Calvo 123), los personajes se fabrican una identidad que viene a ser "dinero en ella misma" (103) y que, a su vez, los obliga a deshacerse de lo que vive en ellos en contradicción con su "persona trabajadora" —es decir, todo aquello que no resulte rentable en términos económicos; por ejemplo, el criterio diferenciador de lo justo e injusto, o la razón común que vincula e iguala a todos los seres humanos. En consecuencia, como se expone en *El padre de Blancanieves*, esta aceptación del beneficio como único criterio existencial desemboca en un neo-individualismo voraz que, inevitablemente, entra en conflicto con "el criterio de lo justo [y] de lo bueno para la comunidad" (García Calvo 329). Se fomenta, de esta manera, una sociedad en la que el consumo resulta ser el criterio indicador del nivel de *bien-estar*. Por ello, la batalla de cada personaje consiste, como le explica Enrique a su

---

[3] Para Slajov Zizek dicho concepto indica "el momento en el que la política propiamente dicha es sustituida progresivamente por una administración social experta" (86) que anula las obligaciones y las responsabilidades del ciudadano y, por lo tanto, su conciencia de existir en un espacio público y común.

[4] La campaña publicitaria hecha para televisión emite concretamente el siguiente mensaje: "Alicia necesita que Mirta cuide a su padre; Mirta necesita que Carmen recoja a su hijo en el colegio: hay que llevarle al médico; a su vez, el novio de Carmen, Amadou, necesita encontrar trabajo y, mira por donde, Alicia necesita un cocinero. Con la integración de los inmigrantes todos ganamos. Todos diferentes. Todos necesarios" (Plan Estratégico de Ciudadanía e Integración. Gobierno de España, 2008).

hija en *El padre de Blancanieves*, en la defensa a ultranza de una "burbuja: casa, coche, expectativas profesionales [...] y cuatro cosas más" (335).

Es a este espacio planificado en forma de red de burbujas no comunicantes al que llega el personaje inmigrante. Como se subraya en las novelas citadas, el proceso de integración en la ficción del *bien-estar* no sólo lo obliga al sacrificio de su *agencia*, sino también de su identidad cultural. Este tránsito es interpretado por Slavoj Žižek como un nuevo momento colonizador en el que el capital es el valor predominante y el sujeto la entidad colonizada. Este proceso, doblemente colonizador, es central en la construcción de la novela de Najat El Hachmi, *L'últim patriarca*. La narración plasma los distintos efectos que tiene en el sujeto recién llegado su asimilación al sistema económico imperante y al modelo cultural resultante de dicho modelo económico. Esta novela es, de entre todos los títulos mencionados, el ejemplo más claro de ficcionalización de la lógica que opera en el doble proceso colonizador al que se expone el sujeto emigrante.

La narración cuenta, entre otras historias, los avatares de Mimoum, un personaje que llega a España procedente del Rif en busca de un destino distinto al que le ofrece la perspectiva económica de su país. En cuanto consigue su primer trabajo ilegal como peón de obra —entrada en la sociedad de servicios—, experimenta el primero de los sacrificios hacia la construcción de su "persona trabajadora", es decir, la pérdida de su nombre. Como le explica su tío a Mimoun, al capataz "le cuesta decir tu nombre [y] dice que a partir de ahora te llamarás Manel" (87)[5]. El bautismo económico del personaje, es decir su transmutación en instrumento del desarrollo, es el origen de una pareja dialéctica que se debatirá a lo largo de todo el argumento de la novela. Para que Manel mantenga intacta la ficción de su burbuja —su casa y su negocio, Construcciones Manel S.A.—, le resulta indispensable deshacerse de Mimoun, el último patriarca de la rama de los Driouch.

Según el relato de la hija de Mimoun, narradora de la novela, el conflicto se resuelve en favor de Manel, ya que como explica el personaje a su amigo Ahmed —también transmutado en otro llamado Jaume— "el problema es que en algunas ocasiones esperan que el Manel de Construcciones Manel sea un poco mas desteñido que yo. Y se muestran reticentes a darme el trabajo, hasta que no ven que me como un bocadillo de salchichón no se creen que me llamo Manel" (161). También en nombre del interés económico Manel

---

[5] Las citas de la novela de El Hachmi proceden de la traducción al castellano del original aparecido en catalán.

obliga a su hija a no llevar velo porque, según le dice, "me haces pasar vergüenza [...]. Mira que aquí las cosas son diferentes y que a mí me conoce mucha gente y tengo una empresa y no hay necesidad de llevar esos harapos" (187); esta misma idea de la rentabilidad hace que Manel fuerce a su familia a utilizar el catalán: "Padre quería que hablásemos en aquella lengua delante de ellos para no ofenderlos, para que no pensaran que decíamos vete tú a saber qué" (192).

A pesar de la aparente victoria de Manel —modelo del *bien-estar*— sobre Mimoun, el lector escucha a lo largo del relato cómo, en ocasiones, la voz del último patriarca se impone a la de Manel, concurriendo en escenas de extrema violencia. La tensión propia de una existencia esquizoide, simbolizada en la antítesis Mimoun-Manel, sirve como ejemplo de las consecuencias que acarrea el proceso de asimilación despersonalizadora en el sujeto desplazado. La ironía trágica reside, precisamente, en el hecho de que sólo a Manel se le permite el acceso al ámbito de la sociedad del *bien-estar;* su entrada, paradójicamente, sólo es posible en la forma de instrumento desculturizado y estereotipado. Como se manifiesta en este relato, Manel es un sujeto sin historia; un *moro* más que responde al cliché configurado a partir de imágenes procedentes de los medios de comunicación y de un imaginario colectivo que —como describe Isaac Rosa en *El país del miedo* y enfatiza El Hachmi en *L'últim patriarca*— se forma, interesadamente, del recuerdo de "historias de magrebíes asesinos durante la guerra civil" *(El último patriarca* 88), de "la imagen común del africano como salvaje" *(El país del miedo* 37) o de exóticas "leyendas que habían oído contar a sus abuelas sobre moros" *(El último patriarca* 47). Tal y como manifiesta el narrador de la novela de Isaac Rosa, este grupo de desplazados se emplaza o bien bajo la categoría de "verdugos brutales" o bajo la de "víctimas sacrificiales" (37). En cualquier caso, todas estas imágenes contribuyen a la configuración de un interesado, por productivo en términos económicos, "miedo cultural" (36) que ayuda en la manutención del entramado hecho de esas burbujas no comunicantes. Precisamente, este temor es el eje sobre el que Isaac Rosa hace girar a sus personajes.[6] El temor, en la ficcionalizada sociedad del bienestar de la novela, nace con el despertar de "una conciencia de fragilidad de nuestra vida, de cómo en cualquier momento pue-

---

[6] Como explica el narrador, el protagonista de la novela siente un miedo "inducido, inflado, alentado, que oculta, bajo la cortina de la inseguridad personal, otro tipo de inseguridades más graves, sociales y económicas: miedo a perder, a no tener, a no ser" (130). A raíz de este temor, el desplazado queda transfigurado en un lobo feroz y su presencia, si bien se tolera, se acepta siempre y cuando sea vigilada.

den venirse abajo las convenciones y restricciones, y desbordarse una violencia hasta entonces contenida" (295). El contacto con la otredad, explica el narrador, rompe la burbuja y abre "la fractura periódica, que cada cierto tiempo nos refresca lo incierto de nuestra normalidad" (295), es decir, la sustancia ficticia que alimenta un nuevo invento de realidad de raíces económicas.

En este *país del miedo*, la defensa de discursos identitarios de base culturalista o nacionalista se alza como único antídoto contra el temor que despierta la percepción de la diferencia —enemiga de la ficción de continuidad del *bien-estar*. La protección de la identidad se le presenta al ciudadano como un sistema de seguridad privado que tiene por función preservar la distancia necesaria entre el cliente que contrata sus servicios y lo desconocido —en el caso de las novelas citadas, lo desconocido es el personaje desplazado. Según explica Slavoj Žižek en su ensayo *Contra los derechos humanos*, la propaganda de un "temor obsesivo al acoso" (88) provoca que "el otro [sea] bien recibido siempre que su presencia no sea intrusiva, en la medida en que no sea realmente el otro. En consecuencia, la tolerancia coincide con su opuesto" (87). En el espacio de las obras mencionadas, este razonamiento surge de un proceso desmitificador del lenguaje utilizado en el discurso de la tolerancia. En todas las novelas, el término *tolerar* recobra su sentido etimológico y pasa a significar soportar la presencia de la diferencia, siempre y cuando ésta resulte, de algún modo, beneficiosa.

El ejercicio de la tolerancia conduce a la naturalización de una distancia que se conoce como "el derecho humano fundamental de la sociedad capitalista avanzada: el derecho a no ser 'acosado', es decir, a mantenerse a una distancia segura de los demás" (88). Su materialización cuaja en un modelo multicultural que, lejos de promocionar el contacto de las diferencias, enmascara el despliegue de un sistema de vigilancia. Dentro de este esquema, el inmigrante es aceptado en "estado de excepción, vigilado, observado [y] cargado de etiquetas culturales" (Žižek 39). Tal y como explica el tío de Mimoun, "por mucho que digan, nosotros siempre seremos para ellos unos moros de mierda" (97).

La genialidad de estas y de otras novelas que comparten esta misma temática reside en la agudeza con la que los narradores *cuentan sin contar* la compleja problemática que envuelve el fenómeno que se conoce como "racismo sin raza" o "racismo cultural"[7] (Alfonso García 90). Se trata, según

---

[7] Esta nueva forma de racismo emerge en forma de "racismo cultural", de modo que la "versión diferencialista se codifica como 'cultura'" (90) en un lenguaje con el que se evita cualquier posible acusación de racismo.

la lectura de Alfonso García, de una forma de tolerancia que otorga una invisibilidad visible a una diferencia que, como hemos observado, se percibe con temor por ser potencialmente problemática para el interés individual, pero que se tolera en nombre de una forma de racionalidad instrumental[8]. Por otro lado, el rechazo a la visibilidad de la diferencia, como medita Žižek en su ensayo *Tolerance as an Ideological Category*, revela el estado de pánico en que se halla el "ciudadano despolitizado" (660), así como la interesada ausencia —por ser improductiva en términos económicos— de una conciencia de la desigualdad económica, de la explotación y de la injusticia. De este hecho se deduce, por tanto, que al modelo económico imperante le resulta problemática la visibilidad de la diferencia, ya que su conocimiento obliga al despertar de una conciencia que, una vez activa, como le sucede al personaje de Manuela en la novela de Gopegui *El padre de Blancanieves*, exige al personaje convertirse en agente de cambios[9].

Por su parte, siguiendo el argumento de Alfonso García Martínez, esta nueva "lógica de la inclusión y la exclusión" conduce al rechazo de cualquier tipo de mestizaje cultural (92). Por esta razón, al sujeto desplazado de Europa del Este, de África o de América Latina se le permite la estancia pero como turista, es decir, "con visitas de duración limitada no contaminantes" (92). Su aislamiento resultante en espacios bien diferenciados, para Alain Touraine, materializa el éxito de la proliferación de "políticas de depuración étnica" (14) y contribuye a la configuración de naciones homogéneas en las que "la defensa de una alteridad [se acaba convirtiendo] en un rechazo de todo tipo de alteridad" (14). Desde esta lúcida perspectiva, Touraine y Žižek encuentran en el seno del discurso tolerante una estrategia ideológica que impide cualquier revisión del modelo multicultural. En este contexto, el

---

[8] En la novela *Ático*, cuando el protagonista habla con su vecino Ahmed Chaib sobre un grupo de emigrantes, éste le dice lo siguiente: "Usted no los puede contar, porque son invisibles […]. Cuando se trata de demografía no hay ningún dato real. A las sumas y las restas hay que dividirlas por miedo, que es un factor esencial aunque lo repudie la matemática" (91). En *El país del miedo*, cuando la esposa del protagonista está evaluando a la mujer que limpia su casa, piensa: "Es muy joven, marroquí, se llama Naima. Nada más sabe de ella" (10).

[9] En la novela un hombre ecuatoriano pierde su trabajo como repartidor en un supermercado porque Manuela se queja por un retraso en la entrega del pedido. El repartidor va a visitar a Manuela para pedirle algún tipo de solución. Hasta el momento en el que el encargado del supermercado no le dice su nombre, este personaje tanto para Manuela como para su marido era simplemente "el ecuatoriano" (49), pero desde que Manuela conoce su nombre, lo ve y se personaliza el problema, y con él toma cuerpo también su parte de responsabilidad.

grupo que Alfonso García tilda de *normal* dice aceptar las diferencias culturales de los *diferentes* siempre y cuando existan en espacios vigilados. Desde la perspectiva de esta nueva lógica, los que son segregacionistas "alega[n] que no lo son y que únicamente están interesados en proteger su 'estilo de vida'" (91); asimismo insisten en que "el tema del color es irrelevante en su discurso" (91). La consecuencia es este interesado lenguaje de la *etnomanía,* término de Fernando Savater, cuya racionalidad se justifica en función de una herencia esencialista protegida en nombre de una tradición cultural y no "en términos de 'sangre' o de 'raza'" (García Martínez 92)[10].

En el marco de este modelo de realidad se sitúa la aparición de las novelas que se han ido mencionando a lo largo de esta exposición; todas ellas hacen visible lo invisible colocando al lector fuera del espacio de seguridad vigilada y ubicándolo en una intersección donde es inevitable escuchar la voz de Mimoun en *L'últim patriarca*, de Daniris en *Deshojando alcachofas*, de Namia en *El país del miedo*, de Olivia en *Nunca pasa nada* o de Ahmed en *Ático*. Este encuentro invita al desenmascaramiento de las verdaderas razones económicas que alimentan la ideología multicultural, obligando al lector a percatarse de la ausencia de un espacio público y forzándolo a reconocer aquello que tanto le aterra, es decir, su participación en la elaboración de una ficción nostálgica del *bien-estar* que se alimenta de sacrificios humanos. Es en la intersección de este encuentro de miradas cuando la lectura se transforma en una valiosa experiencia de respeto y de desarraigo. En el redescubrimiento del respeto, según reflexiona Gianni Vattimo, residen todas "nuestras esperanzas de emancipación" (12). Para este pensador, el desarraigo permite el reencuentro con los límites de la gramática consustancial a la condición humana y con él, el reconocimiento de que "si, a fin de cuentas, hablo mi dialecto en un mundo de dialectos, seré también consciente de que no es la única lengua, sino cabalmente un dialecto más entre muchos" (Gianni Vattimo 18). El desarraigo entendido como conciencia del movimiento de entrada y salida en el ámbito de la gramática genera una conciencia lúcida de "la historicidad, de la contingencia, de la limitación de todos estos sistemas, comenzando por el [de cada uno]. [...] Vivir en un mundo múltiple significa hacer experiencia de la libertad entendida como oscilación continua entre pertenencia y desasimiento" (19).

---

[10] Como afirma Alfonso García Martínez, la comunidad receptora, portadora de una "cultura enquistada" (92), manifiesta su deseo de preservar su identidad cultural y para ello cree necesario que cada uno permanezca en su espacio.

El resultado es una posición intelectual que estimula en el sujeto la capacidad de imaginar un nuevo modo de pensar la realidad; en este sentido, la ficción contranostálgica y pensante, desplegada como espacio intersticio por el que se cuela una ficción de discontinuidad, actúa como testigo y mediador de una posible comunicación mediante la producción de un conocimiento que no autoriza o privilegia la versión de ninguno de los grupos representados, sino que desvela la lógica del poder[11]. De este modo, la novela queda ligada al concepto de *texto* de Julia Kristeva: "una práctica heterogénea que puede ser comparada a la revolución política" (452) por ser "una práctica que estructura y desestructura, un pasaje hacia el extrarradio del sujeto y de la sociedad" (543). Tal es la función del mediador, es decir, del *texto heterológico* que, siguiendo la definición de Bakhtin en *The Dialogical Principle*, no hace hincapié en la pluralidad sino en la diferencia irreductible de los tipos de discursos; una diferencia que, especialmente en este momento, tiende a ser erradicada por un "lenguaje común" (Mikhail Bakhtin 43), vinculado a la gramática del capital y que funciona como sustento de un lenguaje artístico que sirve, a su vez, para la fabricación de una nueva ficción nostálgica de continuidad que amordaza todo atisbo de diferencia y actúa como fuerza centrípeta, unificando los puntos de vista de ciudadanos despolitizados.

Tras lo escrito, se entiende que sea la experiencia del desarraigo la que necesariamente propicia la construcción de un espacio literario improductivo, en términos económicos. En el seno de esta topografía contranostálgica, la lectura de este tipo de novelas, así como de un amplio conjunto de relatos que forman parte de distintos proyectos antológicos, le recuerda al lector —ciudadano de un espacio común— una serie de obligaciones y de responsabilidades, al tiempo que le despierta la conciencia de su participación activa o pasiva en la cadena mundial de actos y consecuencias.

---

[11] A las novelas mencionadas de Najat El Hachmi, Esther Bendahan, Isaac Rosa, Belén Gopegui, Gabi Martínez y José Ovejero habría que añadir otras muchas que, por razones de espacio, no tienen cabida en este ensayo. Del mismo modo, es importante señalar la aparición de importantes proyectos antológicos en torno a estos mismos motivos: *Escritores contra el racismo*, *Inmenso estrecho*, *Tierra de Nadie* o *La puerta de los vientos* son algunos de los más recientes.

Referencias

Álvarez, Isabel (2009): "Inmigration and the Written Press in Spain: What is Actually Being Portrayed". En: *The International Journal of Diversity in Organisations, Communities and Nations* 7, pp. 121-130.
Álvarez-Blanco, Palmar/Pinto, Derrin (2007): *"Lo importante es perder* (2003): El proceso contra-nostálgico y el análisis de su discurso en un espacio narrativo del siglo xxi". En *Siglo xxi: Literatura y Cultura Española*s 5, pp. 131-153.
Bendahan, Esther (2005): *Deshojando alcachofas*. Barcelona: Seix Barral.
El Hachmi, Najat (2008): *El último patriarca*. Barcelona: Planeta.
García Calvo, Agustín (2007): *Análisis de la Sociedad del Bienes*tar. Madrid: Lucina.
García Martínez, Alfonso (2004): "Racismo, inmigración e interculturalidad". En: *Daimon: Revista de Filosofía* 31, pp. 89-114.
Gopegui, Belén (2007): *El padre de Blancanieves*. Barcelona: Anagrama.
Kristeva, Julia (1984): *Revolution in Poetic Language*. Trad. ing. de Margaret Waller. New York: Columbia University Press.
Martínez, Gabi (2004): *Ático*. Barcelona: Destino.
Ovejero, José (2008): *Nunca pasa nada*. Madrid: Alfaguara.
Rodríguez Rivero, Manuel (28 de febrero de 2009): "El flautista de Hamelin y otros regresos". En: *El País*. www.elpais.com/articulo/semana/flautista/Hamelin/otros/regresos.
Rosa, Isaac (2008): *El país del miedo*. Barcelona: Seix Barral.
Savater, Fernando (1999): "Vivir juntos". En: *Cuadernos Hispanoamericanos* 584, pp. 65-81.
Taylor, Charles (1985): *Human Agency and Language*. Cambridge: Cambridge University Press.
Todorov, Tzvetan (1984): *Bakhtin, Mikhail: The Dialogical Principle*. Trad. ing. de Wlad Godzich. Minneapolis: University of Minnesota Press.
Touraine, Alain (1995): "¿Qué es una sociedad multicultural? Falsos y verdaderos problemas". En: *Claves de la razón práctica* 56, pp. 14-25.
Vattimo, Gianni (2003): "Posmodernidad: ¿Una sociedad transparente?" En: Vattimo, G. et al. (eds.): *En torno a la posmodernida*d. Barcelona: Anthropos, pp. 9-20.
Žižek, Slavoj (2008): *En defensa de la intoleranci*a. Trad. de Javier Eraso Ceballos y Antonio José Antón Fernández. Madrid: Sequitur.
— . (2005) "Contra los derechos humanos". En: *New Left Revi*ew 34, pp. 115-131.
— . (2008) "Tolerance as an Ideological Category". En: *Critical Inquiry* 34, pp. 660-682.
vvaa (1998): *Escritores contra el raci*smo. Madrid: sos Racismo.
vvaa (2006): *Inmenso estrecho*. Madrid: Kailas.
vvaa (2005): *Tierra de Nadie*. Madrid: mr Ediciones.
vvaa (2004): *La puerta de los vientos: Narradores marroquíes contemporáneos*. Barcelona: Destino.

LA LITERATURA POSCOLONIAL ESPAÑOLA DEL MAGREB

Adolfo Campoy
Madonna University

El corpus de la literatura poscolonial española del Magreb está formado por un conjunto de obras de difícil clasificación. La heterogeneidad que la caracteriza es un reflejo de la diversidad étnica, religiosa e incluso lingüística que puede encontrarse en el Magreb. Su heterogeneidad es también resultado de las complicadas relaciones socioculturales que caracterizaron el Protectorado español en Marruecos, periodo en el que encontramos los primeros ejemplos de una literatura hispanófona marroquí. Esta literatura surge inmediatamente después de que el renacimiento de la novela árabe en Egipto, o Nahda, comience a expandirse por los países árabes a principios del siglo XX. Este renacimiento literario tiene lugar en el contexto de la colonización europea del continente africano que dará lugar también a otras literaturas coloniales. Especialmente significativa en este caso es la literatura francófona, pero también la literatura hispanófona de Guinea, la lusófona de la Commonwealth y, en menor grado, las literaturas coloniales en alemán y holandés. Aunque la presencia europea en África es bastante anterior al siglo XX, la producción de literaturas en lenguas coloniales por parte de los pueblos africanos no surge hasta finales del siglo XIX y principios del XX debido a una serie de condiciones materiales, como la implantación de sistemas educativos por parte de las potencias y el auge y desarrollo de la prensa escrita, en la que publicarán sus obras por primera vez estos autores.

Es importante subrayar que la producción literaria española del Magreb no se reduce a la literatura hispanófona. Además del castellano, encontramos una tradición literaria sefardí en haketía, que ha ido poco a poco siendo reemplazada por una literatura en castellano en la que el haketía ya no tiene más que un valor testimonial; escritores hispanófonos que se sirven del castellano para reivindicar el bereber como lengua materna; escritores que alternan la escritura en hassania con la escritura en castellano; y una naciente producción literaria en catalán. Por esta razón, dentro de la literatura poscolonial española del Magreb, hay que distinguir cuatro subgrupos claramente diferenciados: la literatura marroquí —incluye autores árabes y bereberes—, la literatura sefardí, la literatura saharaui y la literatura diaspórica de autores magrebíes en España. Es decir, más que de una literatura poscolonial, hemos de hablar de las literaturas poscoloniales españolas del Magreb.

La literatura hispanófona marroquí, a pesar de ser la primera del Magreb en acceder a los canales de producción cultural, es un fenómeno relativamente reciente. Los primeros escritores hispanófonos no publican sus obras hasta 1950, cuando autores como Mohammad Temsamani, Abdelkader Uariachi, Abdul-latif Jatib y Mohamed Mamún Taha comienzan a sacar a la luz relatos cortos en *El Diario de África*, el periódico *España*, la revista *Ketama*, y las páginas en español del diario *L'Opinion* (Mohamed Bouissef-Rekab: *Literatura marroquí de expresión española*). Tras la independencia de Marruecos en 1956, la literatura hispanófona marroquí deja de divulgarse y no volverá a reaparecer hasta finales de los años ochenta, cuando Mohamed Chakor empieza a publicar una serie de antologías de autores de la época del Protectorado y nuevos escritores hispanófonos marroquíes. A esta labor de recopilación de la narrativa hispanófona contribuyen también las antologías de Abdellah Djbilou (1989, 1992) y la de Marta Cerezales, Miguel Ángel Moreta y Lorenzo Silva (2004). Los autores hispanófonos marroquíes no comienzan a darse a conocer individualmente —aparte de las publicaciones en prensa— hasta los años noventa, cuando aparecen las primeras novelas como *El caballo* (1993), de Mohamed Sibari, o *Desmesura* (1995), de Mohamed Bouissef-Rekab. Se trata de una producción literaria de calidad desigual, en la que de vez en cuando encontramos autores de gran valía como Larbi el-Harti, que publica *Después de Tánger* en 2004. Otros escritores de esta generación, como Mohamed Akalay, Rachida Gharrafi y Ahmed Mohamed Gara, empiezan a publicar un poco más tarde. Simultáneamente aparece una joven generación de escritores marroquíes emigrados a España como Ahmed Daoudi, Laila Karrouch y Najat El Hachmi.

La comunidad sefardí marroquí se expresó en Marruecos durante cinco siglos en ladino, más concretamente en haketia, una combinación de castellano, hebreo y árabe. Sin embargo, a pesar de la rica tradición sefardí y de su afinidad cultural con España, los autores hispanófonos sefarditas son una minoría en Marruecos. Muchos de ellos, como el poeta y estudioso de la tradición sefardí Moisés Garzón Serfaty, abandonan Marruecos cuando éste se independiza de España y emigran a Latinoamérica. La producción sefardí en castellano destaca por su alto valor literario. Entre los autores sefarditas de origen marroquí más sobresalientes encontramos a Esther Bendahan y Moshe Benarroch.

La literatura hispanófona saharaui es la más reciente de las del Magreb. El primer relato saharaui en español, *Verde como la franja de la bandera*, de Mohamed Ali Ali Salem, se publica en 1995, pero la práctica totalidad de las novelas, antologías de poemas y relatos saharauis no aparece hasta el año 2000. La mayoría de la producción hispanófona saharaui se ha difundido en antologías como *Bubisher. Poesía saharaui contemporánea* (2003) o *Treinta y uno. Thirty One* (2007), además de los poemarios individuales de Liman Boicha (2004) y Bahia Awah (2007), entre otros.

Ha sido precisamente el último subgrupo, el de la literatura diaspórica, el que ha alcanzado mayor reconocimiento. A partir de 2000, la literatura poscolonial española del Magreb ha comenzado a adquirir un capital cultural más importante en el panorama literario español. En 2004, la joven escritora marroquí Laila Karrouch gana el premio Columna Jove por su novela *De Nador a Vic*; en 2006, Esther Bendahan recibe el Premio Tigre Juan por su novela *La cara de Marte*; en febrero de 2008, Najat El Hachmi consigue el premio Ramon Llull por su novela *L'últim patriarca*. Ese mismo año el escritor sefardí de origen marroquí Moshe Benarroch, recientemente premiado en Israel con el Premio del Primer Ministro, publica su primera novela en castellano, *En las puertas de Tánger*. La publicación de estas novelas supone un hito en la historia de la literatura postcolonial española, no sólo por su calidad literaria, sino por tratarse de las primeras que acceden a los canales de distribución de editoriales importantes. Bendahan publica en Seix Barral, El-Hachmi en Planeta y Benarroch en Destino.

Estos escritores habían estado excluidos hasta ese momento de los principales mecanismos de producción cultural. Larbi El-Harti, ganador del Premio Sial Nobel en 2002 por su colección de relatos *Después de Tánger*, sólo ha publicado en Sial[1]; Ahmed Daoudi publicó en 1994 en Ediciones

---

[1] Sial es la única editorial que ha apostado abiertamente hasta ahora por la literatura hispanófona producida en el Magreb.

Vosa *El diablo de Yudis;* Mohamed Bouissef-Rekab ha publicado sus novelas —la más reciente *Aixa, el cielo de Pandora*— en una gran variedad de pequeñas editoriales, algo que también ha ocurrido con la literatura saharaui en español y las antologías de relatos marroquíes en español de Mohamed Chakor, que han tenido una distribución irregular. Los escritores hispanófonos de otra antigua colonia española, Guinea, también han sufrido esta marginación. Un ejemplo claro es el escritor guineano Donato Ndongo, cuyas novelas han sido publicadas en Francia por Gallimard pero en España sólo han conseguido el apoyo de Ediciones El Cobre, una editorial mucho más modesta.

No cabe duda de que el mercado editorial ha sido siempre extremadamente competitivo y que la calidad de la literatura hispanófona, como ocurre también con la española, no es homogénea. Pero la dificultad de estos autores para obtener acceso a los canales de producción cultural va más allá de lo meramente anecdótico. Pensemos, por ejemplo, que la novela autobiográfica de Mohamed Chukri *El pan desnudo*, escrita en árabe clásico en 1972, fue popularizada en Occidente por las traducciones al inglés de Paul Bowles en 1973 y al francés de Tahar Ben Jelloun en 1980. La versión al español de Abdellah Djibillou no llegaría hasta 1982, y la publicación del original en árabe no se produce hasta 1987. El caso de Ángel Vázquez es también sintomático de las dificultades que los intelectuales del Protectorado español encontraron a la hora de incorporarse al canon literario[2]. Su obra no empieza a ser recuperada por la crítica española hasta la reedición en 2000 de *La vida perra de Juanita Narboni* en Cátedra. El hecho de que su obra haya sido ignorada durante todos estos años indica que no sólo se ha silenciado la literatura producida por los pueblos colonizados, sino, en general, la literatura producida desde las colonias españolas en África. Esto es lo que Walter Mignolo ha descrito como el factor geopolítico de la producción cultural.

Se trata de una subalternidad compleja, ya que a las relaciones de dominio creadas por la ocupación colonial han de añadirse las existentes entre los diferentes grupos étnicos de la zona: árabes, bereberes, beduinos y un grupo cada vez menor de judíos sefarditas. Najat El Hachmi hace referencia a la subordinación del pueblo bereber en su novela *L'últim patriarca*, cuan-

---

[2] Hay que diferenciar entre el éxito de escritores que narraban la realidad norteafricana desde la perspectiva española, como es el caso de Sender, de escritores como Vázquez que narran la realidad marroquí desde dentro.

do un aduanero marroquí comenta despectivamente acerca del protagonista de la novela, un marroquí de origen bereber: "Però llavors li ha deixat anar la brometa pel seu cognom: Driouch, eh? Què us penseu, vosaltres, que veniu de la Península Aràbiga o què?" (123). La alusión a la relación de subalternidad que los bereberes mantienen con los árabes resulta hasta cierto punto irónica porque, en el marco de las naciones árabes, también los marroquíes arabófonos serían considerados como inferiores a los árabes de la Península Arábiga. El Hachmi no olvida tampoco que el hecho de escribir en catalán la incluye en otra relación de desventaja: la de la literatura catalana con respecto a la literatura castellana[3].

Otro ejemplo de las complejas relaciones de subalternidad que caracterizan la realidad marroquí lo encontramos en la obra de Moshe Benarroch, quien comenta en su novela *En las puertas de Tánger:* "El sitio más lejano para alguien nacido en Marruecos es Jerusalén. ¿Te lo puedes creer?" (18). Para Benarroch, la identidad sefardí está íntimamente ligada a la tradición marroquí, e incluso bereber, algo que choca frontalmente con la política de identidad promovida tradicionalmente por la comunidad asquenaz en Israel.

En la poesía hispanófona saharaui encontramos múltiples ejemplos de esta relación de subordinación a la que nos hemos referido. En este poema de Saleh Abdalahi se contrasta la ausencia de fronteras naturales del desierto con el conflicto entre el gobierno marroquí y el pueblo saharaui por establecer los límites geopolíticos del Sáhara (53):

> Pero lo que no puedo entender,
> sabiendo que el camello es libre,
> dueño del viento y del espejismo,
> es tenerlo atado a la inmensidad.

Los distintos grupos étnicos que componen Marruecos no son independientes ni están aislados unos de otros. Muchos marroquíes que se consideran árabes son en realidad de origen bereber, y existen también árabes que han adoptado las costumbres bereberes. El pueblo saharaui está integrado por grupos bereberes árabes y berberes tuaregs, y los judíos sefarditas siempre han reivindicado su ascendencia española. A esta situación de mestizaje

---

[3] En una reciente entrevista, El Hachmi comenta: "Quan veig la situació de l'amazic ara, em recorda la situació del català en l'època de la Renaixença" (17).

étnico y cultural hay que añadir las políticas culturales coloniales que intentaron reforzar la separación entre árabes y bereberes en el caso de Francia, y promovieron la arabización en el caso de España. Ambas potencias coloniales abogaron, aunque de distinta manera, por la *modernización* de la población local creando nuevos mestizajes culturales francófonos e hispanófonos.

El concepto de hibridez cultural, según Homi K. Bhabha, está asociado a la capacidad de subvertir el poder colonial. Es discutible hasta qué punto el proceso de mimetismo que describe Bhabha tiene realmente esa capacidad de subversión (120-122). Ahmed Ararou describe la hibridez en términos pesimistas en su relato *Amé... Rick,* que combina la reflexión sobre el futuro de Marruecos con las imágenes del Casablanca de Bogart: "Si contigo la ficción coincidía a veces con la historia, hoy las ficciones de la séptima caballería toman cuerpo y se hacen historia... Cuesta reconocerlo, comprensivo Rick, pero en un caso como en otro, embarazoso es convenir que nos encontramos, como siempre, fuera de la pantalla y fuera de la historia." (62)

Desde el punto de vista de Ararou habría que hablar de alienación más que de hibridez, ya que el bereber, sefardí o saharaui queda sistemáticamente excluido del macrodiscurso histórico. El concepto de alienación, sin embargo, resulta complejo en el caso de Marruecos y el Sáhara, como Larbi El-Harti indica en su relato *La alienada,* en el que el narrador va dándose cuenta de su posición marginal con respecto a todas las comunidades con las que entra en contacto. El relato concluye con la carcajada general de los familiares del narrador cuando éste tiene que traducir las palabras de su padre a un visitante libanés (35):

> Comprendí más tarde que no podían entender cómo el hijo, recién incorporado a la familia después de muchos años de exilio, es decir, yo mismo, árabe y musulmán del barrio y de la calle que daba al mar, traducía las palabras de su padre, árabe, musulmán, saharaui, solidario con el pueblo palestino e íntimo, vía satélite, de Oriente, para que un hermano musulmán, árabe hasta que se pruebe lo contrario, libanés solidario con el pueblo palestino, y que hablaba francés, entendiese de qué iba la fiesta del desencuentro y la orgía de la fractura.

Si existe una característica común a todas las literaturas hispanófonas del Magreb es precisamente esta capacidad de reflexión sobre las fuerzas históricas, políticas y geográficas que conforman al tiempo que descentran los discursos de identidad nacional y nacionalista en cuyo seno han brotado. Las literaturas poscoloniales, más que expresar una hermandad cultural, surgen precisamente como un discurso de desencuentro. Parafraseando a

Susan Martín-Márquez al hablar de la literatura saharui en castellano, damos con un complejo ejercicio de ventriloquia en el que el colonizado habla usando la voz de la antigua metrópoli colonial. Invirtiendo el discurso colonial tradicional, aparece el otro donde esperábamos inconscientemente encontrarnos a nosotros mismos.

Referencias

Abdalahi, Saleh (2003): "Beduino". En: Alvarado, María Jesús/Boicha, Limam/Dámaso, Pepe (eds).: *Bubisher: poesía saharaui contemporánea*. Las Palmas de Gran Canaria: Puentepalo, p. 53.
Ararou, Ahmed (2004): "Amé...Rick". En: Cerezales, Marta/Moreta, Miguel Ángel/Silva, Lorenzo (eds.): *La puerta de los vientos: narradores marroquíes contemporáneos*. Barcelona: Destino, pp. 58-64.
Awah, Bahia (2007): *Versos refugiados*. Alcalá de Henares: Universidad de Alcalá.
Bendahan Cohen, Esther (2005): *Deshojando alcachofas*. Barcelona: Seix Barral.
— . (2006): *Déjalo, ya volveremos*. Barcelona: Seix Barral.
— . (2007): *La cara de Marte*. Sevilla: Algaida.
Benarroch, Moshe (2008): *En las puertas de Tánger*. Colección Áncora y Delfín, v. 1113. Barcelona: Destino.
Bhabha, Homi K. (1994): "Signs Taken for Wonders". En: *The Location of Culture*. London: Routledge, pp. 145-174.
Boicha, Limam (2004): *Los versos de la madera*. Las Palmas de Gran Canaria: Puentepalo.
Bouissef-Rekab, Mohamed (1995): *Desmesura*. Tetouan: Alpha Graph.
— . (2003): *Aixa, el cielo de Pandora*. Cádiz: Quorum Editores.
Cerezales, Marta/Moreta, Miguel Ángel/Silva, Lorenzo (eds.) (2004): *La puerta de los vientos: narradores marroquíes contemporáneos*. Barcelona: Destino.
Chakor, Mohamed/López Gorgé, Jacinto (eds.) (1985): *Antología de relatos marroquíes en lengua española*. Granada: Editorial A. Ubago.
Chakor, Mohamed (ed.) (1987): *Encuentros literarios: Marruecos-España-Iberoamérica*. Madrid: Editorial CantArabia.
Chakor, Mohammad/Macías, Sergio/De la Serna, Alfonso (eds.) (1996): *Literatura marroquí en lengua castellana*. Madrid: Magalia.
Djbilou, Abdellah (ed.) (1989): *Tánger, puerta de África. Antología de textos literarios hispánicos*. Madrid: CantArabia.
— . (1992): *Miradas desde la otra orilla. Una visión de España*. Madrid: Instituto de Cooperación con el Mundo Árabe.
El Hachmi, Najat (2008): *L'últim patriarca*. Barcelona: Planeta.
— . Entrevista en *Estris*, marzo-abril de 2006, pp. 15-18. Barcelona: Fundació Pere Tarrés.

EL-HARTI, Larbi (2003): *Después de Tánger.* Madrid: Sial Ed.
FORGACS, David/NOWELL-SMITH, Geoffrey (eds.) (1985): *Selections from Cultural Writings.* Cambridge, Massachusetts: Harvard University Press.
LAHCHIRI, Mohamed (2006): *Una tumbita en Sidi Embarek y otros cuentos ceutíes.* Addar al-Baïda (Casablanca): Imprenta Dar al-Karaouines.
MARTÍN-MÁRQUEZ, Susan (2006): "Brothers and Others: Fraternal Rhetoric and the Negotiation of Spanish and Saharwi Identity". En: *Journal of Spanish Cultural Studies* 7. 3, pp. 241-258.
MIGNOLO, Walter (2002): "Thopolitics of Knowledge and the Colonial Difference." En: *South Atlantic Quarterly* 101. 1, pp. 57-96.
SIBARI, Mohamed (1993): *El caballo.* Tanja: Éditions Marocaines et Internationales.
SPIVAK, Gayatri (1988): "Can the Subaltern Speak?" En: Nelson, Cary/Grossberg, Lawrence (eds.): *Marxism and the Interpretation of Culture.* Urbana: University of Illinois Press, pp. 271-316.
SALEM, Mohamed Ali Ali (1995): *Verde como la franja de la bandera.* Burjassot (Valencia): Amics del Poble Saharaui-Dajla-Burjassot.
SAN MARTÍN, Pablo/BOLLIG, Ben (eds.) (2007): *Treinta y uno – Thirty One. An Anthology of Saharaui Resistance Poetry.* London: Sandblast.
SHUKRI, Muhammad (1982): *El pan desnudo.* Barcelona: Montesinos.
VÁZQUEZ, Ángel (2000): *La vida perra de Juanita Narboni.* Madrid: Cátedra.

LA NOVELA CATALANA A PRINCIPIOS DEL SIGLO XXI

Margarida Casacuberta
Universitat de Girona

Una visión de conjunto de la novela catalana durante la primera década del siglo XXI podría describirse como sigue: son prácticamente doscientos los escritores o escritoras que han optado por el género novelístico para expresar sus particulares visiones del mundo o para crear nuevos mundos de acuerdo con la tradición literaria de donde provienen, manteniendo una adhesión incompleta o matizada con la tradición o rompiendo abiertamente con ella. El fenómeno tiene que ver con el aumento de la base de la pirámide que, por primera vez en siglo y medio, constituye el público lector en catalán. La existencia de este *gran público* explica el éxito de *best sellers* traducidos de otras lenguas, así como la apropiación de fórmulas narrativas similares por parte de autores catalanes que consiguen una amplia aceptación popular ante la satisfacción de quien considera una buena noticia la normalización de un mercado —puesto que ello significa un incentivo real para la creación literaria autóctona.

A este segmento intermedio de público, tradicionalmente descuidado por parte de escritores y editores en catalán, se dirigen los escritores que han aceptado, desde los años noventa, el reto de publicar un número acordado de títulos a cambio de la tan deseada profesionalización —pese al peligro que, desde el punto de vista de la exigencia literaria, esta opción conlleva. Es el caso de Ferran Torrent (1951), que en *Societat Limitada* (2002), *Espècies protegides* (2003) y *Judici final* (2006), disecciona, a través de una literatura a medio camino entre el costumbrismo y la novela de género, la ciudad desmembrada —Valencia— y la desaparición de un paisaje tras la acción depredadora de la especulación inmobiliaria. Es el caso también de Lluís-Anton Baulenas (1958), quien, entre *La felicitat* (2001) y *El nas de Mussolini* (2008), ha publicado seis novelas basadas en episodios con barniz histórico o de estricta actualidad que sirven al novelista como pretexto para abordar los grandes temas de la literatura de todos los tiempos a través de la construcción de personajes y situaciones que el lector percibe como cercanos y en cuya imagen acierta a reconocerse. Y es el caso de Albert Sànchez Piñol (1965), autor de *La pell freda* (2002) y *Pandora al Congo* (2005), novelas que, partiendo de los parámetros de la literatura de aventuras y de viajes, consiguen penetrar y explorar los abismos del género humano. Que esta literatura de consumo, sin renunciar a la calidad, haya abandonado el marco de la tradicional novela histórica a favor de una mayor diversidad temática y un vínculo más estrecho con la actualidad indica la ampliación de la parte intermedia de la pirámide lectora, al tiempo que garantiza la incuestionable solidez de su vértice.

A describir el vértice de la pirámide en toda su complejidad y diversidad se dirigen las páginas que siguen. Son el resultado de una reflexión elaborada sobre la lectura de las obras, su recepción crítica y las aproximaciones historiográficas publicadas hasta el momento, materiales que comparten inmediatez y una inevitable falta de perspectiva histórica. No están, como se dice, todos los que son; sirva el mapa cartografiado con todos los que están para abrir camino.

Trayectos de largo recorrido. Itinerarios truncados

La muerte prematura de Gabriel Galmés (1962-2001) culmina una prometedora trayectoria narrativa con la publicación de *Una cara manllevada* (2000), novela de madurez construida sobre las ridiculeces de unos matrimonios a la deriva en el diminuto escenario de Manacor y que trasciende, gracias a una peculiar estilización del costumbrismo mallorquín pasado por el tamiz de la tradición narrativa anglosajona, a la esfera de la condición humana.

Jesús Moncada (1941-2005) estaba trabajando a su muerte en una novela situada en Barcelona, lejos de la Mequinenza natal que se encuentra en la base misma de su literatura desde *Camí de sirga* (1988) hasta su última obra de ficción publicada, *Calaveres atònites* (1999): la construcción narrativa de un paraíso doblemente perdido por la acción devastadora del tiempo sobre las personas y por la desaparición física de los lugares que conservan el rastro de una historia individual y colectiva que sólo la literatura puede rescatar.

Baltasar Porcel (1937-2009) publica en el año 2000 *El cor del senglar*, novela que cierra el ciclo de Andratx y la reconstrucción literaria del mundo perdido de la infancia. En ella se narra la aceptación por parte de un escritor llamado Baltasar Porcel de una herencia que implica la asunción y la reproducción a través de la palabra de un mundo mítico, atávico, que se transmite de padres a hijos mediante los genes y el contacto con una naturaleza recóndita, salvaje e integradora de opuestos, capaz de sobrevivir a la arbitrariedad de la insignificante acción de la depredación humana. Dicha insignificancia se convierte en el tema de una de las últimas mejores novelas de Porcel, *L'emperador i l'ull del vent* (2001), cuya acción se sitúa en la isla de Cabrera a principios del siglo XIX, cuando una parte del ejército napoleónico en retirada después de la batalla de Bailén queda atrapada en un campo de prisioneros. Alejado de los parámetros de la novela histórica, Porcel emprende la exploración del abismo moral de los héroes derrotados para edificar, en una narración de tonalidad sombría, un territorio literario que suscita los interrogantes fundamentales de la condición humana. La ambición literaria de estas dos novelas contrasta con la otra vertiente de la producción narrativa de Porcel, más caricaturesca y también más abundante en la última etapa del escritor: *Olympia a mitja nit* (2004), *Ulisses a alta mar* (1997) o *Cada castell i totes les ombres* (2008).

La angustia del individuo moderno

Robert Saladrigas (1940) y Jordi Coca (1947) se convierten en los escritores más prolíficos de la llamada generación de los setenta, cuyos representantes —Gabriel Janer Manila (1940), Antònia Vicens (1941), Joan Rendé (1943), Isabel-Clara Simó (1943), Assumpció Cantalozella (1943), Isidre Grau (1945) o Maria Antònia Oliver (1946)— han destacado por la continuidad de sus proyectos narrativos. Saladrigas insiste en la focalización de personajes masculinos maduros, engullidos por la rutina, que necesitan del arte y de la literatura para sostenerse en un mundo que les es hostil y que les condena a la soledad, el hastío y la demencia. Sus últimas novelas exploran los límites de la literatura del yo en relación con el género. En este sentido, *La llibreta groga* (2004), a medio camino entre la confesión y la falsa autobiografía, contrasta con la composición fragmentaria de *Biografia* (2005) y la narración seguida de *L'altre* (2008), *nouvelle* que consigue crear el ambiente claustrofóbico y obsesivo que sirve de correlato objetivo a la angustia existencial del hombre moderno.

Jordi Coca ha mantenido, por su parte, una producción sostenida desde el comienzo de la década, que se caracteriza por la construcción simultánea de dos ciclos narrativos. El primero —*Lena* (2002), *Cara d'àngel* (2004) y *Sorres blanques* (2006)— se sustenta sobre personajes prototípicos femeninos; el segundo parte de materiales autobiográficos que reconstruyen la historia familiar del escritor, con un especial énfasis en la Guerra Civil y en la posguerra. *Sota la pols* (2001) y *La noia del ball* (2007) enfocan, respectivamente, la figura del padre —de orígenes obreros y que encarna el espíritu del franquismo— y la memoria de la madre, una voz femenina que relata su vivencia del miedo y de la violencia.

Maria Barbal (1949) consiguió concentrar en un artefacto literario de gran precisión, *Pedra de tartera* (1985), la imagen de un mundo rural en vías de extinción ubicado en el Pirineo y la reconstrucción de las tensiones individuales y colectivas en un momento de transformaciones radicales. El punto de vista se sitúa en la conciencia de un personaje femenino que recupera el paraíso perdido de su infancia venciendo, a través de la distancia geográfica y cronológica, el dolor y el desarraigo. La publicación de *Cicle del Pallars* (2002) supone un reconocimiento al carácter inaugural de la *ópera prima* de Barbal, quien, estos últimos años, ha dirigido su atención hacia el mundo urbano, situando en Barcelona una voz narrativa que explora los espacios marginales de la gran ciudad. Así, si *Carrer Bolívia* (1999) aborda el tema de la inmigración española durante el franquismo, *Emma* (2008) explora los motivos por los que una mujer de vida rutinaria, rindiéndose a la fuerza del deseo, entra en un bucle que acabará marginándola.

CONTRA LA CULTURA EN MINÚSCULA

EL deseo homoerótico es el tema que Lluís M. Todó (1950) trata de forma recurrente en novelas como *El cant dels adéus* (2001) y *El mal francès* (2006), las cuales evidencian la hipocresía y los prejuicios de la sociedad catalana de los años sesenta y setenta y, especialmente, de los llamados *progres y* su rápida deserción de los ideales colectivos.

Un tema, el de la decadencia de la burguesía, que se ha convertido en la constante de la producción novelística del poeta y dietarista Valentí Puig (1949), autor de *La gran rutina* (2006). En ella se carga en profundidad contra la generación que ahora tiene sesenta años, a partir de la focalización caricaturesca de cuatro familias tipo con cuyos avatares el autor pretende representar el declive de una cultura que ha dimitido de los valores de la excelencia, la ambición y el elitismo.

La lucha por la Cultura en mayúscula como la única forma de salvar los fundamentos de un mundo en transformación constituye la clave de lectura de la obra novelística del también poeta y ensayista Miquel de Palol (1953), autor de *El Troiacord* (2001) —cinco volúmenes entre la ficción utópica, el relato realista, el ensayo novelado y la novela intelectual— y de *Exercicis sobre el punt de vista*, una obra de carácter totalizador que consta de ocho libros escritos según los parámetros formales de los distintos subgéneros narrativos —de la *nouvelle* a la apología—, de los cuales han aparecido ya seis desde 2004. Miquel de Palol está construyendo a partir de su obra un modelo de escritor culturalista, sin más concesiones al público lector que las necesarias para vivir de la escritura, incomprendido por la sociedad en general y, sin embargo, intervencionista. Este escritor sirve de inspiración a un grupo de jóvenes formados en el terreno de la poesía y que se han propuesto la *dignificación* de la novela a través de consignas y manifiestos firmados por los que se llaman a sí mismos *imparables*. Tanto la producción novelística de Sebastià Alzamora (1972), desde *L'extinció* (1999) hasta *Nit de l'ànima* (2007), como el corpus novelístico de Hèctor Bofill (1973), responden a estos objetivos.

MEMORIA INDIVIDUAL Y COLECTIVA

La recuperación de la memoria individual e histórica es, en consonancia con las demás literaturas europeas y americanas, una de las constantes de las letras catalanas en la actualidad. En particular, cabe destacar la recreación de la inmediata posguerra en tres novelas —*Pa negre* de Emili Teixidor (1933), *Les veus del Pamano* de Jaume Cabré (1947) y *La meitat de l'ànima* de Carme Riera (1948)— que comparten, además, el haber obtenido un destacado éxito de público y crítica. En *Pa negre* (2003), Teixidor construye un personaje que recuerda, en el punto crucial del tránsito a la vida adulta, su infancia reciente. Marcada por las consecuencias devastadoras de la Guerra Civil y situada en una realidad dual —entre el campo y la fábrica, la ficción y la realidad, la vida y la muerte, los perdedores y los ganadores, el deseo masculino y el femenino, el nosotros y la asunción de un yo diferente—, la infancia del narrador se despliega al compás de la *recherche* proustiana del tiempo perdido y de la reconstrucción por parte del protagonista de la malla de palabras que le cubre y le determina como persona.

La posguerra íntima de un personaje llamado Carme Riera —escritora sumida en una crisis personal y profesional debido a la aparición de unos documentos familiares que le obligarán a emprender una dolorosa búsqueda— es el hilo conductor de *La meitat de l'ànima* (2004), la segunda de las cuatro novelas que la autora ha publicado en estos últimos diez años. Situada en la frontera entre la ficción y la no ficción, la narración en primera persona se dirige en estilo directo a un desconocido que le ha proporcionado los papeles que le interrogan sobre su propia identidad, convirtiéndose en una reflexión metaliteraria sobre la novela contemporánea a la par que en una reivindicación de las voces silenciadas de la Historia.

Los que no tienen voz son los protagonistas de *Les veus del Pamano* (2004), de Jaume Cabré, y la reflexión sobre la memoria constituye el tema central de una obra edificada sobre un amplio espectro de personajes que representan, en el escenario del Pirineo, la comedia humana de la Europa del siglo XX. La novela se construye desde el presente, con un capítulo cero donde un gato se convierte en testigo impotente de la destrucción de un manuscrito en donde un maestro confiesa su doble vida de falangista y resistente, en el marco de una devastadora relación amorosa. El motor de la acción es el triángulo entre el maestro muerto en condiciones extrañas y dos interpretaciones confrontadas de su memoria: la de la amante, que desafía el paso del tiempo y pretende imponer su peculiar visión del pasado; y la de una maestra cuyos ideales se diluyeron al mismo tiempo que su vida afectiva y su salud, y que halla en la necesidad de restituir la verdad el sentido último de su existencia. La destrucción del manuscrito en las primeras páginas define las reglas del juego narrativo: cualquier expectativa sobre una posible restitución de la verdad queda frustrada de raíz: la historia la escriben los poderosos y la verdad, pese a los esfuerzos de quienes están convencidos de la necesidad de una justicia cósmica, no siempre sale vencedora.

La reflexión sobre la posguerra desde el punto de vista de personajes que emprenden un viaje en busca de la propia identidad a través de la recuperación del pasado, ya sin las ilusiones ni las utopías revolucionarias de la juventud, es una de las constantes de la novela catalana reciente escrita por autores con trayectorias consolidadas. Estos personajes desubicados, frustrados, desengañados, cansados, enfermos y desilusionados aparecen, ahora también, en Mallorca y Valencia, convertidos así en motivos de gran rendimiento narrativo para la literatura en catalán.

Valencia

La capital valenciana se sitúa en el centro de la obra de Joan-Francesc Mira (1939), constructor de un ambicioso edificio novelístico sobre los pilares del mito de Hércules —*Els treballs perduts* (1989)—, del viaje dantesco —*Purgatori* (2003)— y del mito fáustico —*El professor d'història* (2008). A través de la mirada y la voz de tres personajes masculinos —un erudito, un médico rural y un profesor universitario prejubilado—, la voz narrativa se pasea por las calles de la ciudad antigua, las del moderno ensanche y las de la novísima y *monstruosa* urbe posmoderna. Mediante una recurrente estructura narrativa —cada novela se divide en doce capítulos y cada capítulo tiene tres partes— y un juego de dicotomías establecido a partir de los mitos que estructuran sus obras, Mira consigue evocar una realidad compleja, reticente a ser interpretada en términos reduccionistas y alejada del fatalismo apocalíptico. Por el contrario, el autor opta por la vertiente vitalista de la realidad, la renovación de la vida entendida como continuidad y síntesis de contrarios más que como destrucción. Este papel lo reserva a los personajes femeninos jóvenes, contrapunto indispensable de la madurez, de la decrepitud o del desarraigo de los protagonistas masculinos que, en última instancia, se redimen a través del sexo o, por decirlo con el significativo final de *Purgatori*, "el amor que mueve el sol y las entrañas". Es este amor lo que *El professor d'història* encuentra al cabo del proceso de despojamiento personal con que se inicia la novela y convierte lo que parece la última etapa de una existencia en el punto de arranque de su última y verdadera obra: la novela que el lector tiene en las manos.

Una nueva constelación. Trilogías

¿Por qué motivo ha optado la nueva constelación de novelistas aparecida en el firmamento de la literatura catalana al final de los noventa por la adopción de la trilogía como carta de presentación? Quizá se deba, como señala el crítico

Lluís Muntada, a la elasticidad de una forma que se ha revelado idónea para expresar una "summa de la existencia, modulando los años de aprendizaje y desaprendizaje, elevación y caída de mundos que oscilan entre el alba de las expectativas de la juventud y la sedimentación gradual de una realidad adusta". En todo caso, cabe constatar que un número significativo de los nuevos novelistas ha encontrado en la trilogía la forma más adecuada a su necesidad de contar y de contarse, de plantear la función y el sentido de la escritura.

Puede que sea dicha conciencia la que separe el relato prolijo de los pensamientos, divagaciones y diatribas de los protagonistas de la trilogía de Mira y el fragmentarismo y la ininteligibilidad de los discursos históricos a que se refieren unos personajes que necesitan tocar fondo en su particular exploración del yo antes de encontrar una nueva manera de situarse en el mundo y de explicárselo. Eso es lo que hace el protagonista de L'atzar i les Ombres, la trilogía de Julià de Jòdar (1942) —*L'àngel de la segona mort* (1997), *El trànsit de les fades* (2001) y *El metall impur* (2006)—, que constituye una obra importante tanto por la ambición del proyecto narrativo que la sustenta como por la capacidad de su autor de llevarlo a cabo mediante una inquebrantable exigencia estilística. Gabriel, "el muchacho que tomó el relevo de Eulogia", una vieja ciega capaz de hacer revivir los fantasmas con sus historias, es el hilo conductor de tres novelas situadas en un suburbio industrial en la posguerra, escenario de la infancia y la adolescencia de un protagonista que se ve obligado a insuflar nueva vida a los fantasmas de un paraíso del que se ha visto expulsado para saber quién es y encontrar su propia voz. Aunque el punto de partida sea trágico, la ironía que recorre la trilogía implica distancia con respecto al material autobiográfico y sitúa al lector en un mundo de ficción donde cualquier parecido con la realidad es perfectamente deliberado. La ironía implica también la desmitificación de los discursos establecidos mediante un solitario proceso de *demolición y fijación* que sólo puede llevar a término el personaje que se ha visto excluido y que, desde la distancia geográfica, temporal y lingüística, ha conseguido convertirla en parte inextricable de la narración sobre sí mismo, que va a tener continuidad en la tercera y última entrega de la trilogía, donde se cumple su sino.

También con una trilogía —*De Fems i de Marbres* (2003)— debuta Francesc Serés (1972), autor de *Els ventres de la terra* (2000), *Un arbre sense tronc* (2001) y *Una llengua de plom* (2002). La crítica se ha mostrado unánime al destacar la riqueza lingüística y el abarrocamiento estilístico de las novelas de Serés, su independencia creativa, la capacidad de convertir el paisaje angosto de la Franja de Ponent en una geografía íntima y mítica. Se ha señalado también la ambición extrema de un proyecto que comprende los relatos breves de *La força de la gravetat* (2006), *La matèria primera* (2007) y *Contes russos* (2009), además de la trilogía dramática *Caure amunt* (2009). El mundo literario de Serés gravita en torno a las tensiones entre el individuo y el medio natural, social y cultural que lo determina y, fatalmente, lo aplasta. Éste es el punto de vista a partir del cual el *transeúnte* de De Fems i de Marbres observa la realidad que le rodea y construye una conciencia moral que da sentido al conjunto de la trilogía, al tiempo que anuncia la voz narradora de las vidas situadas entre el estiércol y el mármol que protagonizan su obra posterior.

Entre el estiércol y el mármol están también situadas las conciencias morales de los protagonistas masculinos de la recién culminada trilogía de Vicenç Pagès Jordà (1963): *El món d'Horaci* (1995), *La felicitat no és completa* (2003) y *Els jugadors de whist* (2009). Como ocurre en las anteriores, la trilogía de Pagès se caracteriza por la unidad de lugar, la conciencia donde se concentra el punto de vista narrativo y la construcción de un nuevo espacio mítico en la cartografía literaria catalana. Equidistante de la gran ciudad como de la montaña, representante de la medianía tanto por su condición de capital de comarca como por su espíritu comercial, Figueres se convierte en escenario de las vidas anodinas de los protagonistas de las tres novelas. Se trata de hombres de mediana edad, representantes de una "generación sin épica", como dice Lluís Muntada, atrapada entre la generación de los hijos —ya veinteañeros en la última de las novelas— y la generación de unos padres que, habiendo simbolizado la autoridad contra la cual la generación de los setenta debía luchar, son el reflejo de su propia mediocridad.

Directamente en el estiércol coloca Toni Sala (1969), autor de *Pere Marín* (1998), el punto de vista narrativo de su novela *Rodalies* (2004), una especie de *road movie* desde el tren suburbano que le permite hacer visible la vida marginal de la gran ciudad: paisajes y lenguas en descomposición, materiales de deshecho, no lugares, vidas anónimas, constituyen la realidad *de a pie* —por utilizar una expresión que conecta la novela de Sala, situada en la frontera entre ficción y no-ficción, con la de Josep M. Espinàs (1927), desertor irredente del género novelístico— que tan poco predicamento ha obtenido en una literatura como la catalana, con una larga y determinante tradición idealista. En este sentido, no resulta incongruente que Toni Sala acuda a la narrativa modernista que hizo de los márgenes su principal centro de interés, como demuestra en su tercera novela, *Marina* (2010), una exploración de la violencia a través del sexo en el mítico escenario de la Costa Brava.

Hombres (y mujeres) manuscritos

El disfraz literario, el engaño como esencia de la ficción, la vida como escritura y la reflexión sobre la escritura convertida en artefacto narrativo integran una de las novedades más destacables de la literatura catalana del último decenio. Imma Monsó (1959) construye su universo sobre un material autobiográfico que se convierte en ficción de alto nivel gracias a un incisivo y efectivo distanciamiento irónico y a una construcción formal impecable. *Tot un caràcter* (2001) narra la relación entre madre e hija desde la perspectiva de esta última, acomplejada por la potencia de la personalidad materna y por su incapacidad de relacionarse con ella tal como lo hace la hermana mayor. El relato se construye a través de los pensamientos y de las conversaciones de este peculiar triángulo femenino, mediante un minucioso análisis del discurso familiar, procedimiento utilizado por Natalia Ginzburg en *Lessico famigliare*, y que va a servir a Monsó para abordar uno de los mayores retos como escritora: una novela sobre el duelo expresado por una voz narrativa muy próxima a la de *Tot un caràcter*, que asiste a la fulminante muerte por infarto del *hombre de su vida*. *Un home de paraula* (2006) trata los grandes temas de la literatura de todos los tiempos —el amor absoluto y la muerte— a través de un proceso de distanciamiento y depuración de un material sensiblemente autobiográfico hasta convertirlo en un artefacto lingüístico, en una novela. En el "Introitus", una referencia directa al léxico familiar, sitúa al lector en el terreno de la ficción y el conflicto que constituirá el motor de la narración se traslada desde el terreno de la experiencia al de las palabras. El proceso es largo y doloroso, pero creativo y creador.

Un *hombre de palabras* —en sentido literal— es el protagonista de *L'home manuscrit* (2007), la tercera novela de Manuel Baixauli (1963), que introduce al lector en el interior de una vocación literaria, la de un personaje destinado a vivir en un mundo escrito a partir del momento en que, aún niño y habiéndose refugiado en una biblioteca para evitar una reprimienda, recibe su primera revelación en forma de palabra escrita. Entre este momento epifánico y el final de la novela, en que una joven lectora deviene la depositaria de la historia manuscrita, el protagonista y al mismo tiempo autor de la novela emprende un camino determinado por la escritura, escribiendo y reescribiendo un dietario que sólo interrumpirán los relatos manuscritos que, en distintos momentos, le interpelan y le permiten adivinar la existencia del Escritor, un ser todopoderoso de quien intuye que depende su vida.

Como depende la de Gabriel Delacruz Expósito, el protagonista de *Maletes perdudes* (2010). Jordi Puntí (Manlleu, 1967) se plantea en su primera novela el *tour de force* creativo que supone construir una voz narrativa múltiple, en primera persona del plural, a partir de las voces de cuatro hermanos desperdigados por Europa, hijos únicos de cuatro madres solteras que se sintieron atraídas, entre los años sesenta y setenta, por un camionero de mudanzas internacionales, huérfano abandonado después de la guerra y recogido en un orfanato de Barcelona, encarnación de la soledad y el desarraigo, y sumamente atractivo —como *L'homme qui aimait les femmes,* de Truffaut— para las mujeres. La acción arranca del encuentro de los cuatro hermanos, llamados Christophe, Christopher, Christof y Cristòfol, ante la desaparición de un padre que apenas conocían y al que se proponen recuperar aunque sea mediante el recuerdo y la palabra.

OPERACIONES DE LENGUAJE

Esta literatura de planteamientos radicales que se hace consciente de sí misma y que al mismo tiempo es capaz de mirar hacia el exterior no es ninguna novedad, sino que conecta con el textualismo de los años setenta y tiene en la narrativa de Quim Monzó (1952) un referente ineludible, que enlaza con la mejor y más iconoclasta tradición del vanguardismo y la reflexión metaliteraria de los años veinte y treinta. Aunque la consecuencia lógica de esta tradición sea la destrucción de la convención novelística y la creación de antinovelas —Monzó ha evitado publicar por separado algunos relatos que bien podrían admitir el subtítulo de novela como "Davant el rei de Suècia" publicada en *El millor dels mons* (2001)—, escritores como Josep M. Fonalleras (1959) o Màrius Serra (1963) han conseguido conciliar en los últimos años los procedimientos textuales de la novela de vanguardia —fragmentarismo y distanciamiento irónico incluidos— con las exigencias del género popular y comercial por excelencia. En el caso del primero, la publicación de *Llarga vista* (2003) —una recopilación de su obra etiquetada como *posmoderna*— coincide con la aparición de *August i Gustau* (2001) y *Sis homes* (2005), que añaden a la capacidad de estructuración del material narrativo y al control estricto del estilo de Fonalleras una mayor dosis de emoción. Un fenómeno similar distingue la producción narrativa de Màrius Serra con la publicación de *Quiet* (2008), una obra de evidente contenido autobiográfico que, pasado por el tamiz del distanciamiento poético e irónico, convierte la historia de la convivencia con su hijo discapacitado, Llullu, en un artefacto literario de gran potencia.

La escritura que se nutre de sí misma, que sirve de excusa y de hilo conductor de la novela protagoniza tanto la intelectualizada *La vida al carrer* (2004) de Jordi Ibáñez Fanés (1962), como la metaficcional *Dormir amb Winona Ryder* (2007) de Edgar Cantero (1981); la polifónica *Desfent el nus d'un mocador: surt un ocell* (2008) de Ramon Erra (1966), o las laberínticas *Camisa de foc* y *Tots serà blanc* (2008) de Anna Carreras (1977), novelas en que el protagonista es el yo que escribe, una conciencia moral y una voz narrativa que se construye y se define con la escritura sin llegar a alcanzar el conocimiento de sí mismo.

Otros mundos

Hombres y mujeres de *palabras s*on los que configuran el universo novelístico de Núria Perpinyà (1961), desde *Una casa per compondre (*2001) hasta Mi*stana (*2005) y Els *privilegiats* (2007). *Una casa per compondre* narra el itinerario de Olívia Kesler, compositora y pianista, en busca de un lugar óptimo donde instalarse a componer y rehacer su vida. La novela se despliega en torno al conjunto de visitas que hace Kesler a diferentes pisos y casas disponibles en una ciudad sin nombre. A través de una estructura episódica y acumulativa —cada casa es un mundo y cada capítulo constituye un relato breve con vida autónoma—, el personaje se perfila como un paseante que emprende un viaje de iniciación por la ciudad elegida para echar raíces después de una larga experiencia como nómada. Los vectores que enlazan los distintos capítulos son, además del complejo proceso de construcción de la conciencia moral que le da sentido y unidad, los lenguajes de la arquitectura y de la música sobre los cuales Perpinyà edifica el estilo, su principal logro. El mismo afán literario se percibe en *Mistana*, una reflexión en torno a la locura a partir de la creación de un mundo autónomo que se rige por las leyes de la imaginación poética y que se convierte en correlato objetivo de una realidad perdida, ciega, maligna, etérea, húmeda, quieta, demente, menor y trágica como la niebla que la cubre.

Joan-Lluís Lluís (1963) opta también por la creación de mundos *de verdad* a partir de personajes que no acaban de encajar en la realidad que les rodea y comparten la necesidad de escribir y de escribirse. Desde la publicación de su primera novela, *Els ulls de sorra* (1993) hasta la aparición de *Aiguafang* (2008), Lluís ha explotado todas las posibilidades de la novela breve para crear un mundo literario asfixiante, oscuro, extraño y enigmático, caracterizado por la incomunicación, la violencia y el miedo y situado en un territorio en tensión constante y difusa entre el poder de dos grandes Estados. He aquí uno de los hilos de la trama de *El dia de l'ós* (2004), novela que tematiza el miedo a vivir en libertad y a romper el cerco de represión social, política y sexual que domina a unos personajes supeditados al poder y a la violencia de un Estado sin cuyo peso no conseguirían sobrevivir. La fascinación por la creación de otros mundos, que Lluís evidencia con la publicación de un curioso *Diccionari dels llocs imaginaris dels Països Catalans* (2006), prefigura el tema de *Aiguafang* (2008), en donde una Barcelona brutal, sometida a una lluvia constante y cubierta de barro, con sus monumentos tapados con plásticos negros, es el escenario donde se cruzan las vidas de tres personajes —un asesino en serie que mata con la ilusión de liberar a sus víctimas del dolor de seguir viviendo, un esclavo sexual japonés y una joven indigente condenada a sufrir pesadillas premonitorias— que representan tres universos morales en el clima irrespirable de una ciudad postapocalíptica y tres vértices de un triángulo de movimientos imprevisibles que se suceden y superponen con la precisión del relato breve.

Otros temas: la identidad

La educación francesa de Joan-Lluís Lluís aporta a la literatura catalana formas y perspectivas inéditas desde las cuales abordar el tema de la identidad, de la extrañeza del individuo contemporáneo ante un mundo que tiende a la uniformidad y a la inestabilidad. También la educación que Joan-Daniel Bezsonoff (1963) convierte en tema y en título de su último libro, *Una educació francesa* (2009), determina la novedad de los pretextos a partir de los cuales el novelista desembarca con armas y bagajes en el mercado editorial catalán con *La presonera d'Alger* (2002), *La guerra dels cornuts* (2004), *Les amnèsies de Déu* (2005) y *Els taxistes del tsar* (2007). En las novelas de Bezsonoff, el tema de la identidad se traslada al punto de vista de un escritor catalán de nacionalidad francesa en busca de sus orígenes. Esta búsqueda le guía por los escenarios bélicos del siglo XX que le afectan en su condición de rosellonés —la guerra de Argelia, la Primera y Segunda Guerra Mundial— y miembro de la *generación sin épica* que debe abordar la exploración de *la insoportable levedad del ser* contemporáneo a través de unos instrumentos narrativos distanciadores que le permiten formalizar en el texto novelístico la conciencia de los propios límites del narrador.

Monika Zgustova (1956) ha construido en estos últimos años una obra narrativa de calado centroeuropeo escrita en checo y traducida por ella misma al catalán. Así, *La dona silenciosa* (2005) y *Jardí d'hivern* (2009) abordan la conflictiva Europa del siglo XX a través de diferentes personajes femeninos que sufren en carne propia los avatares de la Historia. También el londinense Matthew Tree (1958) optó por el catalán como método de distanciamiento desde el inicio de una obra a medio camino entre la ficción y la autobiografía, la cual se expresa a través de la novela —*Privilegiat* (2001) — y de géneros estrictamente autobiográficos como *Memòries!* (2004) o la literatura de viajes —CAT. *Un anglès viatja per Catalunya per veure si existeix* (2000)—, aunque en conjunto pueda leerse como un *Bildungsroman*. Algo parecido ocurre en *L'últim patriarca* (2008), la primera novela de Najat El Hachtmi (1979). Publicada después de los relatos breves de *Jo també sóc catalana* (2004), relata la progresiva incorporación a una cultura de una mujer que, lejos de Marruecos y sometida a la autoridad paterna, encuentra en la lectura los modelos literarios femeninos que la empujan a la rebelión y a la construcción de una voz y una identidad propia.

La identidad es el tema de las novelas de Lolita Bosch (1970) *Elisa Kiseljak* (2005), *Qui vam ser* (2006) y *La família del meu pare: una novel·la* (2008), aunque partiendo de "una amnesia de los orígenes" que, según el crítico Julià Guillamon, explicaría la peculiaridad que distingue a la escritora de utilizar indistintamente el catalán y el castellano como lengua literaria. En este sentido, la opción de Caterina Pascual Söderbaum (1962) por el sueco y de Laia Fàbregas (1973) por el neerlandés puede leerse como un reflejo de las múltiples formas en que puede expresarse el sentimiento de extrañeza o de pertenencia a principios del siglo XXI. Escribió hace poco Guillamon que la literatura catalana puede ofrecer "a la contemporaneidad europea el testimonio de su extranjería, de sus múltiples mescolanzas y, llegado el caso, de su extinción". Aunque una de las novelas publicadas en 2009, que lleva por título *L'últim home que parlava català*, del diplomático y escritor Carles Casajuana, parece refrendar la lapidaria frase del crítico, la aparición ininterrumpida de nuevas, diversas y sugerentes voces obliga, sin duda, a matizarla.

REFERENCIAS

Ante la imposibilidad de detallar la bibliografía sobre la que se sustenta este artículo, quisiera destacar, en primer lugar, la importancia de los textos críticos publicados en la prensa periódica, especialmente en revistas como *Els Marges, L'Avenç, Revista de Catalunya, Serra d'Or, Caràcters, Caplletra, El Temps, Presència, Lluc;* en los suplementos *El Quadern d'El País* y *La Vanguardia Culturas* y en las páginas de libros de los diarios *El Periòdico, Avui, El Punt, El Mundo* y *Diari de Mallorca.*

Para las primeras panorámicas sobre la novela catalana del siglo XXI, cf.:

CAMPS, Josep (2008): "D'Ítaca al Congo: la novel·la catalana dels anys de la democràcia (1975-2007)". En: Graña, Isabel/Iribarren, Teresa (eds.): *La literatura catalana en la cruïlla (1975-2008)*. Vilanova i la Geltrú: El Cep i la Nansa Edicions, pp. 93-119.
CASTELLANOS, Jordi (2005): "En defensa de la literatura". En: Benejam, Pilar *et al.*: *Mirades al segle XXI*. Vic: Eumo Editorial, pp. 127-172.
PUIGTOBELLA, Bernat (otoño de 2006): "No estem sols. La narrativa catalana actual vista per un editor". En: *Els Marges* 80, pp. 105-109.

LOS INNUMERABLES RELATOS DE LA HISTORIA: EL DOS DE MAYO EN LA NOVELÍSTICA ESPAÑOLA ACTUAL

Toni Dorca
Macalester College

El Dos de Mayo, cuyos horrores pintó magistralmente para la posteridad Francisco de Goya, engendró una multiplicidad de relatos a cargo de testigos del mismo como José Blanco White, Ramón de Mesonero Romanos, Antonio Alcalá Galiano o José Mor de Fuentes. Desde el punto de vista historiográfico, la aparición en la década de 1830 de *Historia del levantamiento, guerra y revolución de España,* del conde de Toreno, contribuyó sobremanera a fijar la importancia de la rebelión madrileña, anticipo según su autor de un enfrentamiento que culminó en el triunfo del liberalismo tras la muerte de Fernando VII en 1833. Con motivo del centenario, Juan Pérez de Guzmán publicó una obra igualmente fundamental, *El dos de mayo de 1808 en Madrid* (1908)[1]. La aportación decisiva en el campo de la novela llegó con *El 19 de marzo y el 2 de mayo* (1873), de Benito Pérez Galdós, que marcó el camino que seguirían sus continuadores. A la autoridad de estos nombres se suma la singularidad de una jornada que consagró al pueblo como su artífice indiscutible. Ante la sumisión del ejército a los dictados de la Junta Central y la pasividad de la aristocracia y el clero, la gloria del alzamiento correspondió a dos capitanes rebeldes del cuerpo de Artillería —Luis Daoiz y José Velarde— y a la clase menestral: Blas Molina, Manuela Malasaña,

---

[1] Más recientemente ha visto la luz el exhaustivo estudio de García Fuentes, Arsenio (2007): *Dos de mayo de 1808. El grito de una nación.* Barcelona: Inédita Ediciones

Clara del Rey y otros. La admiración que suscitan estas figuras hace que su mención sea ineludible como paradigma del arrojo y patriotismo de los madrileños. Todo aquél que quiera rememorar el Dos de Mayo desde el presente se verá, pues, condicionado por dos circunstancias que inciden por fuerza en su quehacer: la existencia de unas narraciones previas santificadas por la tradición, que no se pueden ignorar, y el aura heroica, legendaria incluso, que rodea a quienes más destacaron por su valentía durante aquella jornada.

Los escritores actuales han de afrontar también el dilema de cómo novelar unos acontecimientos que forman parte del imaginario colectivo de muchos españoles y que, por tanto, resultaría problemático alterar arbitrariamente. Una primera solución, conforme con el modelo canónico del género, consiste en enmarcar la trama en un tiempo y un espacio fácilmente reconocibles como históricos. Así lo hace Antonio Gómez Rufo en *El secreto del rey cautivo,* Premio de Novela Fernando Lara 2005, donde las andanzas de cuatro personajes en busca de un tesoro que Fernando VII escondió en Madrid son el núcleo de una acción que se extiende desde el 2 de mayo de 1808 hasta el 3 de octubre de 1815. En *Vientos de intriga* (2008), de José Calvo Poyato, existe una pesquisa de carácter detectivesco que gira en torno a los planes de invasión de España por parte de Napoleón y el cambio de dinastía. La cronología de eventos está igualmente bien delineada: sucesos de El Escorial, motín de Aranjuez y revuelta del Dos de Mayo. En *Un lunes de mayo* (2008), Miguel Llopis narra las peripecias de unas criaturas de ficción (¡entre las que figura un espía inglés llamado Julián Verde-Green!)[2] que participan en la lucha contra los franceses hasta perecer en la contienda.

En *Dos de mayo de 1808* (2008), José Luis Olaizola se complace en manipular los mecanismos de la autobiografía, disfrazando su novela de relación verídica. Nos hallamos aquí ante un libro de memorias escrito en 1836 por Jacinto Díaz Ramírez de Bermejo desde su retiro extremeño en Castuera, lugar de origen de la familia de Manuel Godoy. A instancias de Tomás Jordán, editor (real) de la *Historia* escrita por el conde de Toreno, Jacinto refiere su vida desde la primavera de 1807 hasta el 2 de mayo de 1808. La finalidad del relato no es otra que matizar, rebatir o ampliar algunas de las afirmaciones contenidas en la *Historia* que ha salido recientemente a la luz. Siguiendo los consejos de Jordán, Jacinto se enfoca en los "aspectos huma-

---

[2] El juego de palabras con Blanco White constituye para Llopis una "licencia novelera" (196).

nos" (12) de los episodios que le tocaron vivir después de su traslado a la corte de Carlos IV en la Nochebuena de 1807. La narración se ameniza con continuos comentarios acerca de la organización del libro y el porqué de la inclusión o exclusión de ciertos incidentes. La primera persona retrospectiva que cuenta su vida con la presunta objetividad que otorga la distancia recuerda no sólo al Gabriel Araceli de los *Episodios nacionales*, sino también las *Memorias* de Godoy a las que el texto se refiere explícitamente[3].

Una segunda manera de abordar literariamente el Dos de Mayo se cifra en la eliminación de los personajes ficticios para aumentar en el lector el efecto de lo real. En *¡Muera Napoleón!* (2008), José Miguel Carrillo de Albornoz recurre a una focalización múltiple tejida a partir de una simultaneidad de acciones, detallando en el encabezamiento de cada capítulo el lugar y la fecha donde transcurre cada uno[4]. Los responsables del conflicto —Murat, Carlos IV y María Luisa, Godoy, Fernando VII, Napoleón y José Bonaparte, etcétera— van desgranando el móvil de su conducta en una serie de conversaciones y reflexiones que quieren convencer al lector de su verosimilitud. A partir del capítulo XVI, coincidiendo con la defensa del Parque de Artillería de Monteleón, la alternancia de puntos de vista desaparece en favor de un narrador que toma las riendas del relato para dar su visión de los acontecimientos. La obra concluye con un "breve epílogo" (397-401) que resume lo acaecido con posterioridad al 2 de mayo de 1808, un "apéndice histórico" de los protagonistas (403-421) y unos "documentos de interés" (422-425.)

En una línea semejante, Arturo Pérez-Reverte califica su novela *Un día de cólera* (2007) de "libro documento" (Jacinto Antón) o "reportaje cronológico" *(Entrevista)*. En un intento de reducir al máximo las prerrogativas de la ficción, el autor cartaginés va desmenuzando los pormenores de la jornada desde dentro de la conciencia de los cerca de trescientos personajes que se enumeran, todos ellos rigurosamente históricos. El tempo lento, la minuciosidad de los detalles —plano desplegable del Madrid de 1808 incluido— y la ausencia de emotividad se ponen al servicio de una reconstrucción lo más imparcial posible de la Historia, que el autor escribe reiteradamente en mayúscula para darle si cabe mayor realce. Pese a esta declara-

---

[3] A petición de su editor, Jacinto viaja a París para entrevistarse con el antiguo valido y asegurarse los derechos de la traducción española de sus *Memorias*.

[4] El autor habla de una estructura "caleidoscópica, que permite ver las distintas ópticas de los distintos personajes que intervienen en los hechos, de un modo bastante objetivo" *(Encuentro)*.

ción de buenas intenciones, algunos personajes reciben más atención que otros por la simpatía que parecen despertar en el narrador. La caracterización de Daoiz, por ejemplo, revela una compleja personalidad cuyos rasgos lo equiparan al héroe, a la vez histórico y novelesco, del relato: orgullo patriótico, paso de la sumisión a la rebeldía y escepticismo ante el destino que aguarda a la nación por la que está dispuesto a morir.

Descritos los modos de conjugar historia y ficción en las novelas que aquí nos ocupan, nuestro análisis va a detenerse ahora en el significado y consecuencias del alzamiento según se desprenden de su lectura. Es importante recordar, a modo de preámbulo, que el Dos de Mayo se convirtió casi instantáneamente en "el gran mito fundador de la nación moderna" (Christian Demange 12), por obra y gracia del constitucionalismo de las Cortes gaditanas. La debilidad de la revolución burguesa en el siglo XIX, sin embargo, hizo imposible la consolidación de una simbología que pudiera servir de base para el arraigo de "una identidad colectiva española, moderna y enfocada hacia el progreso" (Demange 285). A lo largo del siglo XX se acentuó la decadencia de una celebración que en el presente sólo tiene vigencia en la Comunidad de Madrid, que ha hecho de ella su fiesta oficial. Su nula implantación en el resto del territorio pone de manifiesto que en la España del siglo XXI, pese a la estabilidad de su sistema democrático, la adscripción del individuo a un proyecto colectivo de nación está muy por debajo de la fidelidad a las raíces regionales, locales o familiares[5]. Dicha coyuntura no deja de tener efectos en la producción novelística actual. Como veremos, el acercamiento al Dos de Mayo comporta una visión y a veces incluso una revisión del pasado, pero no ofrece apenas un diagnóstico que pueda hacerse extensivo al presente. En los casos en que el autor se compromete ideológicamente, ni la defensa de una determinada opción —generalmente el liberalismo— ni la exaltación del heroísmo del pueblo conducen a un replanteamiento de la cuestión en clave contemporánea —como sí hizo Galdós a lo largo de la primera serie de sus *Episodios*[6].

---

[5] Ya en 1992 Antonio Morales Moya se preguntaba si carecían de sentido "los valores que el Dos de Mayo puso en primer término y que simbolizó desde entonces: afirmación popular, defensa, por encima de todo, de la libertad y de la independencia de la nación, patriotismo…" (326).

[6] El consenso de la crítica es prácticamente unánime al respecto. Entre las múltiples citas que se podrían adjuntar aquí, destacaría ésta de Stephen Gilman: "Galdós aspiró a eximir a los hijos de los pecados de sus padres, a lanzar una generación que, conocedora de la

El secreto del rey cautivo se inicia con una de las leyendas sobre la costurera Manuela Malasaña, asesinada a sangre fría por dos soldados franceses que la detienen por llevar encima sus tijeras. La resistencia de Manuela y su odio al invasor pregonan ya desde el pórtico de la novela el tema central de la lucha por la liberación. El epígrafe de Cervantes ("No hay en la tierra contento que se iguale a alcanzar la libertad perdida"), las tijeras de Manuela que Teresa se cuelga del cuello en homenaje póstumo a su compañera de taller y el brindis por los héroes caídos, son otras tantas expresiones de una rebelión que se va a extender por todo el país. No obstante, tras la restauración del absolutismo a manos de Fernando VII en 1814, un desencantado Goya proclama "el fin de las esperanzas" que había depositado en "una España libre y sin ataduras" (469). La traición de los ideales revolucionarios alienta los conatos de rebelión del general Juan Díez Porlier y su subalterno el capitán Manuel Zamorano[7], con un desenlace funesto para aquél y la huida al exilio americano del capitán y sus amigos en un barco llamado *Manuela Malasaña*. La novela se enmarca, en suma, en la sempiterna pugna del liberalismo con las fuerzas de la reacción en pos de la modernización del país.

Frente a la toma de postura de Gómez Rufo, la impasibilidad narrativa de *Un día de cólera* se traduce en un relato puntual y desprovisto de juicios de lo que para Pérez-Reverte no fue más que "un día de cabreo", una "intifada [sic] de puñal, trabuco y macetazo" *(Entrevista)*. Ello no es óbice para que se rinda tributo al pueblo a través de sus muchos representantes, de quienes se nos dan nombre y apellidos a fin de rescatarlos del anonimato. El patriotismo de la manolería, al igual que la apelación a los "cojones" (232), obran el milagro de una resistencia feroz en el Parque de Monteleón. Precisamente allí los combatientes "toman conciencia de grupo" (183), hasta el punto de que el teniente Rafael de Arango tiene la impresión de hallarse ante "una nación orgullosa e indomable" (394). Al replicarle su hermano que todo ello no fue más que "un espejismo" (394), el militar contempla desde la ventana el amanecer del día 3, poniendo punto y final a la obra con la siguiente declaración: "Nunca se sabe —murmura—. En realidad, nunca se sabe" (394). Pese al "gris presentimiento" (394) que lo invade, eco de las "[t]ristes premoniciones de lo que ha de acontecer" con que Goya tituló el primer grabado de *Los desastres de la guerra*, Arango parece profetizar el surgimiento

---

historia verdadera de su nación, supiera lo que tenía que guardar y lo que tenía que desechar en el futuro" (66).

[7] El primero fue un destacado líder guerrillero, el segundo es un personaje inventado.

de esta "nación orgullosa e indomable" que en los seis años posteriores luchará unida para derrotar al invasor.

La acción de *Vientos de intriga* tiene lugar durante las postrimerías del reinado de Carlos IV, a cuyos gobernantes se responsabiliza de practicar una política de "sainete" (60) que lleva el país a un callejón sin salida. En una atmósfera de constantes maquinaciones y vaivenes (los *vientos de intriga* del título), Godoy se aprovecha de la lujuria de la reina María Luisa para satisfacer la "desmesurada ambición" (101) que lo posee. La meteórica carrera del valido llega a su término después de que el pueblo, harto de soportar tantas iniquidades, propicie su caída en el motín de Aranjuez del 17 de marzo de 1808. Estamos aquí ante la manida reiteración de la imagen que, forjada por el fernandismo, hace del Príncipe de la Paz el chivo expiatorio de todas las desgracias que desembocan en la invasión francesa. No deja de sorprender que un catedrático de Historia como José Calvo Poyato siga abonando hoy en día dicha interpretación, superada por una apreciación más ecuánime del liderazgo de Godoy y las dificultades que tuvo que afrontar durante sus dos mandatos[8].

Dos de mayo de 1808 se sitúa en el mismo período y espacio que *Vientos de intriga*, si bien con un propósito distinto. Lejos de constituir una invectiva contra Godoy, la fascinación que el narrador-protagonista, Jacinto, siente hacia su paisano se inscribe dentro del arquetipo galdosiano de *La corte de Carlos IV* y *El 19 de marzo y el 2 de mayo*. Efectivamente, el viaje de iniciación de un joven de provincias para labrarse una posición en el gran mundo recorre las mismas etapas que el de Gabriel: seducción ante los hechizos de la vida cortesana, abandono de los deberes hacia su prometida, constatación del error, arrepentimiento y vuelta a los orígenes. Combatiente en la Guerra de la Independencia al igual que el protagonista de Galdós, Jacinto se retira medio desengañado a Castuera a fin de dedicarse como su predecesor a los placeres de la vida familiar. El conflicto vital que aquejaba a nuestro *parvenu* se resuelve, pues, en el clásico motivo del menosprecio de corte y alabanza de aldea, presente en otras novelas del XIX como *Un verano en Bornos*, *Pepita Jiménez*, *Pedro Sánchez* y *Peñas arriba*. En definitiva, la obra de Olaizola debería leerse como una *parodia* del realismo en el sentido posmoderno que Linda Hutcheon le confiere al término[9].

---

[8] La biografía de Emilio La Parra es ejemplar en este sentido.
[9] "The parodied text is often not at all under attack. It is often respected and used as a model" (103).

Un lunes de mayo es un texto deshilvanado y repleto de erratas en el que resulta difícil hallar algún aspecto digno de mención. Dentro de una caracterización raquítica de los personajes, se podría destacar la evolución de la indiferencia al patriotismo que redime a los ladrones Sixto y Matías y al criado Juan. Con todo, el nudo del relato lo forma el conflicto personal del capitán Augusto Baena. El abandono de la esposa, quien decide regresar a su Inglaterra natal antes que permanecer en Madrid con él, lo impregna de un aire de patetismo que provoca las simpatías del lector. La resignación con que Baena asume su destino en el Parque de Monteleón pone de manifiesto no sólo el rechazo de toda idea de nacionalismo, sino también la indiferencia hacia una vida que carece para él de sentido. Pese a las reservas expresadas por el personaje, el narrador se acoge en última instancia a una perspectiva liberal que exhorta la conducta del pueblo, subraya la ruindad de Fernando VII e impugna el oscurantismo religioso.

Finalmente, en *¡Muera Napoleón!* se encomia a los protagonistas habituales —Daoiz, Clara del Rey, Malasaña, etcétera— en representación de todo el colectivo de ciudadanos anónimos que, identificados con la nación, derramaron su sangre por la libertad. La novela rezuma un tono de galofobia que hace hincapié en la arrogancia de Murat, acusado de instigar la revuelta, así como en la traición e infamia de Napoleón. No se exime tampoco de culpa a Fernando VII y su camarilla, en particular la obstinación del canónigo Escoiquiz por viajar a Bayona. Sorprende asimismo por lo inusual la simpatía hacia Carlos IV y María Luisa, cuya bondad se ensalza en el epílogo. Otro rasgo novedoso es la reivindicación de una aristocracia comprometida con la patria, en las figuras de la condesa duquesa de Benavente, María Josefa, su hijo el príncipe de Anglona y la hija menor, Manolita[10]. Querida y respetada por el pueblo de Madrid, María Josefa reprueba la conducta de Fernando VII, en contra de los deseos de su primogénito el duque de Osuna. Manolita, "joven valiente y segura de sí misma" (48), no vacila en arrojarse a la calle movida por su determinación patriótica. Por último, el príncipe de Anglona participa valientemente en la carga de los mamelucos dando muerte a varios de ellos. La novela concluye, sin embargo, con una nota de desencanto ante la renuncia en Bayona de Carlos IV a su corona.

El bicentenario del Dos de Mayo en 2008 generó un alud de actos, publicaciones, reflexiones y comentarios de todo tipo que va a continuar

---

[10] La novela está dedicada a los sucesores actuales de este linaje, cuyos miembros parecen ser la familia política del autor.

presumiblemente en los próximos años con la conmemoración de los diferentes episodios de la Guerra de la Independencia. Dado el auge actual de la novela histórica, no es extraño que las editoriales aprovechen el filón para ofrecer su mercancía a un público ávido de aprender deleitándose. La variedad de propuestas en relación con el Dos de Mayo así lo hace presagiar, con un listado que abarca desde el escritor de oficio hasta el que Josep Pla calificaba "de domingo por la tarde", pasando por el fabricante de *best sellers* aupado al rango de intelectual y académico de la lengua. Ante una producción tan diversa, el análisis de la imbricación de lo ficticio en lo histórico permite discernir el modo en que cada obra actualiza desde el presente un relato fijado previamente por la tradición. Por otro lado, el examen de la óptica desde la que se enjuicia la contienda arroja un resultado dispar si lo comparamos con la ofrecida por Galdós en la década de 1870. Si bien prima la perspectiva liberal, la reconstrucción del pasado no suele venir acompañada de una propuesta de futuro que apuntale los cimientos de una nación constituida hace siglos, pero aún no plenamente consolidada en el nuestro.

Referencias

Antón, Jacinto (1 de diciembre de 2007): "Pérez-Reverte viaja al Dos de Mayo." En: *El País*. www.elpais.com/articulo/semana/Maldito/dia/elpepuculbab/20071201elpbabese_3/Tes.
Calvo Poyato, José (2008): *Vientos de intriga*. Barcelona: Plaza & Janés.
Carrillo de Albornoz, José Miguel (2008): *¡Muera Napoleón!* Barcelona: La Esfera de los Libros.
Demange, Christian (2004): *El Dos de Mayo. Mito y fiesta nacional, 1808-1958*. Madrid: Marcial Pons.
"Encuentro digital con José Miguel Carrillo de Albornoz". En: *El Mundo*, 30 de abril de 2008. www.elmundo.es/encuentros/invitados/2008/04/3031/.
"Entrevista con Arturo Pérez-Reverte". 21 de enero de 2009. www.undiadecolera.com/upload/entrevista.pdf.
Gómez Rufo, Antonio (2005): *El secreto del rey cautivo*. Barcelona: Planeta.
Gilman, Stephen (1985): *Galdós y el arte de la novela europea: 1867-1887*. Trad. de Bernardo Moreno Carrillo. Madrid: Taurus.
Hutcheon, Linda (2000): *A Theory of Parody. The Teachings of Twentieth-Century Art Forms*. Urbana: University of Illinois Press.
La Parra, Emilio (2002): *Manuel Godoy. La aventura del poder*. Barcelona: Tusquets.
Llopis, Miguel (2008): *Un lunes de mayo*. Madrid: Nostrum.

Morales Moya, Antonio (1992): "La Historiografía sobre el Dos de Mayo". En: Enciso Recio, Luis Miguel (ed.): *Actas del Congreso Internacional 'El Dos de Mayo y sus Precedentes'*. Madrid: Consorcio para la Organización de Madrid, Capital Europea de la Cultura, pp. 319-328.

Olaizola, José Luis (2008): *Dos de mayo de 1808*. Barcelona: Ediciones B.

Pérez-Reverte, Arturo (2007): *Un día de cólera*. Madrid: Alfaguara.

LA LITERATURA COMO ACTO AFILIATIVO: LA NUEVA NOVELA DE LA GUERRA CIVIL (2000-2007)

Sebastiaan Faber
Oberlin College

Si triunfara el pacifismo, ¿perdería la literatura? ¿Cómo es que los conflictos armados resultan tan propicios para la creación de obras maestras? ¿O no son los conflictos en sí, sino una combinación particular de ingredientes históricos y políticos la que los convierte en caldo de cultivo de maravillas literarias? (Las guerras de Iraq y Afganistán, ¿acabarán por producir sus propios *Laberinto mágico*, *Homage to Catalonia*, *L'Espoir* o *For Whom the Bell Tolls?*) ¿Y para qué sirve la literatura de guerra? Si los escritores sacan provecho artístico de la violencia, ¿sus obras, a su vez, pueden desempeñar un papel social específico en el proceso de transmisión de experiencias y lecciones y, finalmente, la superación de los traumas producidos por el conflicto?

Es un lugar común que la Guerra Civil española —el mayor desastre humano en la historia reciente de la Península Ibérica— se ha venido revelando como un manantial incomparable e inagotable de inspiración artística e intelectual. La mejor prueba es que, a 70 años de distancia, la fuente no deja de manar: la primera década del siglo XXI ha producido al menos una docena de obras ambiciosas, originales e importantes sobre la guerra y sus secuelas. Y aunque es mala costumbre atribuir un significado trascendental a los números redondos —arbitrarios, al fin y al cabo— en este caso sí resulta que el cambio de milenio llegó a coincidir, año más o menos, con una transformación en el modo en que los españoles piensan, hablan y escriben sobre su pasado nacional violento —transformación a la que, como es natural, no escapó la producción literaria; es más, es probable que haya contribuido a ella. Sea como sea, no es exagerado hablar de una *nueva novela* de la Guerra Civil (José-Carlos Mainer 157-158). Se trata de textos que movilizan el discurso literario para escenificar —y, en los más de los casos, defender— una relación con el legado del pasado violento español que es más activamente indagadora, más abiertamente personal y más conscientemente ética que en ningún momento anterior desde el final de la dictadura. Mainer, con su habitual gracia aforística, habla de una "reconquista privada de la memoria" (157).

Después de esbozar algunos de los parámetros centrales del debate —todavía en pleno curso— sobre las formas en que los españoles asumen o no el legado de la guerra y la represión franquista, dedicaré el poco espacio que me resta a una serie de apuntes, por fuerza escuetos e incompletos, sobre cinco ejemplos posibles de esta *nueva novela* de la Guerra Civil, a saber: *Soldados de Salamina* (Javier Cercas, 2001), *Tu rostro mañana* (Javier Marías, 2002, 2004, 2007), *La voz dormida* (Dulce Chacón, 2002), *Enterrar a los muertos* (Ignacio Martínez de Pisón, 2005) y *El corazón helado* (Almudena Grandes, 2007). Lo que me interesa sobre todo en estas obras es, en primer lugar, su insistencia en la idea de que las generaciones presentes tienen una *obligación moral* —además de una necesidad psicológica— de investigar el pasado y asumir su legado; y, en segundo lugar, su tendencia a desentrañar y afrontar los *dilemas e imperativos éticos* que surgen cuando se asume ese legado. Desde luego se trata de textos muy diversos. *Enterrar a los muertos,* por ejemplo, se presenta como una investigación periodística, posideológicamente progresista, de la represión estalinista en el campo republicano; es un texto conciso y ameno, pero claramente no ficticio. *El corazón helado,* por otra parte, constituye una novela histórica de tamaño y aspiraciones épicas que pretende revelar los orígenes corruptos de la dictadura franquista, al mismo tiempo que rinde tributo al exilio republicano. En lo que sigue quiero argumentar, sin embargo, que, más allá de estas diferencias de forma y fondo, los tratamientos literarios de la Guerra Civil desde el cambio de milenio comparten, en grandes líneas, una actitud nueva ante el pasado: consideran sus dimensiones éticas desde un punto de vista individual, como un problema que afecta a las relaciones personales entre las generaciones presentes y pasadas, y como un desafío que exige un esfuerzo de voluntad por parte de aquéllas.

En varias de las cinco obras bajo consideración, las relaciones entre los españoles nacidos entre 1950 y 1980 con los que vivieron y lucharon en la guerra —vivos o muertos— se postulan no sólo como *filiativas* —constituidas por la sangre, el parentesco, el destino—, sino sobre todo como *afiliativas*, esto es, sujetas a un acto de asociación consciente, basadas menos en la genética que en la solidaridad, la compasión y la identificación. Echando mano de una definición formulada hace años por Edward Said, se puede decir que los procesos afiliativos están motivados por la "convicción social y política, circunstancias económicas e históricas, un esfuerzo voluntario y una voluntad deliberada" (25). Si las relaciones filiativas suelen regirse por lo que la politóloga Judith Shklar ha definido como *lealtad* —el apego de un individuo al grupo o a la comunidad de la que se considera miembro, pero no por elección[1]—, a las relaciones afiliativas las rige, en cambio, el *compromiso* asumido voluntariamente. Resulta que, en los últimos diez años, la historia española ha vuelto a ser un objeto de identificación e inspiración políticas: no es casual que Almudena Grandes, en un ensayo sobre el 75º aniversario de la Segunda República, hablara de los nietos "biológicos *o adoptivos* de los republicanos del 31" (Grandes, *Razones para un aniversario;* la cursiva de la cita es mía).

Al escenificar esta relación activa, afiliativa con el pasado, la nueva novela de la Guerra Civil complementa y refuerza una transformación paralela en la postura ante el pasado de la sociedad española en general y de la historiografía universitaria en particular. El cambio de actitud fue resumido muy bien —aunque fuera desde una posición disidente— por Santos Juliá en un ensayo en *Revista de Occidente* en el verano de 2006. Explicaba allí que la historiografía de su generación —la que ayudó a orquestar la Transición— se fundamentó en nociones de objetividad, neutralidad y *Wertfreiheit* weberiana. En la obra de la generación más joven de historiadores, en cambio, el tratamiento de la historia reciente ha recuperado —según Juliá— "su carga moralista inspirada en lo que Ginzburg ha denominado *modelo judicial*":

> Los crímenes fueron tan monstruosos que pretender una neutralidad valorativa, quedarse sólo en la comprensión y en la explicación, mantener lo que Bloch consideraba como máxima perversión del oficio de historiador, esto es, convertirse en juez, se criticó como una abdicación del oficio. Tarea del historiador [...] tendría que ser, por tanto, recuperar la memoria, o sea, no exactamente conocer esos pasados, sino exigir justicia. (*Bajo el imperio* 17)

---

[1] La lealtad, según Shkar, se asocia con "las naciones, los grupos étnicos, las iglesias, los partidos políticos, además de las doctrinas, las causas, las ideologías, o las fes que forman e identifican a las asociaciones" (41).

En su conocida defensa de la Transición, Juliá insiste en subrayar que ésta no supuso ningún pacto de olvido o de silencio, sino más bien una decisión consciente de "echar al olvido" el pasado y asegurarse de que "no determinará el futuro" (Juliá, *De 'guerra contra el invasor'* 50). En otras palabras, la visión del pasado promovida por Juliá y sus compañeros de generación negaba que la historia reciente pudiera constituir una guía positiva para la España posfranquista, ni mucho menos realizar ninguna *demanda ética* sobre el presente. Desde luego, no es que no se estudiara el pasado o que se impidiera el conocimiento al respecto; al contrario, Juliá arguye con razón que la producción de textos sobre la guerra y la dictadura en los años setenta y ochenta fue prodigiosa. Pero en la práctica, se levantó una especie de barrera aséptica entre el presente y el pasado, o entre el historiador y su objeto de investigación, que no sólo hacía caso omiso de las relaciones filiativas —los españoles del presente se negaban a reconocerse como *hijos de*—, sino que al mismo tiempo impedía cualquier tipo de relación afiliativa —la posibilidad de identificarse o solidarizarse con los españoles del pasado en virtud de ideas o vivencias compartidas.

Para Juliá, esta asepsis era una cuestión de rigor científico, aunque no es difícil distinguir en su actitud una buena dosis de cautela política, arraigada en la convicción de que la salud y seguridad de la nueva democracia exigían impedir a toda costa el contagio de la violencia pasada (Pablo Sánchez León 113-116). Gran parte del cambio que hemos descrito, por el contrario, se debe a que las nuevas generaciones ya no ven la necesidad de esta cautela, que interpretan ya directamente como nacida del temor: "Somos la primera generación de españoles, en mucho tiempo, que no tiene miedo", escribe Almudena Grandes, "y por eso hemos sido también los primeros que se han atrevido a mirar hacia atrás sin sentir el pánico de convertirse en estatuas de sal" *(Razones)*.

En el ensayo citado, publicado en *El País,* Grandes se alza como uno de los muchos portavoces prominentes de los diversos grupos que desde el año 2000 vienen abogando por la "recuperación de la memoria histórica" —grupos que también incluyen a historiadores universitarios. Como he argüido en otra ocasión, la mutua irritación —por no decir el abierto desprecio— entre un historiador como Juliá y los representantes de este movimiento social marca no sólo una transición generacional, sino un importante cambio cultural (Sebastiaan Faber, *Debate*). Juliá ha criticado a los "recuperacionistas" por lo que ve como su visión ingenua de la historia, su subjetivismo —que insiste en confundir la *memoria* falible con la *historia* objetiva producida por la investigación científica— y su tendencia a politizar el pasado. Pero como explica Pablo Sánchez León, el movimiento recuperatorio responde precisamente a la necesidad de *otro* tipo de historia que la practicada hasta el momento por los investigadores universitarios (Sánchez León 131): una historia vivida por personas concretas, por víctimas y testigos con quienes nos podemos identificar, *afiliar*. Estos testigos —las viejas caras sufridas que llenan la pantalla en *Els nens perduts del franquisme* de Montse Armengou y Ricard Belis y muchos otros documentales parecidos; la figura de Miralles en *Soldados de Salamina*, así como los "amigos del bosque"— son individuos concretos con nombre e historia propios a los que podemos interrogar, y cuyos relatos reveladores podemos escuchar con respeto y fascinación, admiración y simpatía (Herrmann). Esperamos, además, que los testigos —víctimas, héroes— interpreten nuestro interés en su historia personal como una especie de recompensa después de años de silencio forzado y como un homenaje a su lucha y supervivencia. Dada la nueva importancia del testigo individual como fuente de conocimiento y del testimonio revelador y conmovedor como unidad retórica principal, no sorprende el auge de la *narratividad* y el suspense en las representaciones del pasado —representaciones a veces aderezadas con cierto sentimentalismo, en otras ocasiones marcadas por una voluntad sensacionalista o tremendista, y casi siempre impregnadas por una ingenuidad filosófica que se niega a detenerse en el difícil estatus epistemológico del recuerdo traumático individual (Naharro 105; Labanyi 112n; Bermejo y Checa).

Como hemos dicho, la mayor parte de los cientos de textos y películas sobre la guerra y la dictadura que han visto la luz en los últimos diez años, sean documentales o ficticios, no sólo privilegian la figura del testigo, sino que contienen una invitación directa a la afiliación de parte del público. Para facilitar ese proceso, muchos textos y películas reservan un espacio retórico para el lector o espectador, incorporando el diálogo intergeneracional en su mismo formato. En los documentales, suele aparecer un joven entrevistador y, en el caso de las ficciones, un protagonista de unos 40 años que se involucra en una aventura que lo lleva a descubrir una verdad histórica y aprender una lección que le transforma la vida. Así ocurre, sin ir más lejos, en tres de las seis novelas aquí consideradas: *Soldados de Salamina, El corazón helado* y *Tu rostro mañana*, en las figuras de Javier Cercas —el personaje, no el autor—, Álvaro Carrión y Jaime Deza.

En los tres textos, además, la tensión entre filiación y afiliación ocupa un lugar central. Como es sabido, la acción de *Soldados de Salamina* arranca poco después de la muerte del padre biológico del narrador y vincula su repentino interés por la historia con un intento de afiliación fracasado —con el autor falangista Rafael Sánchez Mazas— y otro logrado —con el miliciano republicano Miralles. Fracaso y éxito que, no casualmente, también determinan la suerte de su esfuerzo literario: el *relato real* que escribe sólo cobra vida cuando Miralles se convierte en el héroe de la acción.

El corazón helado, por su parte, también se abre con la muerte del querido y admirado padre del protagonista, Álvaro Carrión. Pronto, sin embargo, Álvaro se ve obligado a reconsiderar sus lazos filiativos con su progenitor cuando descubre que la fortuna paterna se origina en la expoliación ilegítima del patrimonio de una prominente familia republicana. Al mismo tiempo que se distancia de su padre fallecido, Álvaro se *afilia* —amorosa y políticamente— con la familia expoliada, y con la República en términos más generales, afiliación sellada por su relación amorosa con una descendiente de las víctimas. El círculo se cierra cuando Álvaro descubre que su padre, oportunista empedernido, se había *desafiliado,* a su vez, de su propia madre: resulta que la abuela de Álvaro fue una dirigente republicana que murió en una cárcel franquista. A Álvaro el descubrimiento de su abuela republicana le resuelve, hasta cierto punto, la crisis de identidad, porque le permite hacer un salto generacional y armonizar sus relaciones filiativas con sus instintos afiliativos: "Mi abuela, una oleada de amor repentino y una intensidad, una pureza difícil de explicar, habría hecho de mí un hombre mejor si la hubiera conocido antes, si la hubiera conocido a tiempo. Su memoria me habría bastado durante muchos años, habría sido bastante para cargar de sentido mi nombre, mis apellidos. [...] Había muerto mucho antes de que yo naciera, pero seguía siendo mi abuela, siempre lo sería" (388, 401).

La figura del padre —biológico y afiliativo— también es central en *Tu rostro mañana,* la ambiciosa trilogía de Javier Marías, que comparte varios otros temas con *El corazón helado* y *Soldados de Salamina:* la revelación de un escándalo (en este caso, la traición del padre de Deza —trasunto de Julián Marías, padre del novelista— por parte de tres colegas inmediatamente después de la guerra); la comparación moral entre las generaciones del presente y las del pasado (en los tres libros, se acaba atribuyendo cierta superioridad a representantes determinados de éstas[2]); y la centralidad de dos dilemas éti-

---

[2] Es evidente el complejo de inferioridad que siente el narrador de *Soldados* frente a Miralles. El narrador de Marías le dice a su padre: "Eres mejor que yo" (1, 219). Y a Raquel Fernández Otero, amante de Álvaro Carrión en *El corazón helado,* tampoco le importa admitir que "yo no soy tan buena como mi abuelo" (824).

cos: ¿es necesario o aconsejable enterarse de un pasado conflictivo en todos sus detalles, sobre todo si ese conocimiento puede dar pie a alguna acción vengativa o violenta? ¿Y hasta qué punto es lícito formular un juicio moral sobre actos cometidos en otro tiempo y en otras circunstancias? Aquí la novela de Grandes se revela como la más combativa y contundente: cuando uno de los hermanos de Álvaro le dice que, al fin y al cabo, no importa qué hizo su padre en los años de la posguerra, dado que "no podemos valorar [...] [n]i tú, ni yo, ni nadie que no haya vivido aquella época", Álvaro responde: "Eran tiempos duros, desde luego, pero yo creo que sí podemos valorar. [...] Creo que podemos opinar, y hasta juzgar, aunque no los hayamos vivido" (840, 847). El profesor Wheeler, en cambio, padre afiliativo de Jaime Deza en *Tu rostro mañana*, declara en el tercer volumen: "Los tiempos de paz juzgan luego severamente a los tiempos de guerra, y yo no sé hasta qué punto pueden. Son dos tiempos que se excluyen, cada uno es inconcebible en el otro" *(Tu rostro mañana 3* 620).

La voz dormida difiere de las novelas de Marías, Cercas y Grandes en cuanto no incorpora el proceso de investigación y recuperación del pasado dentro del marco de la trama. No hay aquí un narrador protagonista que descubra un escándalo histórico desde la relativa tranquilidad de la España del fin de milenio; las peripecias de las protagonistas, mujeres presas en la posguerra, nos las transmite una voz narradora omnisciente. Aun así, el aparato paratextual de la novela —varias páginas de agradecimientos; declaraciones de la autora en la prensa— permite encajarla dentro de la misma tendencia, ya que presenta a la autora, Dulce Chacón, como entrevistadora e investigadora que considera su recreación literaria del pasado como un tributo fiel a las víctimas. Para Chacón —ella misma descendiente de una familia conservadora— la realización de la novela fue un acto afiliativo, y así quiso que fuera también su lectura.

Ni *La voz dormida* ni las novelas de Cercas, Marías y Grandes esconden su estatus híbrido, situados como están entre la ficción y la historia. Sin embargo, es notable que ni *El corazón helado* ni *La voz dormida* problematicen esta hibridez y, a pesar de las reflexiones acostumbradas de Marías sobre la imposibilidad de plasmar la historia fielmente en una estructura narrativa[3], el fondo histórico-personal de la parte de la trilogía que se ocupa de la

---

[3] "[N]ada es nunca objetivo y todo puede ser tergiversado y distorsionado. [...] [L]os hechos y las actitudes dependen siempre de la intención que se les atribuya y la interpretación que quiera dárseles, y sin esa interpretación no son nada, no existen, son neutros o pueden sin más ser negados. [...] Es como si nada contara, nada se acumulara ni tuviera

guerra y posguerra es demasiado obvio como para mistificar nada. Sólo *Soldados,* la más antigua de las obras analizadas, conserva algo del postmodernismo lúdico de los años ochenta y noventa. Aunque incluso en la novela de Cercas el narrador acaba por concluir que, si se trata de rememorar a las víctimas y rendir tributo a los héroes, la distinción entre ficción e historia es, en realidad, trivial. De forma similar, *Enterrar a los muertos,* la obra más cercana al periodismo de todas las consideradas aquí, no tiene ningún reparo en echar mano de recursos literarios propios de la ficción. Así como las novelas de Cercas, Marías, Chacón y Grandes, lo que mueve a Martínez de Pisón es la obsesión con la verdad histórica, el afán de comprensión y la solidaridad con las víctimas.

Para Juliá y sus compañeros de generación, el objetivo de la historiografía universitaria es "buscar la verdad", a secas y como fin en sí mismo, valiéndose de la objetividad y distancia política y emocional que garantiza el método científico *(Memoria, historia* 17). Establecer, revelar la verdad histórica —comprender qué pasó en España entre 1936 y 1975, y por qué— es también el objetivo de la ingente producción de los últimos diez años en torno a la memoria histórica. Donde los dos campos divergen, y mucho, es en su definición de la verdad, en la forma en que creen poder acceder a ella, y en el propósito final de perseguirla. Para los llamados recuperacionistas, la verdad es, en primer lugar, una experiencia vivida, no por subjetiva menos legítima o auténtica. Por tanto, la verdad se alcanza o reconstruye mediante testigos individuales tanto como en los archivos; y se persigue menos por motivos de conocimiento científico que por una necesidad de justicia, un afán ético. En última instancia, la verdad histórica satisface una necesidad de autoconocimiento, considerado indispensable para el desarrollo futuro, sea a nivel personal o comunitario. En los últimos diez o doce años, un buen número de novelistas españoles parecen haber asumido esta posición (Carmen Moreno-Nuño 379). Como escribe Almudena Grandes, "[e]l vínculo que establecen los nietos con sus abuelos en el terreno de la identidad, se concreta, aquí y ahora, en una reivindicación que no tiene tanto que ver con la memoria del pasado como con la que nosotros mismos legaremos a nuestros descendientes". O como afirma su protagonista, Álvaro Carrión: "Tiene que ver conmigo, con lo que yo soy, con lo que voy a ser cuando salga de aquí" *(Corazón* 906).

peso y a la vez fuera hundiendo, todo indiferente, sin cómputo, sin memoria, aire, pero aire sucio". *(Tu rostro mañana 1* 119)

Referencias

Armengou, Montse/Belis, Ricard (dirs.) (2002): *Els nens perduts del franquisme. 30 Minuts.* Televisió de Catalunya.
Bermejo, Benito/Checa, Sandra (2005): "La construcción de una impostura. Un falso testigo de la deportación de republicanos españoles a los campos nazis". En: *Migraciones y exilios* 5, pp. 63-80.
Cercas, Javier (2001): *Soldados de Salamina.* Barcelona: Tusquets.
Chacón, Dulce (2002): *La voz dormida.* Madrid: Alfaguara.
Faber, Sebastiaan (2007): "The Debate about Spain's Past and the Crisis of Academic Legitimacy: The Case of Santos Juliá". En: *The Colorado Review of Hispanic Studies* 5.
Grandes, Almudena (25 de marzo de 2006): "Razones para un aniversario". En: *El País.*
Grandes, Almudena (2007): *El corazón helado.* Barcelona: Tusquets.
Herrmann, Gina (2008): "Documentary's Labours of Law: The Television Journalism of Montse Armengou and Ricard Belis". En: *Journal of Spanish Cultural Studies* 9.2, pp. 193-212.
Juliá, Santos (2006): "Bajo el imperio de la memoria". En: *Revista de Occidente* 302-303, pp. 7-19.
— . (2004) [1999]: "De 'guerra contra el invasor' a 'guerra fratricida". En: Juliá, Santos (ed.): *Víctimas de la guerra civil.* Madrid: Temas de Hoy, pp. 11-54.
— . (2006): "Memoria, historia y política de un pasado de guerra y dictadura." En: Juliá, Santos (dir.): *Memoria de la guerra y del franquismo.* Madrid: Taurus, pp. 15-77.
Labanyi, Jo (2007): "Memory and Modernity in Democratic Spain: The Difficulty of Coming to Terms with the Spanish Civil War". En: *Poetics Today,* 28.1, pp. 89-116.
Mainer, José-Carlos (2006): "Para un mapa de lecturas de la Guerra Civil (1960-2000)". En: Juliá, Santos (ed.): *Memoria de la guerra y del franquismo.* Madrid: Taurus/Fundación Pablo Iglesias, pp. 135-161.
Marías, Javier (2002): *Tu rostro mañana 1. Fiebre y lanza.* Madrid: Alfaguara.
— . (2004): *Tu rostro mañana 2. Baile y sueño.* Madrid: Alfaguara.
— . (2007): *Tu rostro mañana 3. Veneno y sombra y adiós.* Madrid: Alfaguara.
Martínez de Pisón, Ignacio (2005): *Enterrar a los muertos.* Barcelona: Seix Barral.
Moreno-Nuño, Carmen (2006): *Las huellas de la Guerra Civil. Mito y trauma en la narrativa de la España democrática.* Madrid: Ediciones Libertarias.
Naharro-Calderón, José María (2005): "Los trenes de la memoria". En: *Journal of Spanish Cultural Studies* 6.1, pp. 101-121.
Said, Edward W. (1983): *The World, the Text and the Critic.* Cambridge, Massachusetts: Harvard University Press.

SÁNCHEZ LEÓN, Pablo (2006): "La objetividad como ortodoxia. Los historiadores y el conocimiento de la Guerra Civil Española". En: Aróstegui, Julio/Godicheau, François (eds): *Guerra Civil. Mito y memoria*. Madrid: Marcial Pons, pp. 95-135.

SHKLAR, Judith (1998): "Obligation, Loyalty, Exile". En: Hoffmann, S. (ed.): *Political Thought and Political Thinkers*. Chicago: University of Chicago Press.

LA MISMA GUERRA PARA UN NUEVO SIGLO: TEXTOS Y CONTEXTOS DE LA NOVELA SOBRE LA GUERRA CIVIL

Antonio Gómez López-Quiñones
Dartmouth College

En la enorme popularidad cultural y literaria de la Guerra Civil en la España de finales del siglo XX y comienzos del XXI, hay varios asuntos engarzados que no siempre son tenidos en cuenta. De todos ellos, me gustaría resaltar al menos tres. En primer lugar, se desenfocaría el sentido de la novela más reciente sobre esta contienda si, como afirma Jo Labanyi, no se considerase la serie de debates sociales que, de una forma u otra, han creado el contexto en el que estas obras han sido producidas, consumidas y explicadas (120). En este contexto destacan dos medidas de carácter legal que han desencadenado a su vez no poca tensión entre agentes políticos. La primera medida es la popularmente conocida como Ley de la Memoria Histórica, que entró en vigor en el año 2007[1]. La segunda es el intento por parte del juez Baltasar Garzón de investigar la represión franquista y proceder a la apertura de las fosas comunes, entre ellas, la de Federico García Lorca[2]. Esta pretensión inicial contó, desde un primer momento, con la oposición de grupos mediáticos conservadores, el Partido Popular, la Fiscalía de la Audiencia Nacional y

---

[1] El nombre oficial es *Ley 52/2007, de 26 de diciembre, por la que se reconocen y amplían derechos y se establecen medidas en favor de quienes padecieron persecución o violencia durante la guerra civil y la dictadura.*

[2] El caso de García Lorca es particularmente complejo, entre otras razones, porque su desenterramiento cuenta con la oposición de parte de la propia familia.

algunos jueces de este órgano. Finalmente, el juez Garzón decidió remitir la investigación a aquellos juzgados provinciales en cuya jurisdicción se encuentran las fosas comunes. En estos dos ejemplos queda cifrada la interesante fusión de memoria, ley, ética, política de partidos, crítica cultural de la Transición, revisión histórica y activismo de organizaciones privadas que ha redimensionado la tarea política en el periodo democrático[3].

En segundo lugar, la Guerra Civil no sólo ha inspirado una nueva generación de narraciones literarias, sino también una amplísima gama de productos. No se entiende una parte del mercado nacional del entretenimiento si no consideramos la Guerra Civil como una suerte de marca comercial en la que han encontrado una rentable plataforma exposiciones fotográficas, filmes, volúmenes historiográficos, todo tipo de objetos para coleccionistas, memorias, libros de entrevistas, tertulias radiofónicas, debates y documentales televisivos, columnas periodísticas, cómics, algún videojuego y un variado conjunto de excursiones turísticas a lugares de la memoria que fueron escenario de conocidos eventos[4]. La consideración de la Guerra Civil como uno de los motores de la industria cultural del periodo democrático no implica una crítica a las justas demandas que las víctimas y sus familiares plantean a diversas instancias públicas de poder. Esta consideración tan sólo añade otro nivel de análisis que debe ser tenido en cuenta: España se ha consolidado como un país tardo-capitalista, globalizado y neoliberal, asentado en una sociedad del mercado con una alta dependencia del consumo (Sebastián Royo)[5]. Estas mutaciones económicas han alterado radicalmente el sector cultural, que actualmente resulta incomprensible si no es en el marco de la publicidad, la mercadotecnia, el gasto incesante, la ley de la oferta y la demanda, la batalla de precios, la confluencia —nunca sencilla ni mecánica— de capitales financieros y simbólicos, la expansión transnacional de empresas y una nueva y mayoritaria burguesía que ha creado sus propios circuitos y tendencias lúdico-culturales. Éxitos literarios como los protagonizados por Javier Cercas, Rosa Montero, Javier Marías o Almudena Grandes, entre otros, influyen en —y han sido influidos por— esta lucrativa corriente de mercancías en torno a un evento con un claro prestigio ético-cívico.

---

[3] Stephanie Golob ha investigado con lucidez este asunto bajo la rúbrica de "transitional justice" (127-129).

[4] El caso de Granada y su industria en torno a García Lorca y su asesinato resultan, en este sentido, paradigmáticos.

[5] Para este asunto, recomendamos también el ensayo de Carlos Prieto del Campo.

En tercer lugar, tanto si hablamos de medidas políticas y legales para sancionar espacios memorialísticos de orden público, como si nos referimos a la aparición de un mercado de la memoria por el que circula multitud de objetos, resulta importante considerar estos fenómenos en un marco transnacional. Con esto no pretendo negar la especificidad de la experiencia española en los años treinta y cuarenta, ni tampoco de su propia evolución posterior, sino tan sólo reconocer que los procesos rememorativos en torno a un pasado bélico son un denominador común para todo el continente europeo. En este ámbito, los trabajos seminales de Pierre Nora y Maurice Halbwachs han ejercido una fuerte influencia sobre el modo en que concebimos la memoria como un discurso simultáneamente privado y público, material y simbólico, conectado tanto con el pasado como con su interesada gestión en el presente. Es importante notar que el Holocausto ha sido también un eje catalizador de este proceso y que muchas de las categorías que articulan el debate sobre la Guerra Civil y las últimas novelas sobre el tema tienen su origen en los estudios sobre la Shoa (Helmut Peitsch)[6]. No podemos explicar en este ensayo las causas y efectos de la influencia de la memorialización del Holocausto en España, pero sí mencionar brevemente que la relevancia adquirida por la memoria en la cultura europea de las últimas cinco décadas apunta, como bien ha argumentado Andreas Huyssen, a la crisis de la ideología del progreso, del *ethos* de la modernización y de las filosofías teleológicas de la historia (6). En esta crisis, tanto la Segunda Guerra Mundial como el Holocausto tuvieron una impronta decisiva. En cualquier caso, lo que ahora deseo resaltar es que, en este mapa paneuropeo de la memoria, España deber ser tratada como un caso más de un fenómeno continental con muchas causas no estrictamente nacionales.

Estos tres factores, sucintamente resumidos aquí, no sólo actúan como las circunstancias externas que han rodeado la aparición de un exitoso grupo de novelas en los últimos quince años. En realidad, este contexto es parte del texto mismo en las obras, por ejemplo, de Javier Cercas, Dulce Chacón, Manuel de Lope, Almudena Grandes, Javier Marías, Ignacio Martínez de Pisón, Antonio Muñoz Molina, Benjamín Prado, Manuel Rivas, Lorenzo Silva, Antonio Soler o Andrés Trapiello, entre otros. Uno de los rasgos comunes más destacables de este corpus novelístico es una estructura narrativa que Ana Luengo ha denominado de "confrontación histórica" (49). Esta confrontación

---

[6] *Víctima, trauma* o *genocidio* son algunos de los conceptos cuyo uso en la cultura española democrática no puede ser entendido sin rastrear su origen en el Holocausto.

tiene lugar entre un personaje joven que representa el lugar epistemológico desde el que el periodo democrático se relaciona con la Guerra Civil, y otro personaje de edad más avanzada que atesora un recuerdo personal de esta contienda. Si en el diseño de anteriores ficciones sobre el acontecimiento bélico se dejaba notar la impronta de lo biográfico (Maryse Bertrand de Muñoz 723), esta última hornada de novelas escenifica el *locus* histórico-generacional desde el que han sido escritas: el punto de vista de personajes —y también de escritores— que no protagonizaron como adultos aquel proceso, que no cuentan con recuerdos personales de lo acontecido y que, por lo tanto, buscan información sobre ese pasado. Es por esto por lo que, en otro lugar, me he referido a estas novelas como "*thrillers* cognoscitivos" en los que la persecución detectivesca de un conocimiento y el proceso de dicha adquisición articulan la trama misma (2008: 90). También cabe reconsiderar este conocimiento bajo las rúbricas de posmemoria o memoria prestada.

Uno de los momentos culminantes de estas tramas es el instante del testimonio, en el que un personaje cuenta su experiencia o el recuerdo de estas experiencia durante los años del enfrentamiento. Hay varios elementos destacables en dichas escenas. Éstas se hacen eco del interés por parte de organizaciones, como la Asociación para la Recuperación de la Memoria Histórica, en rescatar la voz de los testigos-víctimas aún vivos. Siete décadas después del final de la lucha, la preocupación por el testimonio demuestra un grado de ansiedad ante la inminente desaparición de todos aquéllos para los que la contienda es una experiencia personal (Antonio Gómez López-Quiñones 2006: 36). Por otro lado, éstas no son sólo novelas sobre la transmisión de conocimientos fácticos o ejemplos morales mediante un testimonio, sino también sobre su incorporación a un ámbito público. Parece lógico, por lo tanto, que algunos de estos personajes sean periodistas, intelectuales o escritores cuya intención es otorgar una amplia notoriedad política al testimonio. Como bien argumenta José Colmeiro, la relevancia de la voz y memoria de los vencidos en la democracia española radica realmente en su circulación en una sociedad del espectáculo *performativo,* los medios masivos e informáticos, y el rápido desplazamiento de la información (155-156). Estos fenómenos han complicado y des-democratizado inevitablemente la esfera pública de discusión racional y sujetos autónomos (Habermas 159-180)[7]. En otras

---

[7] Una de las críticas clásicas al ensayo de Habermas es que dicho espacio nunca fue, de hecho, auténticamente democrático. No es éste el lugar adecuado para discutirlas ni desarrollarlas.

palabras, éstas son también obras sobre el papel de ciertos testimonios, previamente poco o nada conocidos, en una compleja sociedad de la información.

Otro aspecto importante de esta estructura de confrontación histórica es que ofrece implícita o explícitamente un diagnóstico sobre las insuficiencias de ese presente diegético desde el que un personaje emprende la búsqueda de algún dato o testimonio del trienio 1936-1939. Dichos personajes encuentran un estímulo para su búsqueda en un estado actual de desorientación político-sentimental achacable, entre otras causas, a "la ausencia de un proyecto colectivo, la negatividad [...] y la falta de mirada utópica [que] caracterizan la España postolímpica" (Cristina Moreiras-Menor 19). Este *pathos* desencantado y este sujeto nostálgico que protagonizan no sólo estas novelas específicas sino también buena parte de la novelística española contemporánea (Palmar Álvarez-Blanco 28-29) explican la función que desempeña el imaginario de la Guerra Civil en estas narrativas. En este evento se descubren secretos, tramas y falsedades históricas que justifican, en alguna mediada, el malestar de una modernidad finisecular incompleta o deficiente. En él se halla y/o reinventa además un tiempo de héroes y heroísmos, causas políticas consecuentes, implicaciones y lealtades inquebrantables, generosos sacrificios, subjetividades comprometidas y sentimentalidades honestas.

En este sentido, la Guerra Civil tiene un efecto compensatorio porque el desencanto del presente —tal y como es descrito por las novelas mismas—; descubre un punto de estímulo, así como de referencia, en un tiempo pretérito y ejemplar. Si el presente es representado como una realidad postutópica y posrevolucionaria en la que las principales meta-narrativas transformadoras de la izquierda han entrado en una fase de *impasse,* el pasado emerge como un escenario casi mítico de grandes esperanzas, ambiciones y virtudes político-biográficas. En la Guerra Civil se vislumbra o fantasea un *otro* temporal regido por posibilidades y opciones hoy completamente perdidas. Esta representación utópica de aquella época habla no sólo de unas décadas ideológicamente trepidantes, como los años treinta y cuarenta del siglo XX, sino también de un nuevo siglo muy posterior en el que la imaginación y las prácticas políticas han visto reducido su horizonte de posibilidades[8].

---

[8] Sobre este asunto, son especialmente relevantes los textos de Eagleton y Callinicos, que han defendido la necesidad de ensanchar, cuando no de refundar radicalmente, el discurso actual de las causas progresistas.

Aunque en este gesto melancólico hay un grado de esterilidad y un síntoma de cierto escapismo, también debemos considerar que "el impulso nostálgico actual se sabe provisional [...] y no ignora que está destinado a retornar al presente" (Gonzalo Navajas 134). En otros términos, la actitud crítica hacia una nostalgia autocomplaciente y paralizante que predican *algunas* de estas novelas no debe hacernos olvidar las diferencias entre distintos tipos de nostalgia: unas más lúcidas y responsables que otras; unas más ensimismadas en su propia lógica y otras que, como afirma Brad Epps, "explore the past in a manner that complicates the nostalgia" (708).

Aun reteniendo esta posición matizada hacia los diversos sentidos y discursos de la nostalgia en la cultura española del siglo XXI, me gustaría hacer hincapié en una postura que en los últimos años ha ganado presencia en los debates sobre la memoria histórica. Tras una fase, sin duda necesaria, de aprobación inmediata y casi unánime, ha surgido un número creciente de voces que alerta sobre los peligros de unas narrativas —fílmicas, literarias o ensayísticas— que construyen un imaginario de la guerra bienintencionado pero, en el fondo, conceptualmente pobre, políticamente limitado y estéticamente un tanto manipulador. En el ámbito de los estudios peninsulares, Ángel Loureiro ha destacado, por ejemplo, las trampas de una retórica patética que, apoyándose en la sentimentalización de la figura de la víctima, busca reacciones emotivas y un tanto sobredeterminadas por su carga melodramática (232-235). Independientemente de si uno está de acuerdo o no con todas las conclusiones de Loureiro, sus argumentos lanzan un reto pertinente y legítimo a una determinada literatura y filmografía sobre la Guerra Civil que, en los propios términos de Loureiro, "rest primarily on a pathetic or sentimental rhetoric of unmediated effect" (233).

Por otra parte, quisiera traer a colación una idea que, en el ámbito de la filosofía, Avishai Margalit ha argumentado en su ensayo *The Ethics of Memory*. Margalit analiza en este volumen las relaciones entre la memoria y ciertas modalidades emotivas. En este contexto, concluye lo siguiente: "The trouble with sentimentality in certain situations is that it distorts reality in a particular way that has moral consequences. Nostalgia distorts the past by idealizing it. People, events, and objects from the past are presented as endowed with pure innocence" (62). En la estilización, romantización o idealización de la Segunda República y del bando republicano durante la Guerra Civil, reside un problema ético porque, con este giro aparentemente embellecedor y positivo, se simplifica y congela la imagen de una realidad bastante más compleja. Como consecuencia de lo anterior, también se manipula y reduce el sentido histórico de la realidad. A esta primera idea me gustaría añadir una segunda. A la crítica contra la instrumentalización del pasado se le suma el hecho de que la causa —o causas— de la Segunda República no necesita ser pura ni absoluta ni inocente para resultar evocadora y productiva para la imaginación literaria y cinematográfica con preocupaciones políticas. Es más, esta versión un tanto sentimental y benévola tiene un efecto contraproducente porque, tras la idealización nostálgica del pasado, éste se deshistoriza hasta quedar transformado en un tiempo inmemorial y, como expone Ulrich Winter, ontológicamente distinto, mítico e inalcanzable (186). En conclusión, narrativas que, en principio, pretenden acercar o presentizar el recuerdo de una guerra, terminan sin embargo por alejarlo al ubicarlo en un no-tiempo de virtudes ahistóricas.

La novela contemporánea sobre la Guerra Civil española constituye, en definitiva, un fructífero punto de encuentro para algunas cuestiones fundamentales de la identidad peninsular del periodo democrático. En esta narrativa se dirimen asuntos como la gestión de un pasado traumático, la presencia de la memoria en una sociedad neoliberal, la nostalgia por ciertas ilusiones políticas, la revisión de una fase histórica como la Transición —hasta hace poco tenida por ejemplar—, las enmiendas a una democracia lastrada por silencios y secretos ignominiosos, la búsqueda de héroes en un nuevo siglo postheroico, la fascinación por la figura de la víctima en tanto que decisiva categoría social, el desencanto con un ambiente cultural un tanto hedonista y enquistado en un eterno presente o la reivindicación de una violencia transformadora y cargada de posibilidades ideológicas. Estas novelas que, en muchos casos, se encuadran en la estética posmoderna de la "nueva novela histórica" (Santos Sanz Villanueva), no contienen un discurso político demasiado robusto ni complejo. Si no consideramos, por lo tanto, el contexto que implícitamente gestionan, su función en la cultura española del siglo XXI resulta incomprensible. Estas obras se acercan a un trienio que tiene un papel decisivo y un eco muy especial en el contexto democrático. En dicho trienio, en la Segunda República y en su defensa durante la contienda, se ha percibido y rearticulado un antecedente político-genealógico con el que entroncar con satisfacción ideológica. Con éste además se marca una distancia contrastiva respecto al régimen que precedió y, en cierta medida, propició/toleró también la Transición pactada: el franquismo. Desde esta perspectiva, las últimas representaciones literarias de la Guerra Civil son también, y ante todo, narrativas del, en y para el presente y sus complejas reacomodaciones.

REFERENCIAS

ÁLVAREZ-BLANCO, Palmar (2007): "Instrucciones para sincronizar el reloj: contranostalgia para un Peter Pan español desubicado". En: *Letras Hispánicas* 4, 1, pp. 28-37.
BERTRAND DE MUÑOZ, Maryse (1994): "Teoría y método narratológicos para el estudio de la novela política de la Guerra Civil española". En: *Hispania* 77, 4, pp. 719-730.
CALLINICOS, Alex (2006): *The Resources of Critique*. Cambridge: Polity.
COLMEIRO, José (2001): "Memoria histórica e identidad cultural: Del cuarto de atrás a la primera plana". En: *Revista de Estudios Hispánicos* 35, 1, pp. 151-162.
EAGLETON, Terry (2003): *After Theory*. New York: Basic Books.
EPPS, Brad (2004): "Spanish Prose, 1975-2002". En: Gies, David T. (ed.): *The Cambridge History of Spansih Culture*. Cambridge: Cambridge University Press, pp. 705-723.
FERRÁNDIZ, Francisco (2008): "Cries and Whispers: Exhuming and Narrating Defeat in Spain Today". En: *Journal of Spanish Cultural Studies* 9, 2, pp. 177-192.
GOLOB, Stephanie R. (2008): "Volver: The Return of/to Transitional Justice Politics in Spain". En: *Journal of Spanish Cultural Studies* 9, 2, pp. 127-141.
GÓMEZ LÓPEZ-QUIÑONES, Antonio (2008): "A propósito de las fotografías: Políticas de la reconstrucción histórica en *La noche de los cuatro caminos*, *Soldados de Salamina* y *Enterrar a los muertos*". En: *Revista Hispánica Moderna* 61, 1, pp. 89-105.
— . (2006): *La guerra persistente. Memoria, violencia y utopía: representaciones contemporáneas de la Guerra Civil española*. Madrid/Frankfurt: Iberoamericana/Vervuert.
HABERMAS, Jürgen (1991): *The Structural Transformation of the Public Sphere: An Inquiry into a Category of Bourgeois Society*. Trad. ing. de Thomas Burger. Cambridge: MIT Press.
HUYSSEN, Andreas (1995): *Twilight Memories. Making Time in a Culture of Amnesia*. London: Routledge.
LABANYI, Jo (2008): "The Politics of Memory in Contemporary Spain". En: *Journal of Spanish Cultural Studies* 9, 2, pp. 119-125.
LOUREIRO, Ángel G. (2008): "Pathetic Arguments". En: *Journal of Spanish Cultural Studies* 9, 2, pp. 225-237.
LUENGO, Ana (2004): *La encrucijada de la memoria. La memoria colectiva de la Guerra Civil española en la novela contemporánea*. Berlin: Tranvía.
MARGALIT, Avishai (2002): *The Ethics of Memory*. Cambridge: Harvard University Press.
MOREIRAS-MENOR, Cristina (2002): *Cultura herida. Literatura y cine en la España de la transición*. Madrid: Ediciones Libertarias.

Navajas, Gonzalo (1993): "Una estética para después del posmodernismo. La nostalgia asertiva y la reciente novela española". En: *Revista de Occidente* 143, pp. 105-130.

Peitsch, Helmut (1999): "Studying European Literary Memories". En: Peitsch, Helmut/Burdett, Charles/Gonarra, Claire (eds.): *European Memories of the Second World War*. New York: Berghahn Books, pp. XIII-XXXI.

Prieto del Campo, Carlos (2005): "A Spanish Spring?". En: *New Left Review* 31, pp. 43-68.

Royo, Sebastián (2008): *Variaties of Capitalism in Spain: Remaking the Spanish Economy for the New Century*. New York: Palgrave Mcmillan.

Sanz Villanueva, Santos (2000): "Contribución al estudio del género histórico en la novela actual". En: *Príncipe de Viana* 18, pp. 355-380.

Winter, Ulrich (2005): "From Post-Francoism to Post-Franco Postmodernism: The 'Power of the Past' in Contemporary Spanish Narrative Discourse (1977-1991)". En: Merino, Eloy E./Song, H. Rosi: *Traces of Contamination: Unearthing the Francoist Legacy in Contemporary Spanish Discourse*. Lewisburg: Bucknell University Press, pp. 177-198.

HISTORIA Y DECORO. ÉTICAS DE LA FORMA EN LAS NARRATIVAS DE MEMORIA HISTÓRICA

Germán Labrador Méndez
Princeton University

Marta ya no pudo dejar de reír, [...] tuvieron que suspender la reunión de la cafetería ante el cachondeo generalizado, y por la tarde, mientras se dirigían a la quinta abandonada [...], gritaban por las ventanillas y hacían música con la bocina para regocijo de los vehículos que circulaban, la pareja de guardias civiles que les hizo trompetilla con la lengua al verlos. (149)

Es el comienzo de un capítulo determinante de *El vano ayer*, novela de Isaac Rosa sobre el tardofranquismo que, tras indagar metaliterariamente diversos caminos posibles, justo aquí parece escoger uno. Si, entre consideraciones teóricas diversas, se había esbozado la figura de Julio Denís, un anodino profesor universitario represaliado, dedicando la escasa trama a preguntarse por las posibles razones de su exilio, de pronto, el foco narrativo se desplaza hacia una célula de estudiantes antifranquistas en reunión clandestina para preparar una huelga. Si el narrador había convocado paródicamente el imaginario antifranquista —grises, barbas, bufandas, cantautores...—, insistiendo en los peligros de una visión "divertida" de esa época (8), el relato de este encuentro prolonga varias páginas su tono festivo y un virtuoso trabajo en el campo semántico de la risa producirá sensaciones ambiguas hasta que se vuelva evidente el *décalage* entre estilo y contenido:

> Marta miró por la ventana y dijo, aunque apenas se le entendía entre la risa, viene un coche, y luego puntualizó, no es un coche, son dos, tres, cuatro, los fueron contando a coro como los tirones de oreja de un cumpleaños, varios de los reunidos salieron a correr por la puerta trasera [...], los demás quedaron en la casa, comiéndose entre risotadas las octavillas y las agendas, hasta que los agentes de paisano irrumpieron por la puerta con espectacularidad de payasos, empuñando pistolas de agua y guiñando los ojos a los muchachos (150).

El lenguaje cómico-festivo, *in crescendo*, mediará el acceso a un relato convencional de detención e interrogatorio de militantes antifranquistas. Por el camino, la Dirección General de Seguridad se convierte en "la auténtica casa de la risa", donde "triunfaban las bromas más marranas", donde "los interrogados" "se partían de la risa, se descoyuntaban de la risa, reventaban de risa, se morían de risa incluso" (150-152). El pasaje mantiene el tono y la tensión al contar la permanente desaparición de uno de los camaradas ("ése era uno de los trucos favoritos que se hacían en Sol, entraba un detenido y ya no salía pero tampoco estaba dentro") y el exilio de Marta: "aquel país no era serio con tanta algarabía, que llevaban veinticinco años de cachondeo" (152).

La fractura entre tono y contenido, entre estilo y referente, propone un incómodo acceso al relato de la violencia política, de la que simultáneamente el lector participa y trata de distanciarse. No se trata de un momento casual en las narraciones de Rosa, por familiar que le sea esta técnica, ya que esa misma violencia política será narrada documentalmente bajo el género del testimonio más adelante, con profusión de detalles técnicos en las torturas (155-171). No se trata sólo de una marca de autor: el pasaje apunta a un lugar central en su proyecto y, por extensión, en los complicados cruces entre relato, verdad y memoria histórica que monopolizan las narrativas españolas de comienzo de siglo, a los que, usando el caso de Rosa como guía, dedicaré este trabajo[1].

El problema que se tematiza en la descripción de este *país de la risa* responde a una preocupación explícita del escritor: "la brecha entre una literatura formalmente realista, y la realidad a la que dice referirse" (Rosa 2008).

---

[1] Este texto es el primer resultado de una investigación más ambiciosa sobre el complejo proceso que liga las narrativas asociadas a los debates sobre la memoria histórica, hegemónicas en los últimos años, con la conformación de opinión pública, analizando cómo es la propia constitución literaria del género la que se determina en su participación polémica en un debate social mucho más amplio.

El pasaje referido se construye como un puente sobre esa brecha y su ironía mira hacia abajo mientras lo cruza, apuntando a un límite en la narración, a un problema más amplio de adecuación entre materia y tono: la conjunción de "la imprescindible verosimilitud del relato y el compromiso del autor con el sentido ético de la narración" (Rosa 2004: 23). Porque el franquismo no fue nada divertido, afirma Rosa y, por lo tanto, su relato no puede mover a risa ni a disfrute. De hacerlo, estará ocultando experiencias dolorosas que, por su conexión estructural con la violencia política y por su vinculación retrospectiva con los valores democráticos, reclaman un lugar causal en cualquier producción sobre ese tiempo. Así, se instaura un criterio cívico en la forma narrativa de unir verosimilitud y sentido o, más bien, tono y asunto. Estamos ante lo que la preceptiva clásica nombra como *decoro*[2], es decir, en el problema pragmático que relaciona la forma y el espacio público y, por tanto, ante la pregunta no sólo de lo que se puede o no decir, sino también de cómo se puede o no decir.

La propuesta de Rosa es claramente reactiva (2007), quiere establecer límites para las formas que están contando el pasado reciente, entendiendo por éste el *continuum* histórico de acontecimientos, mitos y relatos que unifican actualmente el siglo XX español bajo la categoría narratológica de la *memoria histórica*[3]. La memoria histórica convoca y unifica en un mismo teatro de problemas —Guerra Civil, posguerra, franquismo y Transición—, en un gran dispositivo histórico que define tomas de posiciones comunes para todos estos paisajes temporales, en la medida en que sus figuras han sido capaces de movilizar parecidos afectos, por haber sido susceptibles de contarse en los términos continuos de unos valores compartidos.

Esta necesidad, si no de consensuar unos límites *decorosos*, sí de abrir un debate sobre las formas de ficcionalizar el pasado, acontece ante la proliferación de sus narraciones: es la buena salud de un género reciente, su consoli-

---

[2] El concepto de *decoro* cuenta con una larga tradición hermenéutica, que se remonta a la poética aristotélica *(prepon)* y a la retórica ciceroniana *(aptum)*. En el caso español es particularmente clave a propósito de la polémica ilustrada sobre el teatro, que ha servido de inspiración teórica para este trabajo. Si aquí sólo se aplica a Isaac Rosa, resulta igualmente productivo en las novelas de Javier Cercas, Rafael Chirbes o Manuel Rivas, entre otras.

[3] Entiendo el sintagma "memoria histórica" como una categoría narratológica que opera como un régimen de representación del pasado, que propone una sintaxis histórica donde incardinar el republicanismo y las experiencias antiautoritarias del siglo XX español en la configuración simbólica del presente. En la medida en que aspira a la hegemonía cultural, supone una superación de la lógica fundacional de la Transición como tiempo cero.

dación en términos de público-mercado y la continua presencia de estos relatos en el espacio público la que genera, en 2004, tal preocupación. Así, si a comienzos de siglo la emergencia de relatos sobre la memoria histórica está produciendo un nuevo relato hegemónico sobre el pasado, cabe considerar un insospechado e irónico efecto secundario: la posibilidad de la naturalización contemporánea de ese pasado, donde los relatos superadores de un eventual *olvido histórico* fuesen a acabar borrando justamente aquellas experiencias de dolor y violencia sobre las que habría debido edificarse el debate público y los relatos institucionales asociados[4]. Se trata de un proceso en marcha que lentamente decanta las formas de narrar que determinarán un nuevo consenso narrativo sobre este tiempo. E intentar abrir ahí un debate sobre el decoro es aspirar a restringir el margen posible de los relatos, definiendo como valores cívicos los valores literarios y planteando así que las elecciones que atañen al género literario —el tono o la voz, o las fuentes documentales de una ficción— son, en régimen de memoria histórica, tomas de decisión éticas y políticas: nadie escribiría una comedia de enredo ambientada en Auschwitz.

La cuestión de cómo no se puede contar el pasado nos lleva a la cuestión de cómo se está contando y, para ello, Rosa había incorporado a su novela un catálogo de tipos estructurales que resumirían la casuística narrativa del franquismo: "a) Un misterioso asesinato [...] saca a la luz una venganza de origen guerracivilesco", "b) Un exiliado regresa al país", "c) Una célula de activistas prepara un atentado", "d) El buen hijo recoge las pertenencias del difunto padre", "e) *Les enfants terribles*", "f) Historias entrelazadas [...] colisiona[n] en un final dramático" (15-16). No resulta complicado encajar en estas categorías novelas como a) *Cielos de barro* (2003) de Dulce Chacón o f) *La larga marcha* de Rafael Chirbes (1996). Su radical diferencia en términos de decoro se explica porque la crítica fundamental que hace Rosa de dichos esqueletos narrativos reside en su común capacidad de sostener un cuerpo novelesco basado en la ficcionalidad:

> La guerra civil, en la que nuestros literatos y cineastas recaen a gusto una y otra vez, inagotable fuente de epopeyas individuales, de contextos trágicos para historias personales, de venganzas ancestrales y heroísmos sin igual, poco importan el rigor, la verdad histórica, la memoria leal [...], estamos construyendo una ficción, señoras y señores, relájense y disfruten. (2004: 220)

[4] La percepción genérica de estos discursos está directamente vinculada con la existencia fundacional de un presunto "olvido histórico" (Labrador 2008). La posición de Rosa no es única, sino más bien una *posición de campo*.

De esta forma, el debate sobre el decoro no sólo atañe al *aptum,* a la adecuación del tono a la materia, y de ésta al del género como estructura que garantiza esa posibilidad —qué tipo de género permite un tono apto para la materia tratada—, sino que determina la propia naturaleza de lo representable: no se cuestiona sólo el género, sino la posibilidad de la ficción. Entonces, ¿bajo qué premisas se puede ficcionalizar el pasado si concebimos éste en términos de *memoria histórica*?

Esas premisas, en Rosa, son las de la documentación histórica y el rigor archivístico. El rechazo mayoritario a todas estas novelas parecería residir en su calidad básica de (melo)dramas, formas ficcionales que abren y cierran el pasado, normalmente en un sentido de superación que propone narrativamente su clausura. O, dicho justo al revés, el problema de que estas narrativas sean (melo)dramas es que someten la materia histórica a un régimen de realidad que, a base de "epopeyas individuales, de contextos trágicos para historias personales" (220), desdibuja la posibilidad de un *nosotros* político presente en interacción con ese pasado, condición *a priori* de la narratología de la memoria histórica. Rosa es obsesivo en su crítica de "una realidad de telecomedia", donde los protagonistas tienen "preocupaciones sentimentales antes que sociales, económicas o políticas", que, en el fondo, naturalizan valores de "clase media-alta" (2008).

Es un problema complejo: el (melo)drama, en su lógica de verosimilitud, sólo se puede edificar sobre una parte de aquella materia del pasado, la que es susceptible de contarse en los términos de un conflicto aventurero, o una trama de enredo, sobre un telón histórico-político que, al tiempo, hace que estas novelas circulen como memoria histórica. Pero, amparándose en ese entorno discursivo y en el rótulo *ficción*, sus autores operan libremente con la materia histórica sin dialogar con otros flujos de discurso, particularmente la literatura de testimonio y la abundante producción académica más o menos divulgativa, que podrían poner límite a la ficcionalidad en nombre de una teoría de la verdad que, implícitamente, serviría para apuntalar un tipo de decoro.

Rosa denuncia la hipocresía de esta operación, perpetrada por "novelistas de guante de seda, cineastas industrializados y hasta alguna serie de televisión que ha culminado la corrupción de la memoria histórica mediante su definitiva sustitución por una repugnante nostalgia" (2004: 22). *Décalage* entonces entre el discurso de la ficción —novelas, cine, televisión— "y el discurso que se construye desde la investigación histórica", siendo el primero doblemente nocivo porque no sólo no "facilita la comprensión del franquismo" sino que, además, "tiene mucho más peso en la construcción del imaginario colectivo" (2007). Así, por el carácter de la ficción como aparato de producción de ideología histórica, el decoro en el tratamiento del pasado se convierte en una cuestión de interés público.

La segunda mención de Isaac Rosa es a una "serie televisiva". Dada la limitada oferta, tal enemigo imaginario no puede ser otro que la conocida *Cuéntame cómo pasó* (2001-), una reconstrucción melodramática del tardofranquismo como historia de la vida cotidiana a través de las vidas venturosas de una familia española de un barrio popular de Madrid. Pero, ¿por qué habría de resultar tan nociva esa serie en términos de decoro? Tal vez porque *Cuéntame* propone un vínculo entre presente y pasado mediante la voz en *off* de un narrador que, siendo el hijo menor entonces, es, en nuestro presente, el guardián de esa memoria personal, sí, pero también colectiva. Como su punto de vista es nostálgico, activa el mismo problema que vimos a propósito del *país de la risa*: ¿es ético, es decoroso, sentir nostalgia de aquellos años, siendo, como son los del franquismo? ¿Tiene el franquismo que restringir toda experiencia histórica contemporánea en su representación? Siempre acabamos dispuestos en una discusión sobre los afectos del pasado, sobre el tipo de emociones y de identificaciones que (el relato de) éste *nos debe* provocar.

Ya hemos definido la posición de Rosa no como una opinión personal, sino como representativa de un tipo de posición de discurso y, así, sus críticas del discurso de *Cuéntame* fueron y son ampliamente compartidas en periódicos y foros de Internet. Podríamos resumirlas en los dos problemas de decoro ya señalados: falta de adecuación del relato con la época histórica —es decir, con otros relatos de la época— y falta de adecuación del tono con el relato a causa del género —visión nostálgico-sentimental. Pero la cuestión decorosa se complica en el momento en que estudiamos las formas de producción de conocimiento histórico en *Cuéntame*, pues, si la serie cuenta con un gran equipo de documentación, los guionistas trabajan además sobre un archivo de época y sobre testimonios orales, que se someten a un proceso de melodramatización. Por ejemplo, en la base del relato de la detención de Antonio Alcántara (episodio 98) se encuentra un testimonio de la encarcelación de una militante de la Liga Comunista Revolucionaria (LCR)[5]. Es decir, que el proyecto más bien apunta a la posibilidad de producir relatos familiares con la materia de la memoria histórica como un modo

---

[5] Conversación personal con el guionista Alberto Macías.

de trabajar los valores que esos relatos incorporan en su descontextualización genérica.

El problema del decoro se conduce entonces hacia la relectura productiva de los valores del pasado, en la definición moral del presente a través de los restos de la axiología del pasado. Es obvio que las clases medias del tardofranquismo no pensaban como los Alcántara, que su hijo menor no transmitió piojos a Franco, que Antonio Alcántara tendría una forma de hablar diferente respecto de las mujeres... pero el debate de *Cuéntame* tiene que ver más con los valores de género, de familia o de civismo que la serie está produciendo sobre la sociedad española del comienzo del milenio. La Transición ahí opera como espacio fundacional, donde se ejecuta el trasvase de la memoria generacional de la acción política, documentada y vivenciada por los guionistas y varios de sus autores, a una moral democrática de la vida cotidiana, propuesta como horizonte colectivo[6].

Un ejemplo aún más determinante de este mismo conflicto podemos encontrarlo en *Salvador* (2006), de Manuel Huerga. Desde los años noventa, Puig Antich, mito del antifranquismo y emblema de la lucha por la democracia, figuraba en las reclamaciones de colectivos *pro memoria* como metonimia de la reclamación de indemnizaciones para las víctimas de la dictadura y de la anulación de las condenas a muerte y juicios sumarísimos del régimen. Sobre la anulación de su condena, la familia, con abundante apoyo público, mantenía un eterno proceso jurídico.

En estrecho vínculo con tal contexto, Manuel Huerga vuelve a contar la historia de Puig Antich en una cinta, *Salvador*, cuyo propio título es hagiográfico. Interesante, en nuestros términos, es que ésta tiene por base otra novela de la memoria histórica presuntamente indecorosa: *Cuenta atrás: la historia de Salvador Puig Antich* (Manuel Escribano 2001), una dramatización de la documentación sobre el caso. En términos de género, *Salvador* plantea un *thriller* en su primera mitad —jóvenes idealistas cometen atracos para financiar a la oposición antifranquista— y un drama en la segunda —Puig Antich asume que será víctima propiciatoria del franquismo y muere tras *convertir* a su carcelero—, donde la figura heroica se construye cristológicamente: la sangre del mártir trae la democracia. "[C]omo decía en la última carta que escribió, Salvador Puig Antich esperaba que la sangre no se derramara

---

[6] Ello permite interesantes cruces narrativos de personajes de ficción y personajes reales en la serie y fuera de ella, como un cameo de Santiago Carrillo, o que María Galiana, la actriz que interpreta a Herminia, la abuela de la serie, presente en la televisión pública un reportaje sobre la presencia de republicanos españoles en el campo de Mauthassen.

inútilmente" (Escribano 2001). En la película, una leyenda expresa sin ambages su voluntad de producir repercusiones legales y políticas: de hecho, *Salvador* generó un volumen de opinión que contribuyó a situar el caso en la agenda política. Pero también reprodujo la polémica:

> La estafa principal es colar esa ficción como recuperación de la memoria histórica [...]. Los personajes no son creíbles: los abogados aparecen como luchadores antifranquistas cuando fueron unos completos ineptos bien pagados; los esbirros de la secreta [...] como eficientes policías. Y Jesús Irurre, el carcelero, que pasa de torturador a revolucionario, es la más infame de las mentiras. Fue uno de los más violentos. Torturó a nuestros compañeros y lo siguió haciendo después de su ficticia conversión. (Txema Bofill)

Se trata del juicio de uno de los camaradas de Puig Antich, pero podemos tomar su posición como representativa de cierta recepción del filme, en el espacio de los movimientos de recuperación de la memoria histórica. Los argumentos narrativos sobre la representación, la historia y el decoro son exactamente los mismos que analizamos a propósito de Rosa —verosimilitud, documentación, sentimentalismo...— pero aquí se cuenta con el criterio de autoridad añadido de ser un *testimonio*. Obviamente, para quien el relato de este proceso resulta constitutivo de su identidad, no es posible contrastar aquellos episodios con su ficcionalización. Da igual que el carcelero de *Salvador* sea una abstracción evangélica porque *aquel carcelero* al que históricamente cita era un torturador nunca juzgado por sus crímenes: dos agendas de justicia histórica chocan justo en este límite de la ficción.

Pero la operación narrativa de Huerga-Escribano no es ajena a este problema, sino que conscientemente aspira a re-generar —es decir, volver a poner en género— el relato de Puig Antich porque hay un punto donde se ha producido un corte axiológico con el relato transicional que lo precede. Tal cesura tiene que ver con la lucha armada, con un cambio en la valoración en el presente de la violencia política dirigida contra la dictadura. Antich fue acusado de disparar a un policía causándole la muerte, extremo nunca comprobado. Lo que entonces constituyó la versión oficial de su ejecución —no es un crimen político, es una pena por homicidio—, hoy plantea un dilema moral: ¿cuándo es legítima la violencia contra el Estado? La figura cristológica de Antich, con la redención moral de su carcelero, con la comprensión del sentido cívico de su muerte y con la tematización de la violencia en clave de *thriller*, es el espacio donde se opera una adaptación de los valores y códigos del lenguaje antifranquista transicional a los valores de la clase media española actual. Los límites del decoro tienen que ver, pues, con la apropiación ejemplarizante de formas anteriores y la reinterpretación de los valores que les dieron sentido.

Como no podía ser de otro modo, los relatos de la memoria histórica están hablando de la configuración moral de la sociedad española actual a través de sus formas de contar el pasado. Y en el horizonte moral que fundan estas prácticas narrativas se yuxtapone una ética humanista de inspiración marxista o republicana con esquemas morales católicos secularizados. Resulta interesante considerar que la operación de humanización del carcelero en *Salvador* refleja una estrategia análoga a la producida con el carcelero Herbal en *El lápiz del carpintero* (1998) de Manuel Rivas, donde el fantasma del pintor republicano asesinado acaba por poseer a su verdugo y redimirlo. Desde el punto de vista de su sentido, a través de este recurso propio del melodrama, lo que estas narrativas proponen es integrar al *otro* político-nacional mediante su formalización empática en valores democráticos: es el acto de clausura de un duelo político, donde la lógica del sacrificio se cierra través de la conversión del otro[7]. Mediante tal operación, estos relatos están construyendo una nueva versión del *relato de la concordia* fundacional de la Transición —pactos entre enemigos políticos para hacer viable un futuro conjunto, las dos Españas se funden en una Nueva España—, pero en él se ha producido un cambio determinante en la capacidad de agencia que se le atribuye al pasado republicano y antifranquista: sus relatos han dejado de ser algo no constituyente de ese pacto fundacional —excluidos por ser anteriores al mismo— para proponerse como las únicas narrativas *decorosas* capaces de explicar su advenimiento.

REFERENCIAS

BOFILL, Txema (13-25 de octubre de 2006): Entrevista de Joana García Grenzner. En: *Diagonal*.
CHIRBES, Rafael (1996): *La larga marcha*. Barcelona: Anagrama.
CHACÓN, Dulce (2003): *Cielos de barro*. Barcelona: Planeta.

---

[7] Me baso en la lectura que Loureiro propone de este texto, a partir de las categorías teóricas de Levinas (149-150). La diferencia, en términos de decoro, es que Herbal no remite automáticamente a ningún referente histórico con nombre y apellidos, a pesar de que siempre podría argumentarse en este sentido.

ESCRIBANO, Manuel (2001): *Compte enrere. La història de Salvador Puig Antich*. Barcelona: Edicions 62. [*Cuenta atrás: la historia de Salvador Puig Antich*. Barcelona: Península.]

HUERGA, Manuel (2006): *Salvador*. Mediapro-Future Films.

LABRADOR, Germán (2008): "Popular Filmic Narratives and the Spanish Transition". En Estudillo, Luis Martín/Ampuero, Roberto (eds.): *Consent and Its Discontents: Post-Authoritarian Culture in Spain and Latin America's Southern Cone*. Nashville, Tennessee: Vanderbilt University Press.

LOUREIRO, Ángel (2005): "La vida con los muertos". En: *Revista Canadiense de Estudios Hispánicos* 30. 1, pp. 145-158.

RIVAS, Manuel (1998): *O Lápis do Carpinteiro*. Vigo: Xerais. *El lápiz del carpintero*. Madrid: Alfaguara.

ROSA, Isaac (18 de septiembre de 2008): "Muchas novelas retratan una realidad de telecomedia". Entrevista de Daniel Arjona. En: *El Cultural*.

— . (1-7 de noviembre de 2007): "Una visión nostálgica es también una visión política". Entrevista de David Corominas. En: *Diagonal*.

— . (2004): *El vano ayer*. Barcelona: Seix Barral.

LA PALABRA REMENDADA: LITERATURA Y FUTURO EN EUSKADI. JULIA OTXOA Y BERNARDO ATXAGA

Annabel Martín
Dartmouth College

"El secreto de la poesía pertenece más al náufrago que al navegante."
Julia Otxoa
Al calor de un lápiz

Pocas personas inspiran a escribir sobre las artes y su relevancia en la esfera pública como el director norteamericano de ópera y teatro, pedagogo, activista internacional y un sinfín de cosas más, Peter Sellars. Hombre carismático y de gran empatía con su entorno, posee una lucidez estremecedora sobre la condición humana, clarividencia que traduce en una entrega política —ética— directa al *otro* —al marginado— con una *praxis-suma* hecha de arte de primer nivel. En su labor creadora, aboga por una pedagogía de reconciliación social, esté donde esté e independientemente de la envergadura o transcendencia mediática del proyecto en cuestión[1]. Ya sea en la

---

[1] Peter Sellars (Pittsburg, 1957) ha dirigido más de cien producciones tanto en Estados Unidos como en otras partes del mundo. Alumno de la Universidad de Harvard (1981), estudió en Japón, China e India, y a los 26 años fue nombrado director del American National Theater del Kennedy Center de la ciudad de Washington. Alcanzó resonancia mundial con sus reinterpretaciones contemporáneas de Mozart, en concreto de las óperas *Cosi Fan Tutte*, *Las bodas de Fígaro* y *Don Giovanni*, ambientada en el Harlem de hoy. Es también profesor de World Arts and Cultures en la Universidad de California, Los Angeles (UCLA). Entre los muchos premios en su haber destacan el MacArthur Prize Fellowship y el Premio Erasmus por su contribución a la cultura europea. Para más información: www.amrep.org/people/sellars.html.

Ópera de Viena o en el Metropolitan Opera House de Nueva York, o en sus trabajos con textos de Mozart o de Shakespeare, Sellars sabe anclar el mundo del arte, traducir la experiencia estética en materia educativa para jóvenes adolescentes de guetos marginados seducidos por identidades violentas, en reformas en la enseñanza de literatura para niños o en la creación de zonas de rehumanización y dignidad dirigidas a la población carcelaria norteamericana. Tuve la suerte de conocerlo hace unos meses. Becado por el Montgomery Endowment de mi universidad, generó entre alumnos y profesores la suficiente energía creativa y crítica como para hacernos reflexionar sobre el papel de las humanidades en el tejido de la sociedad civil. Este tema resulta particularmente candente en el contexto vasco actual, en una nueva etapa de gobierno que inevitablemente traerá consigo cambios significativos en los imaginarios identitarios colectivos. Al igual que Estados Unidos vive con su nueva presidencia un momento histórico de recuperación de la política, quisiera pensar que en Euskadi estamos también ante un momento de cambio. Es de esperar que la aparición de una visión social menos dada a los grandes vuelos heroicos nacionales y más sensible a la calidad de vida del día a día abra el abanico de las libertades pendientes de estrenar. La pedagogía de las humanidades no es de rompe y rasga, ni agresiva ni violenta en sus formas, sino de buenos *remiendos* que saben rescatar lo valioso de lo pequeño, del silencio, de lo sencillo y de la crítica. Julia Otxoa y Bernardo Atxaga serán los dos costureros por los que me dejaré llevar en esta discusión.

Cuenta Peter Sellars en su ensayo *Getting Real: The Arts in Post-NEA America* que la claridad no es precisamente el mejor camino hacia la verdad. Utilizando la metáfora de la organización clásica del jardín en tiempos de la dinastía Ming, explica cómo los tres pasos epistemológicos que experimenta quien atraviesa dicho entramado paisajístico son, en realidad, un método extrapolable a la vida artística o política. Puesto que el paseo obliga a cruzar de lo particular y concreto a lo general, previa *pérdida* en lo laberíntico, la ruta cognoscitiva del jardín viene a ser realmente una pedagogía y representación de la arquitectura macropolítica de lo democrático (17). Juan Marsé también apelaba a este método de conocimiento en su discurso de aceptación del Premio Cervantes, cuando afirmaba que quizá la lección más importante del autor del Quijote fue descubrirnos que "las cosas no siempre son lo que parecen" (6). Para Marsé, la gran farsa cotidiana que hay que desentrañar son esos "años de incienso y plomo bajo el palio de la luz crepuscular, aquel tiempo en el que no solamente la prensa y la radio, el *Bole-*

tín Oficial del Estado y la *Hoja Dominical* mentían sobre lo que nos estaba ocurriendo, sino que hasta los espejos mentían" (6-7). Aquí el laberinto no estaba concebido como un ejercicio de ciudadanía, como el espacio de crecimiento descrito en el caso chino. Al contrario, aquel laberinto del franquismo carecía de salida y las artes, en concreto el escritor crítico, son las que con "nuevas parcelas de memoria" (7) consiguen hacer "más denso el laberinto, cuidando, pues, de dejar una traza de hilo, como hizo Teseo aquella vez, para poder volver al exterior, y contarlo" (7).

Nuevos modelos de extranjería

La escritura de Julia Otxoa y Bernardo Atxaga está emparentada directamente con esa máxima cervantina consciente de la quimera de la realidad aparente. La realidad sociopolítica que rodea la escritura de ambos los obliga a enfrentarse con la puesta al día de la fantasía nacionalista que inspira aún mucha de la realidad cultural y social de Euskadi. Es éste un imaginario *sui generis* que en otro trabajo he definido como "nacionalismo de diseño[2]", esto es, un uso inteligente del imaginario turístico —su reificación de la identidad— y de los circuitos del capitalismo global para asegurar la visibilidad política y económica de un *pueblo,* el vasco[3]. Manifestar la gravedad de esta falsificación no sería tan apremiante si no fuese por la violencia política de ETA y la distorsión y deshumanización colectiva que dicha situación crea. Al igual que desde los gobiernos nacionalistas no se han facilitado

---

[2] Puede consultarse mi artículo *A Corpse in the Garden: Bilbao's Postmodern Wrappings of High Culture Consumer Architecture* (2003), donde explico cómo en el éxito de la reconversión de la ciudad de Bilbao y la reescritura simbólica de su legado industrial se conjugó simultáneamente un modelo identitario de rescate de la "diferencia amenazada" —"la minoría étnica vasca" diluida en los aspectos más homogenizadores de la globalización— con la edificación de una fachada ciudadana cosmopolita y moderna. El proyecto Ría 2000, dentro del que se inserta el Museo Guggenheim Bilbao como pieza estelar, nunca tuvo la intención de atemperar las injusticias de industrializaciones brutales, ni de experimentar con proyectos políticos, económicos o culturales que no fuesen los avalados por el nacionalismo etnicista. El nacionalismo del Partido Nacionalista Vasco se alía sin reparos con las nuevas oportunidades económicas e imita las mismas narrativas de la nación más intolerante española, embrujados los dos por las mismas quimeras de las que hablaba Marsé.

[3] Véase Thomas Harrington y su estudio histórico y comparativo de los nacionalismos español, catalán, gallego y vasco en su *Belief, Institutional Practices, and Intra-Iberian Relations* (2005).

modelos culturales lo suficientemente plurales y abiertos donde acoger la diversidad real de las gentes de Euskadi[4], tampoco se ha invertido la suficiente energía en hacer de la crítica de la violencia y de la incorporación de la experiencia de la víctima a dicha crítica la base de nuevas pedagogías para la paz y la cohesión social. El imaginario colectivo nacionalista reduce la lucha legítima por mayores cuotas de autogobierno en las distintas materias sociales a una tóxica fantasmagoría de victimización constante y de agresión psicológica colectiva, en lugar de reconocerla como materia de discusión política parlamentaria, opinable en un sentido o en otro. Sería de esperar que en un país con tantas supuestas víctimas *per cápita,* hubiese fraguado una sensibilidad especial hacia todo tipo de agresión, sobre todo la etarra. Hasta hace poco, en los modelos identitarios, o estructuras del sentir, en circulación por la sociedad vasca, un tipo de victimización excluía al otro. Es de suponer que la recién estrenada *Ley de Reconocimiento y Protección de las Víctimas del Terrorismo* (2008) y los planes educativos en torno a la violencia sean los primeros pasos formales hacia la reconciliación social[5]. Queda sitio en Euskadi para que la materia prima de lo literario ocupe una centralidad más acusada en el desarrollo de un tejido social más integrador. Y ésta es una labor fundamentalmente de las humanidades, de la literatura en concreto, porque como recuerda Claudio Magris, si "la historia cuenta los hechos, la sociología describe los procesos, la estadística proporciona los números [...], no es sino la literatura la que nos hace palpar todo ello allí donde toman cuerpo y sangre en la existencia de los hombres" *(Utopía 25).*

---

[4] Una importante excepción a esta afirmación sería el trabajo que se lleva a cabo en Arteleku, el centro cultural vasco más iconoclasta y vanguardista en Donostia-San Sebastián y parte de la labor cultural financiada por la Diputación Foral de Guipúzcoa. Éste es el buque insignia del País Vasco para la transformación de la esfera pública a través de las artes. Arteleku se define como un "centro vanguardista de pensamiento y de arte," una "fábrica cultural" donde se ofrece espacio a artistas locales dedicados a las artes gráficas, la serigrafía, trabajos multimedia, cine; donde se celebran exposiciones, debates, simposios y talleres sobre temas tan variados como el Copyleft, la red y la creación artística, el feminismo global, la política de la planificación urbana, la memoria histórica, etcétera. Arteleku también publica la revista *Zehar,* al igual que incluye una biblioteca especializada de arte. Entre las figuras más destacadas que han pasado por sus puertas se encuentran Giulia Colaizzi, Sami Naïr, Ignacio Ramonet, Francisco Jarauta, Jacques Rancière, Toni Negri, Bernardo Atxaga, John Berger, Giovanni Arrighi, Belén Gopegi y Víctor Erice.

[5] Para un análisis de la ley educativa vasca en el contexto de la asignatura de Educación para la Ciudadanía, véase mi ensayo *El peligro de la imaginación dormida* (2009).

Dos de los autores vascos que mejor han pensado en una sociedad más humilde y menos herida son Bernardo Atxaga (Asteasu, 1951) y Julia Otxoa (San Sebastián, 1953). Su labor es la de "reunir lo que está desperdigado" (John Berger citado en Adrienne Rich 107) de la mano de la magia de lo literario, esa alquimia del arte generadora de lo que el poeta norteamericano Billy Collins llama "nuevas sinapsis" (Collins 5) en cada uno de nosotros. Ambos desbrozan rutas cognitivas desconocidas, desentrañan caminos desde el extrañamiento, abren aperturas o reequilibrios a raíz del reordenamiento de la realidad al uso. Según la metáfora del jardín chino, su obra nos invita a detenernos en lo concreto, en lo muchas veces ignorado o silenciado y, claro está, en las mentiras y falsificaciones que esconden un país oculto, y más verdadero, hecho visible tras atravesar su *jardín-laberinto* escritural.

El imaginario de los laberintos en ambos escritores, dirigido a remendar una realidad tergiversada, se inspira en el concepto de nomadismo siguiendo la estela de la máxima de Deleuze y Guattari de "odiar todos los lenguajes del poder" (26). En su ya clásico *What is a Minor Literature?* (1975), la poética de lo contrahegemónico —o de lo paradójico, por usar la formulación de Atxaga[6]— se torna en receta de desplazamiento cultural a caballo de una imaginación inmigrante, pues lo literario nos convierte a cada uno de nosotros en "a nomad and an immigrant and a gypsy in relation to one's own language" (19). Por esta razón, el modelo identitario de Otxoa se suma al nomadismo como quien "se adentra en una geografía extranjera" *(Taxus* 11), desconocida pero seductora, ajena al mismo tiempo que propia.[7] Su producción artística merodea por el eco que libera el discurso crítico de su secuestro en sociedades como la vasca, dominada por modelos identitarios carentes de autocrítica; circula por ese trozo de realidad que, en palabras de Claudio Magris, "defiende la excepción y el desecho contra la norma y las reglas, recuerda que la totalidad del mundo se ha resquebrajado y que ninguna restauración puede fingir una imagen armoniosa y unitaria de la realidad, que sería además falsa" *(Utopía* 28). Para Otxoa esto exige adentrarse

---

[6] Véase mi *Modulations of the Basque Voice: An Interview with Bernardo Atxaga* (2000).

[7] Txetxu Aguado, en *Nómadas en tiempos de extranjería: la aproximación poética de Julia Otxoa* (2006), señala en la misma línea cómo "el espacio extranjero, nómada, libera al viajero de sus alforjas de geografías de una sola memoria y de un solo tiempo, a condición de vagar, de dejarse empapar del sentido relacional, histórico e identitario de los otros territorios poéticos" (30).

en lo no normalizado como "el hueco", en el vacío como "espacio activo, positivo, que interrumpe lo lineal" (www.adelantadodeindiana.co.nr), o en la ruina como "plegaria de la desolación, la cartografía de la contradicción, el caótico instante de nuestros días" *(Gunten Café* 66). En consecuencia, su escritura trabaja "desde una estética de la colisión contra la opacidad del lenguaje lineal" *(Gunten Café* 66) y diseña un mapa de laberinto del jardín en modo subjuntivo, consciente del artilugio quimérico[8]. El "hueco," ese *espacio-entre,* pulula por metáforas insólitas en sus poemarios, se traduce en conocimiento desde la extrañeza y así destila de la realidad las ruinas y lo invisible. Lo breve en su escritura no sería más que un lugar para la parada y la reflexión una vez se ha entrado en contacto con lo insólito[9].

Este proyecto estético resulta fértil como método para adentrarse en las complejidades que subyacen a toda formación lingüística, identitaria o cultural. En la situación vasca, a la ya difícil contemporaneidad cultural de lo homogéneo y lo global, se suma el trasfondo sociológico de una sociedad excesivamente tolerante con la erosión de sus libertades políticas. En esta particular extranjería encontramos el abrigo natural de la identidad como si de un modo de hacer se tratara —un adverbio, una modificación de un verbo de actuación—, en lugar de ser una política intransigente de la otredad dirigida a diferenciar entre los *nuestros* y los *otros*. En palabras de Iain Chambers, se trataría de aprender a trabajar "en subjuntivo," es decir, como *si tuviéramos* una identidad fuerte y fija, plenamente conscientes de que sólo se trata de una quimera. En Euskadi, donde la cuestión del *tamaño* siempre entra en el debate identitario aunque sea por la puerta de atrás, la extranjería *vasca* tornará esta cultura en menos *local* —específica, única— en un sentido tradicional y algo más *universal.* Sin perder su especificidad, la combinación local-global de este modelo contribuirá al plan general de hacer del mundo un lugar más habitable, más plural —no en su sentido consumista— y más pequeño. Éste es el pulso de todo arte que quiere explorar y entender las relaciones de la realidad y acotarla, unirla y coserla mejor.

[8] Otxoa busca concretar esta poética tanto en su poesía visual, en sus microficciones, en su literatura infantil y en sus poemarios, como en sus trabajos conjuntos con el escultor Ricardo Ugarte *(Anotaciones,* 2008), artista impulsor de conceptos estéticos como el "hueco habitable" que, en palabras de Otxoa, sirve de "motor y búsqueda de la utopía [...], de orientación en la cartografía del laberinto" *(Adelantado).*

[9] Así también lo entiende Aguado: "Lo breve se retoma como herramienta ineludible para la escritura de vocación no totalizadora, como el mínimo imprescindible para no perder el contacto con el lector y su realidad" (manuscrito inédito).

Bernardo Atxaga ya lo apuntó en la premiada *Obabakoak* (1989) cuando formula la universalidad de la cultura vasca:

> Todo el pasado literario, ya el de Arabia, ya el de China, ya el de Europa, está a nuestra disposición; en las tiendas, en las bibliotecas, en todas partes. Cualquier escritor puede así crearse su propia tradición. Puede leer *Las mil y una noches* un día, y al siguiente puede leer *Moby Dick* o *La metamorfosis* de Kafka… y esas obras, el espíritu que ellas transmiten, pasarán inmediatamente a su vida y a su trabajo de escritor. No hay, hoy en día, nada que sea estrictamente particular. El mundo está en todas partes, y Euskal Herria, ya no es solamente Euskal Herria, sino —como habría dicho Celso Emilio Ferreiro— *el lugar donde el mundo toma el nombre de Euskal Herria*. (376-377)

Para Mario Santana, este proceso de *importación* cultural es el remedio si de contrarrestar la tendencia al aislamiento de lo autóctono se trata en el proyecto nacional identitario:

> The literary repertoire of a community […] is also composed of works and authors that acquire citizenship thanks to a process of nationalization or naturalization. If national literature is understood as a system of communication that is effective within a particular social geography […] and not simply as a list of works, it must account for the appropriation of supposedly foreign works and values that is constantly effected in the receptive practice of its citizens. This necessary shift from the talk of cataloguing the *literature of* a nation to that of analyzing the existent repertoire of *literature in* a community requires the abdication of any exclusive rights to the ownership of works and authors. (119)

Estos "derechos de autor" ya están caducados. Para Atxaga la nostalgia no tiene cabida en la identidad del siglo XXI, el momento —es de esperar— del final de la violencia política y de la reconciliación derivada de la puesta en práctica de lo aprendido desde la literatura o las artes en general. En *El hijo del acordeonista (Soinujolearen semea,* 2003), Atxaga lucha cuerpo a cuerpo con el peso del pasado, la herencia y transmisión del conflicto político vasco y la apropiación de la utopía vasquista por las tecnologías del poder de la violencia.[10] Pese a ser un libro *in memoriam,* un texto que pudiera incitar al bucle melancólico de la utopía fracasada, el escritor lo inicia con un poema

---

[10] Así apunta Atxaga la contradicción del país oculto (Euskadi) de la posguerra: "Por una parte, la palabra Euzkadi sólo rimaba bien con las ideas de los vascos que habían luchado como gudaris en la guerra o habían estado a favor de su causa, es decir, con la ideología

que obliga a mirar hacia el futuro, un poema-gesto de esperanza en el porvenir. Si bien es verdad que recoge la muerte de las palabras, su defunción cultural es, sin embargo, una proclama de libertad para las generaciones venideras —para sus propias hijas—, ajenas ahora al peso excesivo de la herida identitaria de la generación anterior y que, por lo tanto, levitarán por donde mejor les convenga.

Julia Otxoa nos rescata de la atracción de la catástrofe, del narcisismo estéril de quien se encuentra a gusto con su dolor identitario. Su escritura no se deja imbuir de pesimismo. Al fin y al cabo, "[e]n medio de todo esto,/ los niños siguen arrojando / sus caídos dientes a la luna, / suplicando nuevos alfabetos de hueso / para nombrar la vida" *(La nieve* 15). Por su lado, Atxaga escuchará atentamente a las niñas y a sus "nuevos alfabetos de hueso" cuando juegan frente a la puerta de la casa: "El caballo se fue a Garatare./ ¿Qué es Garatare? les pregunto. / Una palabra nueva, responden. / Ya ves, las palabras no siempre surgen / en solitarias áreas industriales; [...] / Surgen a veces entre risas, / y parecen vilanos en el aire" *(El hijo del acordeonista* 8). Las nuevas palabras desplazan a las viejas de la melancolía irredimible y de la violencia irredenta, remiendan nuestro mundo, apaciguan nuestros temores, nos enseñan a entrar y salir del laberinto sin miedo y siempre con curiosidad por lo situado más allá o más acá de la herida patriótica.

REFERENCIAS

AGUADO, Txetxu (diciembre de 2006): "Nómadas en tiempos de extranjería: la aproximación poética de Julia Otxoa". En: *Quimera: Revista de Literatura* 277, pp. 28-32.
ATXAGA, Bernardo (1997): "De Euzkadi a Euskadi." En: *Horas extras.* Madrid: Alianza, pp. 51-64.
—. (1989): *Obabakoak.* Barcelona: Ediciones B.
—. (2003): *El hijo del acordeonista.* Trad. de Asun Garikano y Bernardo Atxaga. Madrid: Alfaguara.

del Partido Nacionalista Vasco, y nada tenía que ver, en cambio, con los vascos de ideología falangista o requeté, también numerosos, o con los que durante la guerra combatieron en las filas socialistas o izquierdistas; por otra parte, la guerra la habían perdido todos los ciudadanos que lucharon por la República, y no sólo los vascos que defendieron Bilbao o fueron bombardeados en Gernika. En resumidas cuentas, Euzkadi no era un territorio ni una gente —como sí lo era el País Vasco, Euskal Herria—, sino el nombre que una determinada opción política, la más vasquista, daba a su utopía" *(De Euzkadi a Euskadi* 56).

Chambers, Iain (1994): *Migrancy, Culture, Identity*. London/New York: Routledge.
Collins, Billy (23 de november de 2001): "The Companionship of a Poem". En: *The Chronicle of Higher Education* 5.
Deleuze, Gilles/Guattari, Félix (1985): *Kafka: Toward a Minor Literature*. Trad. ing. de Dana Polan. Minneapolis: University of Minnesota Press.
Harrington, Thomas S. (2005): "Belief, Institutional Practices, and Intra-Iberian Relations". En: Epps, Brad/Fernández Cifuentes, Luis: *Spain Beyond Spain: Modernity, Literary History, and National Identity*. Lewisburg: Bucknell University Press, pp. 205-230.
Magris, Claudio (2001): *Utopía y desencanto: Historias, esperanzas e ilusiones de la modernidad*. Barcelona: Anagrama.
Marsé, Juan (23 de abril de 2009): "Ceremonia de Entrega del Premio Cervantes 2008: Discurso de Juan Marsé". www.mas.lne.es/documentos/archivos/23-4-09-Discurso.pdf.
Martín, Annabel (2000): "Modulations of the Basque Voice: An Interview with Bernardo Atxaga". En: *Journal of Spanish Cultural Studies* 1, 2, pp. 193-204.
— . (2003): "A Corpse in the Garden: Bilbao's Postmodern Wrappings of High Culture Consumer Architecture". En: *Arizona Journal of Hispanic Cultural Studies* 7, pp. 213-230.
— . (2009): "El peligro de la imaginación dormida". En: Rodríguez, María Pilar (ed.): *Cultural and Media Studies*. Bilbao/San Sebastián: Publicaciones de la Universididad de Deusto.
Otxoa, Julia (2000): *La nieve en los manzanos*. Málaga: Miguel Gómez Ediciones.
— . (2001): *Al calor de un lápiz*. Zarautz, Guipúzcoa: Olerti Etxea.
— . (2004): *Guten Café*. Málaga: Publicaciones de la Diputación de Málaga.
— . (2005): *Taxus Baccata*. Madrid: Hiperión.
— . "La inspiración perdida de Julio Cavalcantti". Texto de Julia Otxoa y fotografías de esculturas de Ricardo Ugarte. *El adelantado de Indiana - Café Voltaire* 7 (diciembre de 2007). www.adelantadodeindiana.co.nr.
Otxoa, Julia/Ugarte, Ricardo (2008): *Anotaciones al margen*. Texto de Otxoa e ilustraciones de Ugarte. Mérida: Escuela de Arte de Mérida.
Plan Vasco de Educación para la Paz y los Derechos Humanos (2008): www.hezkuntza.ejgv.euskadi.net/r58-801/eu/contenidos/informacion/dig2/es_5614/adjuntos/bakea/ca_index.htm.
Rich, Adrienne (2001): *Arts of the Possible: Essays and Conversations*. New York: Norton and Company.
Santana, Mario (2005): "Mapping National Literatures: Some Observations on Contemporary Hispanism". En Epps, Brad/Fernández Cifuentes, Luis: *Spain Beyond Spain: Modernity, Literary History, and National Identity*. Lewisburg: Bucknell University Press, pp. 109-124.
Sellars, Peter (1997): *Getting Real: The Arts in Post-NEA America*. Berkeley: University of California, Berkeley Occasional Papers.

ENTRE PATRIAS:
BOLAÑO, ESCRITURA GLOBAL Y COMERCIO DE LA RUINA

Alberto Medina
Columbia University

Desde la indigencia y el desplazamiento geográfico, un escritor latinoamericano en España contempla con incertidumbre su futuro. Habitando una casa prestada en ruinas y en eterno estado de *jet lag* cada mañana al despertar —"una sensación de estar y no estar, de distancia respecto a lo que me rodeaba, de indefinida fragilidad" (Bolaño: *Llamadas teltefónicas* 13)—, comienza una relación epistolar con otro veterano desplazado que sobrevive gracias a las retribuciones de pequeños premios literarios. Ambos escritores, en una suerte de complicidad de exiliados, comienzan a pasarse información sobre multitud de galardones, convirtiéndose en auténticos *cazarecompensas*, aspirando a sobrevivir en una geografía extraña como forzados profesionales de la escritura. En su relato *Sensini*, lleno de referencias autobiográficas como tantos de los suyos[1], Roberto Bolaño nos ofrece una puerta privilegiada para entrar no sólo en su obra, sino también en la compleja

---

[1] La dimensión autobiográfica de la obra de Bolaño es parte imprescindible tanto de su temática como de su posicionamiento comercial. La creciente interrelación entre obra y vida en torno a su figura alcanzó incluso la extraordinaria visibilidad de *The New York Times*. En la estela del escándalo James Frey, en el que un autor de éxito fue vilipendiado por la *ficcionalidad* de un texto presentado y vendido como autobiográfico, el articulista se hacía eco de las crecientes dudas en torno a dos de los componentes biográficos esenciales del mito Bolaño: su adicción a la heroína y su estancia en cárceles chilenas en los meses posteriores a la caída de Allende (Larry Rohter C1,C4).

relación, tanto literaria como editorial y mercantil, que establece con España, donde vivió desde el principio de los ochenta hasta su muerte en 2003.

Pero yendo un poco más allá, el caso Bolaño nos permite plantear, desde su ejemplaridad, las problemáticas culturales, identitarias y mercantiles asociadas a la tan incesante como procelosa circulación editorial entre Latinoamérica y España. La transformación de la pobreza del escritor recién llegado en el que es sin duda el máximo fenómeno literario de los últimos años nos permite abordar un cuestionamiento de límites, los de la *literatura peninsular* y, simultáneamente, los del mismo volumen que el lector tiene en sus manos.

La fuerza cultural e industrial del mundo literario español se nutre en buena parte de sus puntos de fuga, de la tan necesaria como asimétrica permeabilidad de fronteras culturales y económicas, precisamente de esos que *están y no están*, en un estado de fragilidad y fluidez que, si es su debilidad, también resulta potencialmente su fuerza o su privilegio tanto en términos literarios como mercantiles.

Pero, si bien será preciso iniciar nuestro trabajo repasando las líneas generales de esa circulación asimétrica de bienes culturales, el centro de nuestra reflexión es su conversión en tema literario en manos de Bolaño y su problematización a partir de la ficción. En dos de los relatos contenidos en *Llamadas telefónicas*, el mencionado "Sensini" y "Una aventura literaria", el despliegue del escritor en parejas simétricas y especulares resulta una meticulosa puesta en escena de un sujeto inmerso en la nebulosa de un tránsito. El autor se ve a sí mismo en un estado de suspensión entre el margen y el centro, el fracaso y el éxito, el olvido y la supervivencia; a caballo entre el nostálgico malditismo heredado de una generación perdida y la paradójica amenaza de la definitiva inserción en el sistema a que el éxito le aboca. Pero antes de entrar en el detenido análisis de los textos de Bolaño se hace necesario describir a grandes trazos el contexto cultural y comercial en el que se instalan.

Desde su entrada en la Comunidad Europea en 1986, España pasa de practicar una actitud defensiva hacia su economía a perseguir agresivamente la expansión y la ampliación de mercados. Desde el primer momento, Latinoamérica es el espacio privilegiado de inversión, convirtiéndose entre 1993 y 2000 en el destinatario del 61% de las inversiones exteriores (William Chislett 1-3)[2]. La extraordinaria influencia política y económica que supone ese montón de inversiones es sistemáticamente acompañada de una retórica

---

[2] Para un estudio pormenorizado del flujo de capital español en Latinoamérica, consultar William Chislett y Mauro Guillén.

de hermandad cultural e idiomática que permite a España un posicionamiento alternativo a la *deshumanizada* penetración económica norteamericana. Esa complicidad entre penetración económica y hermandad cultural se actualiza de modo particularmente relevante en el mundo editorial. Siguiendo la estela del resto de las empresas, las grandes editoras españolas encuentran en Latinoamérica ese gran mercado natural que la comunidad del idioma facilita. De un panorama editorial entre 1940-1970 en el que la dominación cuantitativa de México y Argentina era simultánea a la proliferación de pequeñas editoriales locales de muy limitada producción, se pasa progresivamente a un escenario que, ya en 1990, es dominado por la producción española con el 50% del mercado (Guido Peña). A finales de los noventa "Argentina y México producen menos de 10 mil títulos al año, mientras España rebasa los 50 mil. Unas 400 editoriales mexicanas han suspendido actividades y de las sobrevivientes, no son ni 10 las que publican más de 50 títulos al año" (García Canclini en Peña). Actualmente, la asimetría entre la circulación de productos culturales entre España y Latinoamérica se cifra en 299,3 millones de euros[3]. Como en otros sectores económicos, la lógica asimétrica de la globalización resulta simultánea a la tendencia hacia la concentración empresarial. En el mundo editorial en lengua española eso se traduce en la reducción de la diversidad, pero también en el desplazamiento de las decisiones sobre la publicación. En definitiva, cada vez son menos las personas que deciden qué se lee en el mundo hispanohablante, y cada vez más esas personas toman sus decisiones en la Península: "Cuatro grandes consorcios de procedencia española controlan las dos terceras partes del mercado del libro en la región" (Peña). La estructura de producción se ha convertido en un esquema radial a través del cual las filiales españolas establecen antes una comunicación entre su país y la metrópoli que entre su país y el vecino. Como enunciaban Alberto Fuguet y Sergio Gómez en la introducción a su antología de nueva narrativa latinoamericana (y española), *McOndo* (1996): "Si uno es escritor latinoamericano y desea estar tanto en las librerías de Quito, La Paz y San Juan hay que publicar —y ojalá vivir— en Madrid" (15). La constante circulación de bienes culturales con España es simultánea a la dificultad de traspasar las fronteras de los países latinoamericanos vecinos. Al otro lado de la frontera sólo se llega pasando por la metrópoli[4].

[3] Los datos más completos y actualizados sobre el panorama editorial en Latinoamérica se encuentran en *El espacio iberoamericano del libro 2008*.
[4] Rafael Gumucio describe así el imaginario recurrente del escritor latinoamericano en España: "Vine a España a triunfar. Iba a publicar mi primera novela en la madrileña Editorial

De manera paralela a todo este proceso, el objetivo de las editoriales españolas en relación con Latinoamérica ha cambiado notablemente en las últimas décadas. No se trata ya tan sólo de vender títulos latinoamericanos en España, siguiendo eternamente la estela de la más exitosa operación editorial en este sentido del siglo XX, el *boom;* sino también, y quizá prioritariamente, de ampliar el mercado de ultramar buscando nuevos productos seductores para el lector latinoamericano, al tiempo que se ofrece al público español una versión renovada de la literatura latinoamericana que vaya más allá de los eternos epígonos del realismo mágico —Laura Esquivel, Isabel Allende, etcétera—, cuyos límites editoriales resultan cada vez más cercanos. En definitiva, el escritor latinoamericano que desee tener un alcance más allá de sus fronteras necesita someterse al rito de paso de la aceptación por parte de los editores españoles.

El objetivo de estas páginas no es tanto el análisis crítico de esta situación de asimetría económica y cultural como sus efectos en la producción literaria latinoamericana, para la cual la renovación formal y temática, la búsqueda de una identidad distanciada de la larga sombra del *boom*, resulta a menudo indistinguible de la necesidad de un posicionamiento comercial. En definitiva, la búsqueda de un público más allá del limitado espacio local ha de pasar necesariamente por la lógica radial de la circulación de bienes culturales centrada en España y, por tanto, debe negociar con las directivas de la oferta editorial concebida por la metrópoli para un público panhispánico.

Tanto la particular situación comercial/cultural del mundo hispanohablante como la ubicuidad del nuevo paradigma de la globalización provocan una difuminación de fronteras y marcas identitarias nacionales que no resulta tan sólo un condicionamiento de escritura, sino también un repertorio privilegiado de contenidos. Pero es precisamente la inestable suspensión *entre patrias* de muchos escritores, la tensa simultaneidad del residuo de lo local y la exigencia de lo global, lo que caracteriza tanto su éxito como la frecuente mala conciencia frente al precio que conlleva.

Roberto Bolaño, autor, mito y producto editorial, resulta una referencia privilegiada dentro de este panorama. Por un lado, tanto sus críticos como las contraportadas de sus libros, particularmente *Los detectives salvajes* y

Debate. Mi voz se iba a hacer oír, clara, fuerte y seductora en la capital de la lengua, desde donde irradiaría a todo el imperio, y yo me iba a convertir en una nueva vaca sagrada, que, hastiada, firmaría libros en la feria del libro" (Gumucio 19).

2666, le sitúan repetidamente en la estela de las grandes novelas del *boom*. Por otro lado, es un nuevo tipo de escritor. Sus *grandes* proyectos están sin embargo teñidos de una irónica renuncia a lo grandioso y el experimentalismo formal ha sido sustituido por la seducción de lo anecdótico, tomado a menudo de la novela de detectives[5]. Simultáneamente, su origen chileno, su marca de origen o etiqueta nacional, ha sido convertida a través de una vida nómada —Chile, México, El Salvador, Francia, España— y la correspondiente asimilación de repertorios léxicos y literarios, en una voz panhispánica en la que todo lector en español puede verse reflejado, al menos parcialmente. El vocabulario de Bolaño resulta a la vez extraño y familiar, sometido a una incesante circulación análoga a los movimientos físicos y culturales de la clase media alta de lectores a los que va dirigida. Yendo un poco más allá, su éxito en el mercado norteamericano habla de un alcance y un posicionamiento auténticamente globales para su escritura; en otras palabras, una imagen de lo hispánico capacitada para suceder al exotismo de lo real maravilloso o el postmodernismo *avant la lettre* de ascendencia borgiana.

Su éxito y enorme visibilidad no hacen exagerado hablar de una cierta *ejemplaridad* de su escritura y, en efecto, una y otra vez se escucha su nombre entre las nuevas generaciones de escritores como referencia inevitable, faro de guía privilegiado. Pero entender el éxito de Bolaño no pasa solamente por señalar su novedad sino, como veremos, también por ahondar en la irresistible seducción de un discurso de la ruina. Y esa ruina no es tan sólo la de una determinada tradición literaria, el experimentalismo de los sesenta y setenta, sino simultáneamente la de un determinado esquema identitario y nacional que alguna vez tuvo claras sus fronteras.

Pero volvamos a *Sensini* y a ese escritor latinoamericano recién llegado a España, habitando una casa prestada en ruinas y fascinado con esa otra ruina, la del viejo autor exiliado, relegado al olvido de los stocks invendibles de vendedores ambulantes (*Llamadas* 16-17) y a la precaria supervivencia que le permiten los invisibles triunfos en concursos literarios de provincias[6].

---

[5] En palabras de Javier Cercas: "Los dos rasgos más visibles de la obra de Bolaño son los dos rasgos más visibles, si no de la corriente dominante de la narrativa en castellano [...], sí de una cierta corriente en la narrativa seria escrita en castellano en los últimos años: la legibilidad y la narratividad. [...] Si Bolaño sacrifica las suntuosidades del lenguaje y las complejidades de la sintaxis y hasta del pensamiento, lo hace en aras de la eficacia torrencial, delirante y exactísima de las fabulaciones". (26)

[6] Ese escritor ha sido identificado por Guillermo García-Corales con Antonio Di Benedetto (37). El mismo autor habla de Sensini y su propensión a los premios de provincias

Desde el principio, Sensini es representante de una generación, residuo de una lucha, política y literaria, perdida:

> Sensini... pertenecía a esa generación intermedia de escritores nacidos en los años veinte, después de Cortázar, Bioy, Sábato, Mujica Láinez, y cuyo exponente más conocido (al menos por entonces, al menos para mí) era Haroldo Conti, desaparecido en uno de los campos especiales de la dictadura de Videla y sus secuaces. De esta generación (aunque tal vez la palabra generación sea excesiva) quedaba poco, pero no por falta de brillantez o talento... de alguna manera anunciaron lo que vendría a continuación, y lo anunciaron a su manera triste y escéptica que al final se los fue tragando a todos. (15)

La ruina generacional que Sensini representa no resulta para el protagonista tan sólo objeto de nostálgico respeto, sino también foco de atracción e identificación al mismo tiempo que amenaza de repetición de ese destino maldito. Sensini se concibe a sí mismo como sujeto anacrónico, anciano anclado en una eterna juventud ignorante del transcurso de la historia y las transformaciones de su entorno:

> Voy a cumplir sesenta años, pero me siento como si tuviera veinticinco, afirmaba al final de la carta o tal vez en una posdata. Al principio me pareció una declaración muy triste, pero cuando la leí por segunda o tercera vez, comprendí que era como si me dijera: ¿Cuántos años tenés vos pibe? Mi respuesta, lo recuerdo, fue inmediata. Le dije que tenía veintiocho, tres más que él. (20)

El heredero ahuyenta el fantasma especular de la repetición declarándose más adulto que el padre, exorcizando la amenaza de anacronismo. La vida de Sensini, su exilio, su disolución en el olvido de escritor de provincias, son descritos en el relato como un proceso de duelo en torno al fantasma del hijo desaparecido por la dictadura. La esperanza situada al final del exilio no es tan sólo el retorno geográfico, sino la promesa de cerrar el proceso de duelo frente a la presencia del cuerpo del hijo muerto: "Si quería saber a ciencia cierta el destino final de Gregorio no había más remedio que volver" (24). Finalmente, el retorno se actualiza en fracaso a un tiempo literario y vital. Si se le niega a Sensini el reencuentro con el cadáver de su hijo, tam-

> como "un inicial rebajamiento carnavalesco del quehacer literario. Además, se abre una fecha para des-construir la supuesta autoridad heroica de los escritores en general" (42). Sin embargo, cabe leer la indigencia de Sensini y su rebajamiento como elementos mitificadores de un escritor maldito cuya aura procede, precisamente, de su rebajamiento y marginación.

bién se le niega el afecto del origen. El regreso sólo sirve para desvelar la indiferencia de las geografías: "Le pregunté [a su hija] cómo le había ido en Argentina. Igual que aquí, igual que en Madrid, igual que en todas partes. Pero en Argentina lo querían, dije yo. Igual que aquí, dijo Miranda" (26).

El desengaño frente al origen, frente al modelo de identidad que lo privilegia, es en Bolaño paralelo a otro tipo de desengaño, no enfocado ahora en una dimensión identitaria sino en un modo de escritura. Toda su obra mantiene un difícil equilibrio entre el obstinado recuerdo de la vanguardia y su negación. El recuerdo no deja de teñirse de resentimiento: "En gran medida todo lo que he escrito es una carta de amor o de despedida a mi propia generación... luchamos y pusimos toda nuestra generosidad en un ideal que hacía más de cincuenta años que estaba muerto" *(Entre paréntesis* 37). Si la escritura de vanguardia fue víctima, algunos de sus acólitos terminan constituyéndose en cómplices. Los principios vanguardistas del propio Bolaño dejan paso a una numerosa lista de agravios que pasa por *La literatura nazi en América, Estrella distante, Nocturno de Chile, Los detectives salvajes...* La institución literaria, y en concreto aquélla que se nutre de una *alta literatura* caracterizada por el riesgo, la dificultad y la continuación del proyecto vanguardista, es sometida a un proceso de condena ética, simultáneo al desengaño frente al vacío que yace al final de la búsqueda nostálgica. La absurda muerte, la inmaterialidad con que culmina la épica búsqueda del origen vanguardista en la persona de Cesárea Tinajero de *Los detectives salvajes* es quizá la más clara recreación de ese desengaño. La nostalgia —literaria en este caso— es la promesa de nada[7]. Del mismo modo que Sensini, tras su regreso, tan sólo encuentra la indiferencia de geografías, el homenaje a la vanguardia que su generación representaba termina convirtiéndose en manos de Bolaño en una furiosa condena de su despolitización o, peor aún, de su complicidad con el poder. Los fracasos de un modelo de identidad nacional y de una literatura cuya ambición formal ha terminado traicionando su utopía política son simultáneos. En consecuencia, la posición apátrida de Bolaño, cómodo tan sólo en el exilio, fuera de cualquier imán identi-

---

[7] "Belano/Bolaño le dice adiós con ese episodio a la figura nutricia de Cesárea Tinajero, es decir, a una cierta experiencia de la modernidad y que a lo peor, para él, es la modernidad propiamente dicha, suponiendo que ella, por lo menos en nuestra parte del mundo, sería la que inaugurarían las vanguardias estéticas y políticas en la segunda y tercera décadas del siglo XX. En su novela, ése es el proyecto al que se le pone una lápida. Belano/Lima va/n entonces a Sonora no a encontrarse con Cesárea Tinajero... sino a sacársela de encima de una sola buena vez: va/n a darle su tiro de gracia, a ella y a todo lo que ella significa" (Grinor Rojo 74).

tario —"Para el escritor de verdad su única patria es su biblioteca" *(Entre paréntesis* 43)—, resulta análoga a una cultivada distancia frente a un determinado modo de escritura y su percibido dogmatismo: la ruina de la vanguardia se tiñe de anécdota, se puebla de detectives, se ocupa de seducir a su lector mientras la ironía previene cualquier peligrosa cercanía con la trascendencia o los grandes discursos de emancipación.

Pero la nueva estrategia no carece de peligros y paradojas. Éstos resultan meticulosamente anunciados en un segundo relato de *Llamadas telefónicas*, "Una aventura literaria". La historia se centra de nuevo en una pareja especular de personajes:

> En uno de sus relatos [B] aborda la figura de A, un autor de su misma edad pero que a diferencia de él es famoso, tiene dinero, es leído… B no es famoso ni tiene dinero y sus poemas se imprimen en revistas minoritarias. Sin embargo entre A y B no todo son diferencias. Ambos proceden de familias de la pequeña burguesía o de un proletariado más o menos acomodado. Ambos son de izquierdas, comparten una parecida curiosidad intelectual, las mismas carencias educativas. La meteórica carrera de A, sin embargo, ha dado a sus escritos un aire de gazmoñería que a B, lector ávido, le parece insoportable… Pontifica sobre todo lo existente, humano y divino con pesadez académica, con el talante de quien se ha servido de la literatura para alcanzar una posición social, una respetabilidad, y desde su torre de nuevo rico dispara sobre todo aquello que pueda empañar el espejo en el que ahora se contempla, en el que ahora contempla el mundo. Para B, en resumen, A se ha convertido en un meapilas. (52)

Tras una crítica poco velada a A en su nueva novela, B se enfrenta al desconcierto que le provoca la elogiosa crítica de A, quien a partir de entonces se convierte en un apoyo incondicional de su producción, de creciente éxito. El resto del relato transcurre entre la sospecha sobre las auténticas motivaciones de A y el deseo o el terror de confrontarlo.

En su comprometida transición del malditismo a la fama, B no se resigna al abandono de los márgenes y su aura. Al final, la confrontación que se espera violenta con ese otro, traidor y vendido, amenaza en convertirse tan sólo en una educada conversación entre iguales (62). La resistencia termina siendo domesticada e integrada por el éxito. Pero, como en el relato, la preocupación de Bolaño se centra en no traspasar ese umbral. Del mismo modo que el lector de "Una aventura literaria" se queda sin conocer el contenido de esa conversación entre A y B —¿enfrentamiento o conciliación, reproche o agradecimiento?—, el lector de Bolaño queda suspendido entre los modos de la vanguardia y su negación. La ruina es preservada tras una vitrina que la hace doméstica, que conserva su fetiche al tiempo que lo torna reliquia. Si a nivel identitario, Bolaño ejerce un ético nomadismo que le aleje de filiaciones nacionales indeseadas y antinaturales para ese escritor ciudadano tan sólo de su biblioteca[8], a nivel literario, desarrolla un repertorio simbólico que le permite simultáneamente la filiación y la distancia frente a la gran tradición de la literatura de vanguardia latinoamericana.

Su obra reside en ese difícil punto de intersección de una novela a un tiempo inconfundiblemente hispánica y sin embargo alejada de filiaciones nacionales claras; a un tiempo repleta de diálogo con la rica tradición de la literatura de vanguardia y, sin embargo, recelosa de su elitismo. Tenemos, en suma, el producto soñado de una industria editorial que se enfrenta al reto de renovar una oferta anquilosada frente a una demanda, tanto dentro de Latinoamérica como fuera de ella, necesitada de un más allá del realismo mágico. Frente a maniobras como *McOndo,* percibidas como el irrespetuoso abrazo de una globalización despolitizada y aniquiladora de diferencias[9], Bolaño ofrece la oportunidad de una mala conciencia sustentada en la fascinación de la ruina como objeto de duelo, pero también en la voluntad de no repetirla. Sus textos actuarían como antídoto frente a la amenaza melancólica, preventivos instrumentos de duelo. Frente al peligro de la repetición y la identificación con el objeto perdido, se trata ahora de crear un proceso de duelo controlado que permita el distanciamiento y aleje el peligro de ese anacronismo en el que Sensini y su generación se vieron sumidos.

Pero las incertidumbres éticas de Bolaño materializan los deseos de una industria editorial panhispánica dirigida precisamente desde el país que dio

---

[8] "[Bolaño] representaba la épica dinámica y renovada del chileno que no pertenecía a ningún bando y que a la vez se reconocía como sudamericano, español y globalizado" (Meruane 5).

[9] En el prólogo a la antología, Fuguet y Gómez se conectaban con un individualismo y apoliticismo que, inevitablemente, si resultaba seductor para las nuevas generaciones, enajenaba a aquéllos que todavía se identificaban con una tradición comprometida: "Los cuentos de McOndo se centran en realidades individuales y privadas. Suponemos que ésta es una de las herencias de la fiebre privatizadora mundial… Si hace unos años la disyuntiva del escritor joven estaba entre tomar el lápiz o la carabina, ahora parece que lo más angustiante es elegir entre Windows 95 y Macintosh" (16). El gesto globalizador iba en dicho volumen ligado a la despolitización: "un nuevo grupo de escritores hispanoamericanos que no se sienten representantes de alguna ideología y ni siquiera de sus propios países" (17). En ese sentido, Bolaño no niega la pasada politización, sino que la integra dentro del paradigma globalizador como objeto melancólico, como ruina.

definitiva acogida a su nomadismo. Revestido con toda el aura del mítico escritor latinoamericano, rebelde, maldito y con un pasado de lucha política, resulta también ser un contador de historias que combina a la perfección la desazón formal del riesgo vanguardista con la seducción anecdótica de la novela comercial. En definitiva, el aura de la ruina unida a la domesticidad de la anécdota bien contada marcan la dirección de esa nueva novela panhispánica que florece en un contexto de globalización y asimetría.

Referencias

Bolaño, Roberto (1996): *La literatura nazi en América*. Barcelona: Seix Barral.
— . (1996): *Estrella distante*. Barcelona: Anagrama.
— . (1997): *Llamadas telefónicas*. Barcelona: Anagrama.
— . (1998): *Los detectives salvajes*. Barcelona: Anagrama.
— . (2000): *Nocturno de Chile*. Barcelona: Anagrama.
— . (2004): *Entre paréntesis*. Barcelona: Anagrama.
Cercas, Javier (14 de abril de 2007): 'Print the Legend'. En: "Babelia", suplemento cultural del diario *El País*, p. 26.
Chislett, William (2007): *Spain's Multinationals: An Increasing Force in the Economy*. www.realinstitutoelcano.org/documentos/WP2007/WP32-2007_Chislett_Spain_Multinationals.pdf.
— . (2003): *La inversión española directa en América Latina: Retos y oportunidades*. Madrid: Real Instituto El Cano.
Espinosa, Patricia (ed.) (2003): *Territorios en fuga: Estudios críticos sobre la obra de Roberto Bolaño*. Santiago de Chile: Frasis.
García-Corales, Guillermo (2003): "La imagen de la precariedad en 'Sensini' de Roberto Bolaño". En: Espinosa, Patricia (ed.): *Territorios en fuga*: Santiago de Chile: Frasis, pp. 35-45.
Guillén, Mauro (2005): *The Rise of Spanish Multinationals*. Cambridge: Cambridge University Press.
Gumucio, Rafael (2005): *Páginas coloniales*. Barcelona: Mondadori.
Meruane, Lina: *El efecto Bolaño*. Inédito.
Peña, Guido/Baca, Héctor (9 de junio de 2002): "En México, dos de cada tres libros proceden de sellos extranjeros". En: *La Jornada*.
Rohter, Larry (28 de enero de 2009): "A Chilean Writer's Fictions Might Include his own Colorful Past". En: *The New York Times* C1, C4.
Rojo, Grinor (2003): "Sobre *Los detectives salvajes*". En: Espinosa, Patricia (ed.): *Territorios en fuga*. Santiago de Chile: Frasis, pp. 65-75.
vvaa (2008): *El espacio iberoamericano del libro 2008*. São Paulo: Fundación Grupo Iberoamericano de Editores.

NARRATIVA GALLEGA CONTEMPORÁNEA Y MEMORIA CULTURAL[1]

Cristina Moreiras-Menor
University of Michigan

Durante las casi cuatro décadas de dictadura franquista, el movimiento nacionalista gallego que surgió con vitalidad durante los últimos años del siglo XIX y se consolidó durante la década de 1920, fue arrastrado a la clandestinidad y, en consecuencia, sus estructuras se volvieron excesivamente codificadas. Con la muerte de Franco y el advenimiento de la democracia, España devino una nación de autonomías en la cual Galicia, junto con Cataluña y el País Vasco, adquirió el estatus de nacionalidad histórica. Esto abrió la posibilidad de redefinir Galicia y su identidad nacional desde un contexto nuevo y plural, caracterizado por la capacidad de realizar múltiples y dinámicas apropiaciones de códigos de identidad y diferencia que, aunque ya existentes, se propondrían de forma completamente novedosa. Al mismo tiempo, durante estos años de Transición, el desarrollo del proyecto de constituir una nueva Europa, la Europa de las Naciones, en la que España era uno de los países participantes más entusiastas, creó un nuevo escenario para las relaciones internacionales, interregionales e interlocales.

---

[1] Este trabajo está basado en un artículo publicado en inglés, más largo y centrado en el análisis del cuento de Manuel Rivas "La mano del emigrante", publicado por Benita Sampedro y Simon Doubleday en su magnífico libro *Border Interrogations: Crossing and Questioning Spanish Frontiers from the Middle Ages to the Present*. Aunque las diferencias son considerables entre los dos textos, esta reflexión refleja —y a veces repite brevemente— la primera parte de aquél.

Este artículo tiene como objetivo proporcionar una mirada —que por cuestiones de espacio tendrá que ser muy introductoria— a la producción de la narrativa gallega de los últimos años con la intención de arrancarla de una localización limitada, y en muchos sentidos provinciana, por haber mantenido —o haberse visto obligada a mantener, sería más apropiado decir— una relación *vertical* con el Estado-Nación España. Propongo, así, un acercamiento a la literatura gallega contemporánea desde una mirada horizontal que, en vez de contrastarla con otras narrativas o cuestionar su estatus como sistema literario con una tradición nacional, dé por sentado la existencia de un corpus privilegiado que surge en relación directa con sus predecesores y recoge, como su tarea principal, representar culturalmente una identidad nacional diferenciada[2]. Así, parto de la premisa de que la narrativa gallega contemporánea supone un espacio ideal para abordar cuestiones de nación, canon literario nacional y sujeto/subjetividad nacional. Uno de sus mayores logros ha sido, y es, hacerse cargo de la problemática que surge en torno a los conflictos generados por la emigración, el exilio, su localización periférica y la subjetividad fronteriza que caracteriza la historia de Galicia desde sus inicios, y las consecuencias que esta problemática tiene para la noción y la experiencia de sujeto nacional.

Este estudio, entonces, pretende dar una visión general de las narrativas gallegas que presentan una reflexión sobre la identidad cultural nacional y regional en una realidad social ya fuertemente asentada en la Europa de las naciones. La cuestión de los nacionalismos se analiza, así, *no ya* desde las lógicas homogeneizantes de Europa, o incluso de España o Galicia, sino desde nuevas estrategias que ofrecen —y/o recuperan— reflexiones sobre el pasado y la memoria cultural y las nuevas maneras de leer y narrar la especificidad cultural gallega en el presente[3]. Pienso en autores contemporáneos tan importantes aunque dispares —algunos muy jóvenes; otros ya consagrados durante la posguerra o la temprana posdictadura— como Anxo Angueira, Xurxo

---

[2] Obviamente, esta es la línea que siguen los historiadores de la literatura gallega y críticos literarios más interesantes. Entre los trabajos más significativos sobre la literatura gallega contemporánea y su desarrollo en el periodo democrático destacan los estudios de Xoan González-Millán, Manuel Forcadela, Dolores Vilavedra y Anxo Tarrio.

[3] Por tanto, de algún modo me separo de la discusión de si la gallega es o no una literatura periférica, no porque me parezca obsoleta, sino porque doy por sentado que para estos autores Galicia es una nacionalidad diferenciada y, por tanto, con el mismo estatus que cualquier otra. Para una interesante e iluminadora discusión sobre esta cuestión, remito a *Historia da literatura galega*, de Dolores Vilavedra, quien sí trata en extenso este tema (25-32).

Borrazás, Carlos Casares, Xosé Fernández Ferreiro, Ramiro Fonte, Manuel Forcadela, Xesús Fraga, Víctor Freixanes, Xosé Luis Méndez Ferrín, Santiago Jaureguizar, María Xosé Queizan, Xavier Quiroga, Suso de Toro, Xelís de Toro, Carlos Reigosa, Manuel Rivas, Antón Riveiro Coello, Manuel Vega y Víctor Vaqueiro. Debido a cuestiones de espacio, no podré centrarme en el análisis específico de ninguna obra o autor, pero basaré mis ideas principalmente en la narrativa de X.L. Méndez Ferrín, Suso de Toro y Manuel Rivas, para revisar la memoria cultural periférica y subrayar agendas intelectuales capaces de reflexionar, en el espacio literario, sobre el presente y el pasado desde posiciones diferentes a aquéllas que se estructuraban en torno al eje dominante de las así llamadas autonomías regionales, la nación o Europa.

El proceso de redefinición crítica que estos autores llevan a cabo a partir de la instalación de la democracia en el Estado español pone en tela de juicio, cuestiona y desestabiliza profundamente la categoría de cultura nacional española, ya que trae a su mundo sujetos, afectos y experiencias que difieren de forma importante de las más canónicas construcciones de una cultura española unificada[4]. En este sentido, si hay una unidad o un trazo común entre los escritores gallegos contemporáneos, éste es sin duda la reflexión, a través de sus novelas y relatos, acerca de una cultura nacional asentada firmemente en la crisis de las ideologías nacionales modernas tal como se expresan en términos intelectuales, institucionales y afectivos[5]. En este sentido, las narrativas de estos escritores exponen desde sus personajes, temas o estructuras la idea y experiencia de que el "hogar ya no es más un lugar", como diría Doreen Massey, sino "localizaciones". El hogar es "ese lugar que permite y promueve perspectivas variadas y siempre dinámicas, un lugar donde se descubren nuevas maneras de ver la realidad, fronteras de diferencia" (15; la traducción es mía).

---

[4] Esta línea de reflexión sería la representada en la historiografía cultural por aquella tradición que centraliza la esencia nacional en Castilla —y sobre todo en Madrid— como espacio emblemático de la España moderna, desde la Generación del 98 hasta Almodóvar. Para ellos, las *otras* culturas nacionales dentro del Estado español —catalana, gallega y vasca, fundamentalmente— supondrían una amenaza o, por lo menos, una profunda molestia. De este afecto surge, podríamos decir, este término algo insultante de *literaturas periféricas*, que siempre implica una relación de sumisión a un centro dominante.

[5] Un buen estudio sobre los nacionalismos europeos se encuentra en *Movimientos nacionalistas en la Europa del siglo XX*, de Manuel Núñez Seixas. Sobre los nacionalismos en España puede consultarse, del mismo autor, *Los nacionalismos en la España contemporánea (siglos XIX y XX)*, así como *La España de los nacionalismos y las autonomías*, de Justo G. Beramendi y colaboradores.

En efecto, si hay algo que caracteriza a Galicia es, precisamente, poseer una localización dislocada o, mejor, localizaciones siempre dislocadas, inevitablemente desplazadas, que son las que originan esa experiencia o afecto que se ha convertido en el gran tópico de la esencia de *ser gallego:* la morriña. Es decir, el sentimiento de nostalgia que cada emigrante, cada exiliado, cada sujeto gallego —aunque sea aquél que permanece en la tierra— lleva consigo y del que no se desprende hasta su muerte. La morriña se ha convertido, de hecho, en la representación por antonomasia del gallego transculturado. En ella, con ella, traslada su país natal a cualquier rincón del globo. De este modo, no sería aventurado afirmar que Galicia se encuentra al norte de la Península Ibérica, pero también al norte de Europa, en Latinoamérica y en Estados Unidos. Galicia está en las rías gallegas, pero también en Nueva York, donde Castelao escribe, amorriñado, su *Sempre en Galiza*; o en Castilla, donde los gallegos de Rosalía eran, como escribe en sus poemas, tratados "como negros". Siempre, por tanto, en Galicia, en cualquier parte que un gallego se encuentre.

Tomando este sentimiento y esta experiencia *nacional* como marca de identidad, los escritores gallegos, ya desde el siglo XIX, se enfrentan al problema de la nación y de la cultural nacional[6]. Las palabras de Manuel Rivas se hacen eco de una preocupación constante en la historia de este país:

> No sería forzado incluir a Galicia, antiguo reino, nacionalidad reconocida en la Constitución española, entre esas comunidades donde el discurso de lo diferencial es casi una obsesión. Le das al dial y asistes a debates interminables sobre si hay o no una pintura gallega, si la moda que se hace en Verín es o no gallega, si Cristóbal Colón era veneciano o de una parroquia de Pontevedra. Galicia es un buen tema de conversación para los gallegos. *(Galicia, el bonsái atlántico* 38)

La cita plantea, desde un tono de broma, pero no por ello menos serio, la grieta que constituye uno de los problemas más acuciantes de una nación históricamente no reconocida como tal e impelida por razones económicas, culturales y políticas a una constante migración fuera y dentro de sus fronteras. Esta grieta o fisura lleva a proponer una nueva cartografía para las naciones migratorias, para las que el hogar, dice Angelika Bammer, "se ha vuelto el lugar de la comunidad que han creado en los múltiples lazos y constantes transformaciones entre el allá y el aquí. 'El hogar' para estos emigrantes se ha

---

[6] Para un excelente estudio sobre la cuestión, véase *El nacionalismo gallego*, de Justo G. Beramendi.

vuelto un concepto movible, plurilocal, una única comunidad esparcida a través de una variedad de lugares" (IX; la traducción es mía)

De igual modo les ocurre a las comunidades gallegas, tanto a aquéllas que permanecen en la tierra natal, acosadas por la quiebra de su espacio familiar, como a aquellas otras que deben irse llevándose consigo parte de su tierra, expresada en ese afecto de morriña, y unas memorias que para ser recordadas deben ser desubicadas, desplazadas, en una constante necesidad de encontrar un espacio al que llamar hogar. Los personajes de Rivas, tanto los que se quedan como los que se van, comparten esta morriña: "En las despedidas todos lloramos, sí. Pero, recuerda, ¿quiénes eran los que más lloraban? Los que quedaban en tierra. Ellos sí que tenían morriña. Morriña de no poder marchar" *(La mano del emigrante* 19). También les ocurre a los personajes fronterizos de Méndez Ferrín, o a los de Suso de Toro, que regresan a sus casas, antes sus hogares, para reencontrarse con los fantasmas de la historia e intentar llegar a un acuerdo con ellos, tal como sucede en esos maravillosos relatos de *arraianos* o en la magnífica novela *No vuelvas*.

Situados afectiva, política e intelectualmente en esta necesidad de pensar una nación deslocalizada, transcultural o ubicada siempre y necesariamente en y por su desplazamiento, los escritores e intelectuales contemporáneos retoman, como ya hicieran sus antecesores del siglo XIX y de las primeras décadas del XX, la tradición y la memoria cultural para integrarlas en un presente que todavía se encuentra poblado de los espectros del pasado. El tiempo de la nación gallega, su historia, se abre así a una multiplicidad temporal radical, a lo que Derrida llamaría una no-contemporaneidad del presente vivo, a un tiempo disyunto, desajustado, que se pone en marcha a partir de la entrada en escena de algo que "secretamente desajusta" el tiempo (13). Aun siendo diferentes estos acercamientos contemporáneos a la nación de los de aquéllos que hicieron emerger con fuerza el sentimiento por lo nacional gallego y por una memoria cultural diferenciada —Rosalía, Risco, Castelao y tantos otros—, ambos grupos comparten una característica similar: la de saberse un país sin fronteras, con señas identitarias propias y diferenciadas, sin geografía cerrada, donde sus límites territoriales fluctúan al paso de los movimientos imparables de sus pobladores, haciendo imposible marcar las fronteras exteriores —sean con Portugal, España, Latinoamérica o Estados Unidos— o las interiores, que se borran ante la presencia siempre constante de viajeros tramontanos: Galicia es tierra de emigración y, en calidad de tal, se encuentra por doquier. El propio John Dos Passos diría: "Vaya usted al fin del mundo y encontrará un gallego" (citado por Rivas en *Galicia, el bonsái atlántico* 15). Este sentimiento de frontera, de país fronterizo, siempre dirigido a la movilidad y a la transformación, no sólo no implica que el sentir de lo nacional se pierda, sino que lo constituye de una forma más poderosa, ya que Galicia es, sobre todo, un país de geografías inestables, cambiantes, donde la bruma distorsiona y modifica fantasmagóricamente sus contornos. Es, sobre todo, como vemos en las representaciones literarias, lugar de saudades, de morriñas, cuyo efecto más contundente es oscurecer, incluso borrar, las geografías humanas que por ella circulan. La de Galicia es geografía, como dice Rivas, fundada sobre la categoría del apego y la pérdida: "Si unimos apego y pérdida, como quien reúne dos hemisferios, el resultado es *morriña*, o su hermana *saudade*. [...] El mundo, en su hechura verdadera, es decir, como geografía emocional, también está constituido por esos dos hemisferios. La vida humana transita entre el Apego y la Pérdida" *(La mano del emigrante* 8). Es tierra de *arraianos*, como afirma Méndez Ferrín, "tierra de gentes transgresoras que cruzan la Raya imaginaria que un día pusiera el poder político" *(Arraianos*, Epígrafe). Nación abierta, siempre des-haciéndose.

El punto de partida de estos escritores y de sus relatos son, pues, personajes fronterizos en un continuo movimiento que va desubicando la línea, la raya; o personajes que se debaten en un presente habitado fantasmalmente por una historia no partida y cuya narrativa busca conciliarse con un pasado todavía presente. Los relatos de estos autores están precisamente unidos por la idea de que las fronteras son espacios de transgresión, de resistencia y, por tanto, espacios en constante proceso de desubicación y reubicación. Rivas, Méndez Ferrín, De Toro, Fernández Naval y muchos otros —aquellos escritores gallegos que piensan en la emigración, la morriña, la pérdida y el retorno, pero también en la historia deslocalizada en un pasado actualizado por un duelo inacabado, imposible— resisten las cartografías fijas, superan la idea de una raya que al mismo tiempo divide y unifica múltiples espacios geográficos, múltiples regiones críticas, que separan y unen culturas propias y ajenas; resisten, en última instancia, la idea de frontera como lugar fijo, inamovible, y crean personajes híbridos, los gallegos, que la cruzan, transgresoramente, a cada momento, recomponiéndola tanto desde el interior como desde el exterior. Los cruces que estos personajes construyen durante sus trayectorias son cruces espaciales, históricos, míticos, culturales, capaces de constituir un amplio espectro de universos que pasan por lo nacional diferenciador.

La idea de una geografía inestable recorre, entonces, la historia cultural gallega como se hace evidente, sobre todo, en ese nuevo *rexurdimento* literario de los años ochenta y noventa que parece repetir, pero con una diferencia fundamental, aquél ocurrido durante las dos últimas décadas del siglo XIX y del que surgen las inquietudes de muchos de los escritores gallegos de la posguerra[7]. Ahora, en una nación de naciones los procesos de mercado global catapultan a los escritores gallegos a las traducciones, a su integración, todavía inestable, en un canon cultural y literario que vive en el tránsito de su reformulación. Y lo hacen aportando, fundamentalmente, las historias de los gallegos transculturados, de los pobladores de una raya que deja de ser puramente territorial para ampliarse a un espacio de encuentros y desencuentros conflictivos, de espacios de memorias recuperadas y perdidas, de memorias que señalan desde su profunda herida, hacia la emergencia de presencias espectrales que conforman, no siempre desde sus palabras, pero sí desde sus narraciones traumatizadas, una experiencia en el presente teñida por los afectos de apego y pérdida. Son historias que hablan de una geografía cultural habitada por el fantasma del hambre, de la soledad, de la violencia hacia lo propio, de la Guerra Civil; donde el presente se recompone, no desde una crítica regional —nostálgica, creadora de mitologías fundantes o cargadas de afectos comunales como la morriña—, sino desde los parámetros de un regionalismo crítico, donde lo que está en juego no es tanto el origen de un afecto o de una historia, como los sedimentos y las zonas críticas que esas historias van acumulando con el tiempo, formando niveles, y que permiten abarcar los múltiples lugares de especificidad y diferencia que se encuentran contenidos en los residuos dejados atrás por esas historias de pérdida y de encuentro[8]. La morriña, ese afecto que melancoliza al gallego y lo retorna a un origen más fantaseado y mitificado que real, es puesta ahora en circulación como discurso y afecto de conflicto, cargado de ambigüedades, y como espacio donde la condición de posibilidad del retorno se enfrenta, violentamente, a su propia imposibilidad.

Rivas, De Toro y Méndez Ferrín, entre muchos otros escritores gallegos, crean en sus narrativas geografías en constante proceso de construcción y deconstrucción, regiones críticas que buscan excavar en esos sedimentos dejados en el silencio por las historias de pérdida y reencuentro, de emigración y

---

[7] Para una discusión sobre la emergencia —el *boom*— de la literatura gallega en los años ochenta remito a los trabajos de Vilavedra, Forcadela y González-Millán.

[8] Tomo el concepto de regionalismo crítico de Kenneth Frampton, elaborado en su artículo *Towards a Critical Regionalism; Six Points for an Architecture of Resistance,* y que desarrollo detenidamente en un artículo sobre el cuento *Medias azuis* de Méndez Ferrín.

retorno, para traer a la superficie de sus relatos la marca de una cultura que se nutre, precisamente, de la experiencia de un trauma. Ese origen, hacia el que sienten un inevitable impulso de regresar, se va oscureciendo, perdiendo, debido a la inevitable transformación de que es objeto por la sedimentación de esos restos que nunca han sido parte de las narraciones. Un deseo, finalmente, de retorno que se va perfilando como imposible en la medida en que el origen está, siempre e inevitablemente, transformado por su constante desplazamiento y desubicación.

En el contexto de la literatura contemporánea encontramos un gran corpus de novelas y relatos representativos de estas regiones críticas, de este pensamiento cultural y político que se organiza a partir del deseo de recuperar esos sedimentos para, desde ellos, traer al presente, hacer viva y significativa la memoria cultural de un país que se formula nacional y comunitariamente desde la raya, desde una idea de frontera siempre desubicada y en proceso de transformación. Precisamente por ello mismo se marca de manera particular el espacio familiar, aquel espacio conceptualizado como *lo nacional,* desde un pensamiento nacionalista abierto a la diferencia, y en consecuencia no articulado necesariamente desde un concepto restringido y limitador de identidad; es decir, como una apertura inevitable a la otredad, a esa alteridad que se constituye en espacio de identidad crítico. La recuperación de estos sedimentos, de esas ruinas acumuladas en los márgenes de la historia, trae a la superficie la memoria de unas narrativas *hogareñas* que habían quedado desplazadas, fuera del devenir histórico, y que ahora son emplazadas a través de unos relatos que recogen experiencias traumáticas de pérdida y expulsión, de emigración y exilio. Sin embargo, ya no son narraciones que se ocupan únicamente de una experiencia privada y personal sino, fundamentalmente, de una experiencia histórica y colectiva, siempre a partir de unos sujetos que se mueven en los límites de las fronteras —geográficas, históricas— y moviendo con ellos la propia frontera. Así nos encontramos, en el marco de la literatura gallega, con la obra de Xosé Luis Méndez Ferrín, toda ella dedicada a un proyecto de memoria desde una concepción regionalista crítica. Con novelas o relatos tan importantes como *El lápiz del carpintero (O lápis do carpinteiro),* sobre la trayectoria que los residuos históricos deben realizar desde el pasado al presente, donde se reciben como una herencia prometedora; o *La mano del emigrante (A man dos paiños),* donde se relata el trauma de la Guerra Civil y de la emigración y sus efectos sobre el sujeto nacional gallego contemporáneo. O la hermosa novela de Suso de Toro, *No vuelvas* (*Non volvas*), donde la llamada de un pasado irresuelto e inhospitalario convive, precisamente por la presencia fantasmal de la historia, con un presente melancólico y en gran medida terrorífico[9].

Estos autores, al igual que los mencionados en los estudios de Vilavedra citados en la nota anterior, proponen una particular visión de la tradición y de la historia cultural gallega y desde ella abren nuevos terrenos para la reflexión sobre la experiencia local, regional y nacional. Reflexionan en sus obras sobre el espacio nacional con la idea de re-narrativizar la tradición, recuperar el pasado, sin reproducir la noción de una tradición *nacional* basada en el cierre del territorio y en una noción de identidad de exclusión. Son escritores que, tomando como fuente las tradiciones nacionales y ciertos elementos identitarios, los reconstruyen para abrir la nación a su diferencia. En este sentido, sus narraciones tienden a quedar fuera de las narrativas nacionales históricamente constituidas, pero no dejan por ello de ser profundamente nacionalistas. Desde la reflexión crítica tanto del espacio nacional como de las premisas ideológicas y afectivas que lo fundamentan, buscan dotar de significado a la diferencia identitaria —lo gallego—, la tradición y la memoria cultural del país.

Para abrir nuevos espacios críticos desde los cuales articular *otro* pensamiento nacionalista del que se piensa desde el discurso nacional español o desde los parámetros de la crítica regional, basada en una nostalgia acrítica y mitificadora, la *diferencia* se transforma en estos escritos en discurso sujeto a su deconstrucción para proponer un relato de las identidades nacionales no sometido ni constreñido a los límites de las fronteras. Emigración y retorno, pérdida y apego —de la historia, de lo propio— se convierten en los pilares de una nueva forma de pensar el *hogar,* el territorio nacional, en momentos

---

[9] Para una relación pormenorizada de novelas y relatos cuyo tema es la memoria cultural desde diferentes perspectivas, véanse los excelentes trabajos de Dolores Vilavedra. Particularmente remito a su *Historia da literatura Galega*, que llega hasta mediados de los noventa, y su artículo *Para una cartografía gallega actual*, que informa de la producción narrativa hasta bien entrada la década actual. Véase también el magnífico trabajo de Manuel Forcadela, *Manual e escolma da nova narrativa galega*. Me gustaría destacar los nombres de ciertos escritores cuya producción se extiende desde los ochenta hasta la actualidad y que se unen, por temática y tratamiento narrativo, a este proyecto de memoria cultural destinado a hacer entrar en el relato de la historia narrativas *otras* que han quedado al margen de la historia. Entre ellos se encuentran Xavier Alcalá, Anxo Angueira, Carlos Casares, Xosé Fernández Ferreiro, X.F. Fernández Naval, Xesús Fraga, Ramiro Fonte, Víctor Freixanes, Xabier Quiroga, Marina Mayoral, María Xosé Queizan, Anton Riveiro Coello, Carlos Reigosa, Xosé Manuel Sarille y Xelis de Toro.

donde la globalización, retomando las lógicas franquistas de folclorización nacional, amenaza con el silenciamiento de la memoria cultural regional. Ésa es precisamente la herencia que estos autores asumen de Rosalía de Castro, de Celso Emilio Ferreiro o de Castelao, por mencionar sólo a unos pocos, para trabajarla en una contemporaneidad que tiende a homogeneizar la diferencia. Se trata ahora, desde su pensamiento crítico, de abrir esa herencia nacionalista a su otredad para, desde ella, situar la mirada *en* la frontera, en los cruces que se producen en ella, en esa *raya* donde se encuentran los sujetos fronterizos de Galicia.

REFERENCIAS

BAMMER, Angelika (1992): "Editorial". En: *The Question of 'Home'. New Formations* 17, verano, VII-XI.
BERAMENDI, Justo G. (1997): *El nacionalismo gallego.* Madrid: Arco Libros.
BERAMENDI, Justo G./DE LA GRANJA, José Luis/ANGUERA, Pere (eds.) (2001): *La España de los nacionalismos y las autonomías.* Madrid: Síntesis.
DERRIDA, Jacques (2003): *Espectros de Marx. El estado de la deuda, el trabajo del duelo y la Nueva Internacional.* Madrid: Trotta.
FORCADELA, Manuel (1993): *Manual e escolma da Nova Narrativa Galega.* Santiago: Sotelo.
FRAMPTON, Kenneth (1983): "Towards a Critical Regionalism; Six Points for an Architecture of Resistente". En: Foster, Hal (ed.): *The Anti-Aesthetics. Essays on Posmodern Culture.* Washington: Bay Press, pp. 16-30.
GONZÁLEZ-MILLÁN, Xoan (1994): *Literatura e sociedade (1975-1990).* Vigo: Edicións Xerais de Galicia.
— . (1996): *A narrativa galega actual (1975-1984).* Vigo: Edicións Xerais de Galicia.
MASSEY, Doreen (1992): "A Place Called Home?" *New Formations* 17, verano, pp. 3-15.
MÉNDEZ FERRÍN, Xosé Luis (1991): *Arraianos.* Vigo: Edicións Xerais de Galicia.
— . (1994): *Arraianos.* Barcelona: Ediciones Ronsel.
MOREIRAS-MENOR, Cristina (2008): "Galicia Beyond Galicia: *A man dos paíños* and the End of Territoriality". En: Sampedro, Benita/ Doubleday, Simon (eds.): *Border Interrogations: Crossing and Questioning Spanish Frontiers from the Middle Ages to the Present.* Oxford: Berghan Books, pp. 136-160.
— . "Regionalismo crítico y la reevaluación de la tradición en la España contemporánea". En: Vilarós, Teresa M. (ed.): *Brokering Spanish Postnationalist Culture: Globalization, Critical Regionalism, and the Role of the Intellectual. Arizona Journal of Spanish Cultural Studies,* vol. 7, pp. 195-210.

Núñez Seixas, Manuel (1999): *Los nacionalismos en la España contemporánea (siglos XIX y XX)*. Barcelona: Hipòtesi.
— . (1998): *Movimientos nacionalistas en la Europa del siglo XX*. Barcelona: Síntesis.
Rivas, Manuel (2000): *A man dos paíños*. Vigo: Edicións Xerais de Galicia,
— . (2001): *La mano del emigrante*. Madrid: Alfaguara.
— . (1994): *Galicia, bonsái atlántico. Descripción del antiguo reino del oeste*. Madrid: El País-Aguilar.
Tarrio, Anxo (1994): *Literatura galega. Aportacións a unha historia crítica*. Vigo: Edicións Xerais de Galicia.
Toro, Suso de (2000): *Non volvas*. Vigo: Edicións Xerais de Galicia.
Vilavedra, Dolores (1999): *Historia da literatura galega*. Vigo: Editorial Galaxia.
— . (2007): "Para una cartografía de la narrativa gallega actual". En: *Letras Hispanas* 4, 1, primavera, pp. 7-15.

"¿QUIÉN TEME A SCHOPENHAUER?" ESCRIBIR PARA TRASCENDER: LA CATEDRAL METALITERARIA DE ENRIQUE VILA-MATAS

Nuria Morgado
College of Staten Island & The Graduate Center
City Univesity of New York

Enrique Vila-Matas se ha convertido en este nuevo milenio en uno de los representantes más importantes de cierta tendencia de la literatura actual, a saber, el pluralismo o hibridismo narrativo que explora los terrenos de la multiplicidad que ya pronosticara Italo Calvino en 1985, un tipo de escritura que rompe las artificiales fronteras entre géneros[1]. Su literatura es una reflexión acerca de la naturaleza misma de la creación literaria y el papel del autor, un autor que se ficcionaliza. Se trata de una obra que pone en entredicho su carácter de ficción, en un mestizaje de géneros narrativos como la autobiografía, la crítica literaria, el ensayo, la ficción, el diario, la crónica o la literatura de viajes, una fórmula a la que llegó con unos primeros esbozos en 1985 con *Historia abreviada de la literatura portátil* y que se ha convertido en un indiscutible valor estético en alza dentro de la literatura contemporánea[2]. Enrique Vila-Matas se hace así precursor de un hibridismo que, como afirma Teresa Gómez Trueba, rompe las barreras formales que tradi-

---

[1] *Seis propuestas para el nuevo milenio* es el último trabajo conocido de Italo Calvino, un ciclo de conferencias que el autor italiano iba a dar en Harvard en 1985 y que nunca se pronunciaron a causa de su repentina muerte. Con el término *multiplicidad* se refería a la tendencia de la novela contemporánea a presentarse como enciclopedia, como método de conocimiento en el que todas las posibilidades han de darse en todas las combinaciones posibles en los infinitos universos contemporáneos (115-138).

[2] Véase el artículo de Gómez Trueba, Teresa (2007): "El nuevo género de las novelas anti-género". En: *Letras Hispanas* 4, primavera, pp.16-27.

cionalmente han mantenido separados géneros como la novela, la autobiografía y el ensayo, cuestionando "el tradicional discernimiento entre lo real y lo ficticio en materia literaria o, mejor aún, entre los géneros que por tradición se han identificado con uno de estos dos ámbitos" (16).

La obra de Enrique Vila-Matas es una continua exploración del abismo existente entre la realidad tal y como la percibimos y lo que pueda haber *fuera de aquí*[3]. Con esta expresión Vila-Matas alude a la actitud que ante el mundo han elegido sus "exploradores del abismo", la de asomarse al vacío existencial, investigar en la nada con la esperanza de "dar con uno de sus posibles contenidos, pues sin duda les disgustaría ser confundidos con nihilistas" *(Exploradores* 9).

Con su literatura pretende cruzar un puente en el vacío y buscar que se abran abismales perspectivas. En esa exploración, en ese intento de trascender por medio del arte literario, mezcla la ficción con la experiencia personal, trayendo al texto los recuerdos de lecturas y recuerdos de la realidad, convirtiendo su obra en un "tapiz que se dispara en muchas direcciones: material ficcional, documental, autobiográfico, ensayístico, histórico, epistolar, libresco" *(Tapiz* 192). Y es que para Vila-Matas, la vida no puede ser más que un género literario: la *non-fiction* propia como una de las tantas representaciones de la *fiction* universal.

Así, la ruptura de las fronteras genéricas forma parte del propósito de explorar nuevos territorios en la narrativa literaria, una narrativa en la que el autor se ficcionaliza y que a su vez alude a la representación o reflexión de la obra dentro de sí misma. Es éste un asunto eminentemente cervantino, una tendencia que desde los años setenta la crítica ha denominado como *metaficción,* y que se ha convertido en una de las formas características de la cultura de nuestro tiempo[4]. Se problematiza de este modo la imbricación ficción-realidad, ficción como la imagen que de lo real puede construirse, representando la relativización de la realidad y las verdades absolutas, el

---

[3] Esta expresión está sacada de una cita del cuento *La partida* de Franz Kafka: "Fuera de aquí, tal es mi meta." "Fuera de aquí" es también el título de uno de los relatos de la colección de cuentos de Enrique Vila-Matas *Exploradores del abismo* (115-135).

[4] La reflexión de la obra sobre sí misma es una modalidad presente casi desde los orígenes de la novela, en donde el texto llama la atención sobre su propia naturaleza ficcional y los mecanismos de la ficción en sí mismos. El concepto de *metaficción* continúa siendo de indudable actualidad, no sólo en el ámbito literario, sino también en otras esferas artísticas. Ver Gil González, Antonio (ed.) (2005): *Metaliteratura y metaficción. Balance crítico y perspectivas comparadas. Revista Anthropos* 208.

escepticismo ante el lenguaje como intérprete de la racionalidad, la crisis del sujeto como un todo completo y definible, la pérdida de identidad que todo ello conlleva y el intento de su recuperación por los caminos de lo imaginario. Como afirma Javier Marías en sus numerosos escritos sobre la naturaleza del arte literario, el escritor debe explorar e imaginar todas las posibilidades y probabilidades de la realidad y de lo humano. Dice que el hombre necesita algunas dosis de ficción, esto es, "necesita lo imaginario además de lo acaecido y real [...], necesita conocer lo posible además de lo cierto, las conjeturas y las hipótesis y los fracasos además de los hechos, lo descartado y lo que pudo ser además de lo que fue" (112), y que las personas "tal vez consistimos, en suma, tanto en lo que somos como en lo que no hemos sido" (113).

Asimismo, en el texto "Homo narrans" contenido en *Días imaginarios*, José María Merino afirma que el humano es *homo sapiens* porque es en parte *homo narrans*. Nuestro conocimiento de la realidad comienza con la narración de ficciones, es decir, está en nuestra facultad construir espacios imaginarios simbólicos con los que intentar descifrar lo que hay detrás de las formas de las cosas, y con ello comprender y descifrar más certeramente al ser humano. Por medio de las ficciones que inventamos a partir de la realidad, es posible rescatarla de su ciega falta de sentido[5].

Y así, la narrativa contemporánea, en busca de su destino y su sentido, refleja esta facultad del humano de inventar ficciones y reflexiona sobre el propio acto de la escritura, de la creación literaria. Es una narrativa en la que la voz narradora se confunde con el autor, la vida y la literatura, en un mestizaje de géneros que convierte nuestro mundo en días imaginarios y realidades inventadas; una literatura que va en busca de nuevas formas que ayuden a encontrar la salida "a tantas palabras gastadas y bovarys mal repetidas" (Vila-Matas, *La metaliteratura),* que indaga en los espacios que sólo pueden ser sugeridos, y se sitúa en los límites del abismo para intentar descubrir lo que puede haber al otro lado del espejo, infiltrándose en las zonas más oscuras e invisibles que rodean las apariencias. Al fin y al cabo, lo que esta tendencia se propone a través del hibridismo genérico y la metaficción es descifrar el juego de espejos en el que la escritura esconde su trampa y su verdad.

---

[5] De José María Merino véase también *Ficción continua* (Barcelona, Seix Barral, 2004) y el ensayo "Los límites de la ficción" en *Metaliteratura y metaficción*. En este ensayo el concepto de metaficción se diluye entre otros afines, como los apócrifos, la vida como sueño, el mundo como teatro, y ofrece iluminadoras ideas desde la experiencia de un creador.

La Catedral Metaliteraria de Enrique Vila-Matas

En la trilogía conocida como La Catedral Metaliteraria[6] Vila-Matas se embarca en un recorrido que le lleva hasta *Bartleby y compañía* (2000), *El mal de Montano* (2002) y *Dr. Pasavento* (2005), tres novelas en las que conversa sobre libros y escritores y reflexiona sobre la realidad misma de la literatura, sobre su esencia, su sentido, su ética y estética. Igualmente, se cuestiona sobre la trascendencia del arte literario, siempre consciente de la falta de transparencia de la materia verbal que, sin embargo, se puede transformar con el simple acto de seguir buscando, inventando, sugiriendo los "caminos que quedan abiertos para la auténtica creación literaria" *(Bartleby* 212). La preocupación por la realidad de la literatura se une a la preocupación por los enemigos de la misma, y en sus reflexiones sobre la ética y estética del arte de la escritura se pueden percibir ecos de la metafísica schopenhaueriana. No en vano, un gran número de los referentes literarios y culturales que aparecen en las tres novelas, como Friedrich Nietzsche, Ludwig Wittgenstein, Franz Kafka, Richard Wagner, Fernando Pessoa, Samuel Beckett, Hugo von Hofmannsthal, Thomas Mann, Jorge Luis Borges o Marcel Proust, por citar algunos, han sido influidos, directa o indirectamente, por el pensador alemán[7].

En gran parte del Libro Tercero de su obra *El mundo como voluntad y representación*, Arthur Schopenhauer explica que el arte es el tipo de conocimiento que puede examinar y reproducir las *ideas*, lo esencial de las cosas, y que la *idea*, enteramente intuible, es "única y verdadera fuente de cualquier obra de arte genuina" (327-328). Como afirma Rüdiger Safranski en su biografía sobre Schopenhauer, éste vio posible en la filosofía, en el arte y sobre todo en la música "el sueño" en el que "tal vez, la razón se desligase de la voluntad, durante instantes al menos, para que ésta pudiera distenderse en el juego y aquélla en la visión" (454). Esta "visión" es la *idea* que el artista debe captar, la fuente de la escritura tan codiciada por los narradores y

---

[6] El entonces editor de Enrique Vila-Matas, Jorge Herralde, bautizó el ciclo *Bartleby-Montano-Pasavento* como La Catedral Metaliteraria. Vila-Matas ha afirmado que este título general está bien pensado y que le gustaría que esta trilogía fuera conocida como la del "ciclo catedralicio...". *(Vila-Matas portátil* 28)

[7] Para más información sobre la influencia de Schopenhauer, ver la biografía de Safranski, Rüdiger (2008): *Schopenhauer y los años salvajes de la filosofía;* el libro de Magee, Bryan (1997): *The Philosophy of Schopenhauer* o Jacquette, Dale (2005): *The Philosophy of Schopenhauer.*

los referentes literarios de La Catedral Metaliteraria de Vila-Matas. El artista, como afirma Schopenhauer, trabaja de modo instintivo, "en cambio los imitadores, los manieristas, 'el servil rebaño de los plagiarios', llegan al arte desde el concepto… son máquinas que desmenuzan y entremezclan cuanto se les echa, pero sin poder digerirlo nunca" (Schopenhauer 328). Sin embargo, el artista de verdad "es educado y cultivado por las obras de los predecesores, pero sólo se ve fecundado por la vida y el mundo mismos, por la impronta de lo intuitivo" (328).

Esas máquinas imitadoras forman parte de lo que Schopenhauer denomina "la estúpida multitud del momento" que "sólo reconoce conceptos y se apega a ellos, prodigando un rápido aplauso a las obras amaneradas, pero esas mismas obras se vuelven insoportables a los pocos años" (328). Pero como bien manifiesta el narrador de *Bartleby*, "¿Y bien? ¿Quién teme a Schopenhauer?" (184). Contra estos enemigos de la literatura se afirma también esta trilogía de Vila-Matas. Los narradores toman, como diría Schopenhauer, "lo grande, lo esencial y lo general por tema de sus trabajos" *(Bartleby* 184); son exploradores de algo esencial, de la posibilidad de trascender a través de los nuevos caminos que debe abrir la escritura con el propósito de decir "lo que aún no se ha dicho" y la "voluntad de decir la verdad" *(Bartleby* 38), ya que "el lenguaje 'dice' algo al apuntar hacia las cosas […], se muestra como algo capaz de producir 'sentido' sin que no obstante él mismo sea el 'sentido" (Safranski 452). A la exploración de esta cuestión fundamental se entregan los narradores de La Catedral Metaliteraria, haciendo de la exposición de la imposibilidad de la escritura una oportunidad para captar, "desde el abismo y el vértigo", la posibilidad de expresar en la literatura el sentido mismo de la escritura y la vida, plasmando en los conceptos, es decir, en las palabras, la verdad, pero sin obtenerla por medio de las mismas, sino, como afirma Schopenhauer, obteniendo la verdad, su significado, por medio del conocimiento intuitivo. La exploración del enigma de la escritura lleva a los tres narradores a la búsqueda de la soledad, el silencio y la desaparición, descubriendo que "cuanto más solos estamos menos nos encontramos a nosotros mismos y en cambio encontramos al mundo" *(Doctor Pasavento* 380-381).

Bartleby y compañía puede leerse como "un conjunto de cuentos, como un ensayo o como una serie de anécdotas y relatos 'metaliterarios' que desembocan en una reflexión bastante desesperada sobre la escritura y el silencio" (Rafael Conte 204). El narrador de la novela de Vila-Matas es un oficinista que, veinte años después de la publicación de su único libro escrito, empieza a reflexionar en su diario, en forma de notas a pie de página que comentan un texto invisible, pero no por eso inexistente, sobre "el mal endémico de las letras contemporáneas, la pulsión negativa o la atracción por la nada" *(Bartleby* 12). Dicho mal hace que ciertos escritores renuncien a escribir o que nunca lleguen a hacerlo, aunque, como decía Marguerite Duras, escribir "también es no hablar. Es callarse. Es aullar sin ruido" *(Bartleby* 29). Estos escritores, "personas que viven y luego dejan de hacerlo" (Vila-Matas *Vila-Matas portátil* 24), son los *bartlebys* que el narrador, CasiWatt, nombrado así a sí mismo en honor a Watt, el solitario personaje de Beckett *(Bartleby* 64), rastrea movido por el deseo de reflexionar y cuestionarse sobre "el gran enigma de la escritura que parece estar diciéndonos que en la literatura una voz dice que la vida no tiene sentido, pero su timbre profundo es el eco de ese sentido" (Vila-Matas *Vila-Matas portátil* 24). Trata de explorar el sentido de las voces silenciosas de los *bartlebys,* el "timbre profundo" del silencio que puede estar cargado de un "significado misterioso e insondable, al igual que una pausa, un silencio en una partitura musical que puede resultar más emocionante que una nota" (Antonio Tabucchi 248), pues este mal endémico de la literatura contemporánea "no es catástrofe sino danza de la que podrían estar ya surgiendo nuevas construcciones de la sensibilidad" *(Bartleby* 149). Así, desde el silencio de Joseph Joubert, gran amigo de Chateaubriand, que nunca llegó a escribir el libro que llevaba dentro porque no había encontrado la "fuente de la escritura" que buscaba (66), hasta el silencio de contemporáneos como el poeta catalán Josep Vicenç Foix, del que Pere Gimferrer decía que "sigue por las noches soñando poemas, aunque no los escriba ya" (139).

La ausencia de esa "fuente de la escritura" la anuncia la carta ficticia que el poeta austriaco Hugo von Hofmannsthal (1874-1929) dirige a Francis Bacon en nombre de Lord Chandos, en la que renuncia a la escritura porque dice haber perdido "la facultad de pensar o hablar coherentemente de cualquier cosa" *(Bartleby* 39, 114). En la misma carta habla de la imposibilidad del lenguaje para describir el mundo, para expresar los breves momentos de *intuición* en los que atrapaba epifanías sobre la vida, "de una crisis de confianza en la naturaleza básica de la expresión literaria y de la comunicación humana, del lenguaje entendido como universal, sin distinción particular de lenguas" *(Bartleby* 114), una insatisfacción con el lenguaje que caracteriza la era moderna. Hofmannsthal descubrió que las palabras engañan, que no pueden capturar la verdadera esencia de lo que una persona puede comunicar ni de lo que su interlocutor puede percibir. Consecuentemente, el poeta vienés concibe la palabra como parte del mundo de las apariencias. Las palabras son como el *velo de Maya:* "el velo de la ilusión, es quien cubre los ojos del mortal y le hace ver un mundo del cual no puede decirse lo que es ni tampoco lo que no es" (Schopenhauer 90). Así, las palabras impiden la expresión genuina y la auténtica recepción[8].

Sobre la imposibilidad esencial de la materia literaria se pronunciaron otros *artistas del no* como Kafka, que siempre ha tenido en cuenta esa imposibilidad, sobre todo en sus *Diarios (Bartleby* 27); el barón de Teive, heterónimo de Fernando Pessoa, cuyo único manuscrito, *La educación del estoico,* llevaba como subtítulo *De la imposibilidad de hacer un arte superior* "que logre fundirse con el universo entero" (111); o Wittgenstein, cuya célebre frase "De lo que no se puede hablar, hay que callar" no cuenta precisamente con la simpatía del narrador de *Bartleby* (172). Si bien es cierto que las palabras engañan, en ellas hay que rastrear el único camino que queda abierto a la auténtica creación literaria, ya que, expuesta a su imposibilidad, hace de esta exposición su cuestión fundamental (212). El narrador de *Bartleby* es consciente de que, tal como afirma Maurice Blanchot, "la esencia de la literatura nunca está ya aquí, siempre hay que encontrarla o inventarla de nuevo" *(Bartleby* 194). Tarea del escritor es buscar lo que se ignora, esa *idea* esencial schopenhaueriana obtenible mediante la intuición o, como diría el Virgilio de Hermann Broch, mediante "una fuerza de expresión que dejaría muy atrás cualquier expresión terrena… una lengua *aún no hallada*" (122). Y así, CasiWatt busca e inventa esa esencia en sus notas, sabiendo que quien la busca "sólo busca lo que se escapa" porque "la esencia de cualquier texto consiste en escapar a toda determinación esencial" (194). Como diría Schopenhauer, la *idea,* esencialmente intuitiva, escapa a toda determinación conceptual, al concepto, que es "comunicable por las palabras sin otra mediación y se agota en su definición" (326). Pero aun cuando lo comunicado a través de las palabras sólo son conceptos abstractos, existe el propósito de hacer *intuir* las *ideas* de la vida, la *esencia* de la literatura, en los representantes de tales conceptos, algo que puede ocurrir gracias al genio del escritor y "gracias al concurso de la propia fantasía del oyente" (Schopenhauer 335). Así, buscando, "se hace más de un descubrimiento, se hacen encuentros felices" *(Bartleby* 68), como el que hizo Juan Rulfo al escribir *Pedro Páramo,* antes de que se le muriera su tío Celerino (18); o el que tuvo Marianne Jung al escribir algunos de los poemas más sublimes incluidos en

---

[8] Hofmannstal conocía la filosofía hindú por medio de la lectura de Schopenhauer, de Max Friedrich Müller y de Paul Deussen, cuya traducción de *Upanishads* (1897) estaba dedicada a "The man Schopenhauer".

el *Diván* de Goethe, antes de someterse a un silencio que, según Claudio Magris, surgió al darse cuenta de que "la poesía sólo tenía sentido si surgía de una experiencia total [...] y que, una vez pasado ese momento de gracia, había pasado también la poesía" *(Bartleby* 210).

El mal de Montano arranca del vacío que dejan los personajes silenciosos de *Bartleby*. Se difuminan una vez más las fronteras entre los géneros, mezclando elementos autobiográficos, diario íntimo, libro de viajes, ensayo y ficción intertextual. Si los *bartlebys* dejan de escribir —o de vivir—, el "mal de Montano" del narrador lo lleva al otro extremo. Se presenta como un enfermo de literatura, un moderno Don Quijote que libra una batalla contra los abundantes enemigos de la literatura, "amenazada de muerte a comienzos del siglo XXI" *(Montano* 63), una batalla de amor por la literatura que se da en el único campo posible: la escritura misma[9]. Y en esa batalla contra los enemigos, aludidos ya en *Bartleby*, la "cizaña parasitaria" de la que habla Schopenhauer *(Montano* 64), se resalta de nuevo la búsqueda de esa *idea* esencial de la literatura, o de la vida, como la que protagonizaba Kafka al establecer un diálogo con sus amigos o escritores favoritos, comentando "de forma interminable el mundo, como si buscara llegar a las fuentes de la escritura" (161). El narrador quiere evitar la extinción de la literatura y así salvarse a sí mismo; necesita de la vida de la literatura para sobrevivir *(Montano* 181, 277), ya que es "lo único que podría llegar a salvar el espíritu en una época tan deplorable como la nuestra" (201).

Esta atención suprema que le dedica a la literatura le lleva al sufrimiento, "al dolor de Teste" de Paul Valéry (278), manifestando así que la hilvanada serie de anhelos y acciones del hombre, la *voluntad*, no produce otra cosa más que sufrimiento ya que "el deseo colmado cede sin demora su puesto a uno nuevo" (Schopenhauer 287). Se manifiestan ecos de este sufrimiento, por ejemplo, en *El libro del desasosiego,* de Fernando Pessoa, quien a través de su apócrifo Bernardo Soares define el desasosiego como cierta desazón e incompetencia respecto a la vida, el desasosiego como manifestación del mal de vivir *(Montano* 182-3)[10].

---

[9] Como dice José María Pozuelo Yvancos, Vila-Matas apunta a la literatura como enfermedad y como remedio: "Para exorcizar los demonios del fin de la novela escribe un texto que enuncia su propia estética de desintegración de la novela y al mismo tiempo un homenaje a ella" (*Vila-Matas Portátil* 269).

[10] Se comenta también esta influencia de Schopenhauer en Pessoa en Jacquette, Dale: *The Philosophy of Schopenhauer*, pp. 235-236.

Esa pulsión irresistible, ese desasosiego, es lo que también sufre el narrador de *El mal de Montano*, dominado por una inquietud que le transforma, como el hombre sin atributos de Robert Musil, que se movía en "una odisea sin retorno […] *avanzando y perdiéndose continuamente*" *(Montano* 276) o como los anhelos del joven enfermo de literatura de *La montaña mágica* de Thomas Mann *(Montano* 280)[11]. Y este deseo de salvar la literatura de su extinción, esta "permanente lucha contra la desesperación y la derrota" (182), le lleva al narrador a plantearse el desaparecer, disolverse en la literatura (177), encarnarla en sí mismo (276). Éste parece ser el *leitmotiv* que recorre las tres novelas, el paratexto o epígrafe de Maurice Blanchot con el que se abre *El mal de Montano*: "¿Cómo haremos para desaparecer?" Desaparecer como el protagonista de *Thomas el oscuro*, quien, adentrándose en el mar, experimenta la sensación de ser, junto al mar, "sólo objeto de un pensamiento que avanza como si fuera un explorador que caminara en el vacío" *(Doctor Pasavento* 42). Desaparece en el texto aniquilando la individualidad, entregándose al lenguaje, un mar en el que se pierde y en el que, paradójicamente, encuentra la "sensación de estar en una situación de plenitud" (43). Quizás, como diría Schopenhauer, se convierte en "puro sujeto del conocer" que "al quedar absorto en el objeto intuido, se vuelve este objeto mismo" (Schopenhauer 270)[12].

Para Schopenhauer el arte es el medio para deshacerse del afán, del desasosiego, del "mal de vivir". Así como el narrador de *El mal de Montano* necesitaba de la literatura para sobrevivir, el narrador de *Doctor Pasavento* necesita de la escritura para poder saciar su afán por "dar un paso más allá" (35) y desaparecer "para poder así regresar al otro lado de la existencia" (57). El eje central es la figura de Robert Walser, héroe moral de Vila-Matas *(Vila Matas Portátil* 27), quien pasó los últimos veintidós años de su vida en una institución psiquiátrica de Herisau, y de quien Walter Benjamin ha dicho que "podría decirse que al escribir se ausenta" *(Doctor Pasavento* 110). El narrador, un

---

[11] El propio Thomas Mann reconoce la específica influencia de Schopenhauer en *La montaña mágica*, en el ensayo *Schopenhauer, Nietzsche, Freud*. Madrid: Alianza Editorial, 2006, pp. 56-57.

[12] El concepto *puro* conlleva el liberarse de esa *voluntad* que es "ciega pulsión inconsciente e irresistible" elevándose "por encima de todo *querer* y de toda individualidad" (Schopenhauer 326), estado indispensable del artista para el conocimiento de la *idea* (288) que es, paradójicamente, representación intuitiva de esa *voluntad*. Se trata de lo que William Henry Hudson llamaba *animismo*, una armonía con la naturaleza que consistía en la ausencia de pensamiento *(Doctor Pasavento* 199-200).

escritor con éxito, va tras los pasos de Walser en su afán por desaparecer de la vida pública y buscar una nueva identidad que le permita una escritura cercana al silencio, conquistando así el estado de "bella desdicha" en el que vive Walser. En su afán por buscar la esencia de la vida y la literatura, "que no era otra que la desaparición" (36), manifiesta continuamente la visión pesimista de la vida, de tintes schopenhauerianos, ante "tanto desastre y desesperación" (263), como la visión angustiosa del mundo que Walser escondía tras las frases de sus escritos, angustia que ocultaba, no que comunicaba, al tener presente la insuficiencia de las palabras para poder transmitir tal desasosiego (259).

Consciente de la falta de trasparencia de la materia verbal y de la imposibilidad de afirmarse como un sujeto unitario y compacto, Pasavento acaba por fraccionarse en una serie de personajes heterónimos: Andrés Pasavento es el Dr. Pasavento, el Dr. Pynchon o Pinchon, o el Dr. Ingravallo. Pero en su afán por explorar lo que hay al otro lado de "esa *línea de sombra*" (33), la escritura se manifiesta apta para trascender, ya que "sólo la literatura parece ocuparse con seriedad de nuestro espanto" (315), y "aunque no entendamos nada, la literatura le da un sentido a todo" (319). Así se manifiesta en los microgramas de Walser, que reflejan su más esencial principio poético y ético, según el cual "todo acontecimiento, por muy cotidiano o banal que pueda parecer merece ser tema para la poesía" (260). Y es que la *idea* schopenhaueriana muestra sus distintas facetas en "las propiedades, pasiones, errores y méritos del género humano [...], representando de seguido las macrohistorias y las microhistorias del mundo, a cuyo efecto da lo mismo si lo que las pone en movimiento son coronas o nueces" (Schopenhauer 273-274). Esa *ciega pulsión* que pone en movimiento el mundo, esa *voluntad*, la intuye el narrador de *Doctor Pasavento* como "fuerzas invisibles y no humanas que controlan nuestra vida" (333), la "gran organización". Como el propio narrador confiesa, él mismo es de los que andan "tras la sombra de la organización" sin perderse "ni un solo detalle de lo que está pasando. Y escribirlo es precisamente una forma tanto de ir tomando nota de los detalles como de permanecer alerta" (333), como alerta estaba ante las misteriosas señales que le enviaba la *rue* Vaneau, ficciones nacidas de la realidad. La escritura se manifiesta como posibilidad de trascender, de cruzar "esa *línea de sombra*" (33), en un intento de conocer "a través del enigma de la poesía" (388), el mundo más allá de las apariencias, "la auténtica verdad de fondo, la que sin duda ha de encontrarse detrás de esa realidad tan cómplice de las apariencias y las luces falsas" (344), y detrás también de la gran mayoría de las ficciones (358).

Esto es, al fin y al cabo, lo que buscan las tres novelas de Vila-Matas, la verdad, de marcados tintes schopenhauerianos, "verdad indefinida a la que esperaba aproximarme a través de la intuición" *(Doctor Pasavento* 358). Los narradores exploran la realidad de la escritura —"Escribir es atravesar la experiencia siempre paradójica de la escritura" *(Doctor Pasavento* 60)— y son conscientes del límite de las palabras, pero también insisten en que siempre puede haber nuevas miradas sobre nuevos objetos y que, por lo tanto, es mejor seguir escribiendo *(Bartleby* 39). Como dice Tabucchi, la literatura "habla precisamente de aquello que no se conoce, [...] de aquello que no existe y que empieza a existir en el momento preciso en el que viene escrito" (Anteos Chrisostomidis 200). Asimismo, los narradores manifiestan la labor de la escritura como "*tarea de autoconstrucción,* de claridad interior, de mejora moral" alcanzable "por medio del trabajo y la reflexión sobre las razones últimas del arte y de la vida propia y ajena" *(Montano* 181). Las tres novelas manifiestan la fragmentación del individuo de hoy en día, quien "sólo es un manojo de percepciones, una especie de hombre fragmentado, que es nada y al mismo tiempo una carcajada desesperada" *(Doctor Pasavento* 140), también consciente de que en su camino por lo fragmentario y en sus encuentros con libros, frases o recuerdos, "se van ampliando las dimensiones del laberinto sin centro" *(Bartleby* 182). Como afirma Schopenhauer, "los grandes poetas se transforman en cada uno de los personajes presentados y hablan desde cada uno de los mismos como ventrílocuos [...] con igual verdad y naturalidad" (Schopenhauer vol. 2 417), ya que, "a fin de cuentas, cada uno es la sombra de todos y todos la sombra del espíritu inmortal" *(Doctor Pasavento* 67). Tal como afirma Sergio Pitol, "en medio de su comedia humana el autor vislumbra el misterio, los más oscuros enigmas sumergidos bajo una cotidiana trivialidad" (174).

Referencias

Calvino, Italo (1989): *Seis propuestas para el próximo milenio.* Madrid: Siruela.
Chrisostomidis, Anteos (2007): "La locuacidad del silencio". En: Heredia, Margarita (ed.): *Vila-Matas portátil. Un escritor ante la crítica.* Barcelona: Candaya, pp. 197-201.
Conte, Rafael. "La aventura de la no escritura". En: Heredia, Margarita (ed.): *Vila-Matas portátil. Un escritor ante la crítica.* Barcelona: Candaya, pp. 202-206.
Gil González, Antonio (ed.) (2005): *Metaliteratura y metaficción. Balance crítico y perspectivas comparadas. Revista Anthropos* 208.

GÓMEZ TRUEBA, Teresa (2007): "El nuevo género de las novelas anti-género." En: *Letras Hispanas* 4, primavera, pp.16-27.

JACQUETTE, Dale (2005): *The Philosophy of Schopenhauer*. Montreal: McGill-Queen's University Press.

MAGEE, Bryan (1997): *The Philosophy of Schopenhauer*. New York: Oxford University Press.

MANN, Thomas (2006): *Schopenhauer, Nietzsche, Freud*. Madrid: Alianza Editorial.

MARÍAS, Javier (2001): *Literatura y fantasma*. Madrid: Alfaguara.

MERINO, José María (2001): *Días imaginarios*. Barcelona: Seix Barral.

PITOL, Sergio (2007): "Vila-Matas premiado". En: Heredia, Margarita (ed.): *Vila-Matas portátil. Un escritor ante la crítica*. Barcelona: Candaya, pp. 172-176.

POZUELO YVANCOS, José María (2007): "Enfermo de literatura". En: Heredia, Margarita (ed.): *Vila-Matas portátil. Un escritor ante la crítica*. Barcelona: Candaya, pp. 269-272.

SAFRANSKI, Rüdriger (2008): *Schopenhauer y los años salvajes de la filosofía*. Barcelona: Tusquets.

SCHOPENHAUER, Arthur (2003): *El mundo como voluntad y representación*, vols. I y II. R. Aramayo, Roberto (ed.). Madrid: Fondo de Cultura Económica.

TABUCCHI, Antonio (2007): "Escribir, no escribir". En: Heredia, Margarita (ed.):*Vila-Matas portátil. Un escritor ante la crítica*. Barcelona: Candaya, pp. 244-254.

VILA-MATAS, Enrique (2005): *Doctor Pasavento*. Barcelona: Anagrama.

— . (2007): *El mal de Montano*. Barcelona: Anagrama.

— . (2007): *Bartleby y compañía*. Barcelona: Anagrama.

— . (2007): *Exploradores del abismo*. Barcelona: Anagrama.

— . (2007): "Breve autobiografía literaria." En: Heredia, Margarita (ed.): *Vila-Matas portátil. Un escritor ante la crítica*. Barcelona: Candaya, pp. 19-28.

—. (marzo de 2002): "La metaliteratura no existe." *Letras Libres* 4, 39, p. 85.

NARRATIVA VASCA O LA MEMORIA DE LA NACIÓN

Mari Jose Olaziregi
Euskal Herriko Unibertsitatea-Universidad del País Vasco

En un mundo que, según los expertos, se nos antoja cada vez más global, el debate en torno a las posibilidades que una literatura minoritaria como la vasca tiene para hacerse un hueco en la República Mundial de las Letras cobra una actualidad e interés sin precedentes. Parece obvio que términos como *liberalización económica, pensamiento único, desterritorialización* u *occidentalización* se refieren más al plano técnico o económico que al cultural, y que el mapa mundial actual perfila una realidad convulsa y desigual, donde la globalización revela escenarios habitados por identidades subalternas largo tiempo silenciadas. Se trata de consideraciones que pretenden trascender fronteras antaño infranqueables para creadores que, como los vascos, se sitúan, por su calidad de bilingües, en ese *in-between* (Homi K. Bhabha 1994) de diversas comunidades culturales e identitarias, sometidos a un constante intercambio y reconocimiento de diferencias. Podríamos afirmar que prácticamente la totalidad de los 800.000 vascoparlantes —o *euskaldunak*— que viven a ambos lados de los Pirineos en España y Francia son bilingües. Y que este bilingüismo se da, sobre todo, con lenguas tan habladas como el español, o de tanto prestigio literario como el francés, lenguas, a su vez, que se han visto desplazadas por el lugar hipercentral y legitimador que el inglés tiene en el marco mundial. Son algunas de las reflexiones que protagonizaron publicaciones nuestras anteriores (Olaziregi 2009), reflexiones que sin duda también hacían suya la necesidad de realizar una aproximación a la historiografía literaria española que superara el concepto monolingüe del estado español, "by delving into either the place of the so-called peripheral languages and literatures (Catalan, Galician, and Basque) or the place of emigrants and exiles in Spanish literary history" (Brad Epps y Luis Fernández Cifuentes (eds.) 2005: 20).

El escritor vasco más traducido y premiado de todos los tiempos, Bernardo Atxaga (1951), no dudaba en comparar en un conocido poema suyo la literatura vasca con un erizo que ha estado demasiado tiempo en letargo pero que, afortunadamente, ha conseguido despertar en el siglo XX (Atxaga 1996). El período más reseñable de nuestra historia literaria comienza, por tanto, en el siglo pasado. Anteriormente, nos encontramos con una producción en que predominan textos religiosos, producción que muestra los primeros síntomas de cambio en el último decenio del siglo XIX, al calor de los certámenes florales y del renacimiento cultural que siguió a la derogación de los derechos forales en 1876. Fue entonces cuando desapareció el antiguo predominio de obras de edificación y formación religiosa y cuando el espectro de géneros cultivados se amplió con la irrupción de uno nuevo: la novela. Ésta tomará como modelo la novela histórico-romántica de corte scottiano, practicada por autores fueristas que escribieron en castellano, tales como Francisco Navarro Villoslada o Juan Venancio Araquistáin. Es en este contexto cuando se publica por entregas, a partir de 1898, la primera novela en lengua vasca: *Auñemendiko lorea* [La flor del Pirineo], de Domingo Agirre (1864-1920). Se trata de un texto histórico romántico, próximo a *Amaya o los vascos en el siglo VIII*, de Navarro Villoslada. La influencia de Domingo Agirre fue crucial en la evolución de la novela vasca, pues será el modelo costumbrista fijado en sus novelas *Kresala* (El salitre, 1906) y *Garoa* (El helecho, 1912) el que perdurará hasta mediados del siglo XX. Agirre trató de reflejar la vida de los *auténticos* modelos tradicionales vascos: el caserío y el mar. Se trata de un tipo de novela sin acción y que dibuja diferentes cuadros de costumbres, un tipo de novela que gira en torno a tres grandes ejes —fe, patriotismo y vasquidad— , contada por un narrador omnisciente. Utilizando el término que aplica José F. Montesinos a la novela de José María de Pereda, denominaremos a las de Agirre como *novela idilio*, un subgénero que evoca la vida de los pescadores y pastores vascos del siglo pasado.

Como vemos, la prosa de Agirre se impregnó de una cosmovisión e ideología, el nacionalismo vasco, que hizo su aparición, de la mano de Sabino Arana Goiri (1865-1903), en la última década del siglo XIX. El nacionalismo de Arana es heredero del movimiento foralista y de todo un *linaje de*

Aitor (Juaristi 1987) que creará el humus sobre el que el nacionalismo vasco erigirá esa *imagined community* (Benedict Anderson 1991) sostenida, como en la mayoría de los nacionalismos, "por una noble tradición que se remonta a tiempos inmemoriales" (Bhabha 1990 45). A partir de aquí, la escritura en lengua vasca tendría por función primordial la de contribuir a la creación de la Nación Vasca.

Un espectacular proceso de industrialización siguió al inicio del siglo XX, sobre todo en las provincias de Vizcaya y Guipúzcoa. El crecimiento demográfico, o el surgimiento del Partido Socialista Obrero Español (1879) en Bilbao, son algunos de los elementos que habría que destacar en esta época de *boom* económico que vivió la Euskadi peninsular, situación económica que, sin duda, se vio favorecida por la neutralidad española durante la primera contienda mundial. Este momento de bonanza impulsó toda una serie de iniciativas culturales, tales como el florecimiento de la filología vasca de la mano de R. M. de Azkue (1864-1951) y de Julio de Urquijo (1871-1950), fundador de la *Revista Internacional de Estudios Vascos* en 1907. También fue espectacular el desarrollo de la música —con autores como el Padre Donosti, Guridi, Usandizaga...—, el impulso de la arqueología y etnografía vascas —con Telesforo de Aranzadi, J. M. Barandiarán—, etcétera. Todas estas iniciativas pusieron de manifiesto una de las grandes carencias del país: la de una universidad pública que formara a las élites intelectuales (Chueca 2000 392-393). La celebración del Primer Congreso de Estudios Vascos y la creación de instituciones como la Sociedad de Estudios Vascos-Eusko Ikaskuntza[1] y la Real Academia de la Lengua Vasca-Euskaltzaindia[2], todos ellos en 1918, trataron de dar respuesta, en cierta medida, a dicha demanda.

Mientras algunos intelectuales como Miguel de Unamuno cuestionaron las capacidades expresivas de la lengua vasca ante el mundo moderno, el uso de ésta se iba confinando, cada vez más, al mundo rural, al tiempo que el castellano era impulsado, en la zona peninsular, por la educación formal y por los núcleos urbanos e industriales, receptores, desde el último tercio del siglo XIX, de grandes oleadas de inmigrantes castellanoparlantes. Son precisamente esos dos mundos los que se erigirán en el centro del imaginario y de los estereotipos que alimentó el nacionalismo vasco, tanto en la literatura como en otras manifestaciones artísticas como la pintura de los hermanos Arrue o Zubiaurre. También podríamos decir lo mismo a propósito de

---

[1] www.eusko-ikaskuntza.org.
[2] www.euskaltzaindia.net.

la producción operística de la época, una producción que, al igual que en otros lugares de Europa, hizo suya la ambición de erigirse en nacional. De las 40 óperas que se produjeron entre 1884 —fecha en la que sale a la luz la primera ópera vasca de la mano del libretista Serafín Baroja (1840-1912), padre del escritor Pío Baroja— hasta 1930, destacan títulos como: *Mendi Mendiyan* [En pleno monte] (1909), de Jose María Usandizaga, *Amaya* (1910), de Jesús Guridi, o *Maitena* (1909), de Charles Colin.

Tras las aportaciones de Agirre, la novela vasca continuará por los derroteros que él dejó marcados. Éste es el caso de la obra de José Manuel Etxeita (1842-1915). Sus novelas *Josecho* (1909) y *Jayoterri maitia* [Querida patria] (1910) se inscriben en la línea costumbrista, aunque incorporan elementos de la novela de folletín y de aventuras. La segunda de las novelas, *Jayoterri maitia,* narra la historia de un grupo de pastores que viven en el idílico valle de Ardibaso (bosque de ovejas), pero que se ven obligados a emigrar a América por la penosa situación económica que atraviesa el valle. La añoranza y la nostalgia de la tierra madre harán que regresen, una vez enriquecidos en tierras latinoamericanas, a su patria querida como ricos *indianos*. Se trata de un buen ejemplo de la negativa representación que tuvo el continente americano en la literatura vasca hasta la segunda mitad del siglo XX. América es vista como un lugar donde los emigrantes corren el riesgo de perder su fe, como ocurre en el caso del protagonista de la novela *Ardi galdua* [La oveja perdida] (1918), del polifacético R. M. de Azkue, un lugar en el que prevalece el vicio, en especial, el de las mujeres (cf. J. M. Hiribarren en su *Montevideoko berriak* [Noticias de Montevideo], de 1853)[3]. Junto a la de Azkue, completan el elenco de las novelas costumbristas anteriores a la guerra la novela folclórica *Piarres* (1926-1929), de Jean Barbier (1875-1931), y las novelas *Mirentxu* (1914) y *Yolanda* (1921), de Pierre Lhande (1857-1957).

Por otro lado, aunque a priori menos ambiciosa que las novelas citadas, el relato breve costumbrista que se publicó en esta época logró conectar con

---

[3] Las oleadas de emigrantes vascos a tierras americanas fueron masivas, sobre todo a medida que fue avanzando el siglo XIX. Latinoamérica se erigió en el primer destino pero, a partir de 1850, con la llamada del oro en California, el flujo migratorio derivó hacia el Oeste norteamericano. Fue allí donde los vascos, a falta de minas de oro que explotar, volvieron al trabajo para el que fueron solicitados mayormente en tierras latinoamericanas: el pastoreo. Los datos del censo estadounidense del año 2000 son un ejemplo de la importante presencia que, todavía en la actualidad, tienen sus descendientes. Se calcula que asciende a 57.793 el número total de vascos censados en los Estados Unidos. California, seguida a distancia por Idaho o Nevada, es el estado que ostenta el mayor índice.

los lectores mucho más que aquéllas. Nos referimos a las crónicas de Jean Etxepare (1877-1935) *Buruxkak* (1910) y *Berebilez* [En coche] (1934), y a los libros de narraciones breves anteriormente mencionados, *Abarrak* [Ramas] (1918) y *Bigarren abarrak* [Segundas ramas] (1930), de Ebaristo Bustintza (1866-1929), *Kirikiño;* o *Ipuiak* [Cuentos] (1930) y el conocido *Pernando Amezketarra. Bere ateraldi eta gertaerak* [Fernando de Amézqueta. Sus ocurrencias y sucedidos] (1927), de Pedro Miguel de Urruzuno (1846-1923). Todos ellos tienen el mérito de haber desarrollado una prosa fluida, alejada del influjo purista y que conectó con los lectores potenciales que prefiguraban este tipo de relato tradicionalista, los del ámbito rural.

Cabe destacar, además, la aportación que las mujeres hicieron a la vida literaria de la época. Autoras como Rosario Artola (1869-1950), Tene Mujika (1888-1981), Julene Azpeitia (1988-1980), Katarine Eleizegi (1889-1963) o Sorne Unzueta (1900-2005) colaboraron ampliamente en las numerosas revistas y publicaciones de aquellos años, más de 140 entre 1876 y 1936. Tal y como demostró Maite Núñez Betelu (2001), estas mujeres respondieron al rol que el nacionalismo vasco les adscribía en la época: la de ser responsables de la transmisión de la fe católica y del euskara. Es reseñable que muchas de ellas pertenecieron al denominado Emakume Abertzale Batza (Asociación de Mujeres Nacionalistas, activa durante 1922-1923 y 1931-1936) y, aunque tuvieron que aceptar una posición secundaria respecto a los varones dentro del movimiento nacionalista vasco liderado por el PNV, pudieron avanzar visiblemente en la utilización pública de la palabra oral y escrita, participaron con entidad propia en actos políticos y desarrollaron una actividad extraordinaria en los ámbitos de actuación que se les había asignado, en especial, el educativo y el asistencial. Según Mercedes Ugalde[4] (1993: 573), la idealización de la maternidad y la supervaloración de la influencia social de las mujeres a través de ella parecieron justificar y compensar su papel social secundario.

En cuanto a la novela vasca, transcurren nueve años entre la publicación de las últimas obras de preguerra —*Usauri* (1929) y *Donostia* (1933) de Agustín Anabitarte (1891-1981) y *Uztaro* (1937) de Tomas Agirre (1898-1982), todas ellas de corte costumbrista— hasta la aparición, en 1946, de *Joanixio* de Juan Antonio Irazusta (1884-1952), en la editorial Ekin de Buenos Aires.

La Guerra Civil española (1936-1939) trajo efectos devastadores a la producción literaria vasca. A la gran cantidad de bajas y de exiliados, siguió

---

[4] Ugalde, Mercedes (1993): *Mujeres y nacionalismo vasco. Génesis y desarrollo de Emakume Abertzale Batza (1906-1936)*. Bilbao: Universidad del País Vasco.

la gran represión que ejerció el bando de los ganadores. Fue una época en la que se prohibieron los nombres vascos e incluso las inscripciones en euskara de las lápidas de los cementerios, una época en la que la calle, la administración, la cultura... fueron ámbitos donde el franquismo ejerció su censura. Se ha afirmado que la generación de la posguerra fue una de las más importantes de la literatura vasca, pues le dio lo que más necesitaba en aquellos momentos: una continuidad. El género más cultivado fue la poesía, entre otras razones, porque era más fácil publicar poemas sueltos que obras completas y porque entre los años 1940-1950 la actividad editorial normalizada era prácticamente imposible.

En cualquier caso, ni la mencionada novela de Irazusta, ni la de José Eizagirre (1881-1948) *Ekatzpean* [Bajo la tormenta] (1948) narran el drama del exilio vasco en toda su crudeza. Hasta la llegada de las novelas de Martín Ugalde (1921-2004), el conflicto incidirá sólo anecdóticamente, pero no condiciona ni la narración ni la visión maniquea que subyace a ellas. Destaca, sin duda alguna, el acierto con que Ugalde narra en *Itzulera baten istorioa* (1989) (trad. *Historia de un regreso*, Ed. Hiru, 1995) el desarraigo y la alienación de la protagonista, hija de exiliados y cuya hibridez identitaria la sitúa entre las dos patrias que la habitan.

La primera novela publicada en la península tras la Guerra Civil no llegará hasta 1950. Nos referimos a la novela histórica *Alos-Torrea*, de Jon Etxaide (1920-1998), autor prolífico y traductor de Pío Baroja al euskara. También publicó novelas como: *Joanak joan* [Lo pasado, pasado está] (1955) y *Gorrotoa lege* [El odio, ley] (1964), en las que algunas pasiones quebraban, sólo en parte, el mundo idílico dibujado en las novelas costumbristas. Por otro lado, Jose Antonio Loidi (1916-1999) con su *Amabost egun Urgain'en* [Quince días en Urgain] (1955) aportó algunas novedades temáticas al panorama de la época, por tratarse de la primera novela policíaca en euskara. En cualquier caso, la debilidad de sus diálogos y el exceso de metacomentarios anulaban el suspense y ralentizaban demasiado el ritmo.

Podemos decir que fue en la década de 1950 cuando la literatura vasca se institucionalizó como actividad autónoma (Lasagabaster 2005 123-136). La narrativa vasca sintonizará con las corrientes literarias europeas del momento, y esta sintonía también se verá plasmada en el interés que las traducciones al euskara de Shakespeare, Baroja, Homero o Juan Ramón Jiménez irán despertando. Esta tendencia se verá incrementada con la traducción en las décadas siguientes de obras de Hemingway, Tagore, Ionesco, Cela, Brecht, Camus, Kafka, Stevenson o Twain. La creación de la colección

Kulixka Sorta de la Editorial Itxaropena de Zarautz en 1952, dará un empuje a la puesta al día que se pretende emprender e impulsará la creación de nuevas revistas como *Jakin* (1956), *Karmel* (1950) o *Anaitasuna* (1953) y supondrá una importante plataforma cultural para el relanzamiento de la vida cultural vasca.

La novela pasó del modelo costumbrista vigente hasta la fecha a un tipo de novela de corte existencialista con *Leturiariaren egunkari ezkutua* [El diario secreto de Leturia] (1957), de José Luis Álvarez Enparantza (1929), *Txillardegi*. Es cierto que se publicaron otras novelas de tono existencial, como las de Eusebio Erkiaga o la de Sebastian Salaberria, pero ninguna aportaba la novedad narrativa que suponía la de Txillardegi. Al igual que A. Roquentin en *La nausée* (1938), Leturia, el primer héroe problemático de la novela vasca, plasma en su diario la ausencia de sentido de la vida humana y reflexiona en torno a los temas cruciales del existencialismo: la soledad, el fracaso, la muerte, la angustia que genera el tener que decidir. Las siguientes novelas de Txillardegi —*Peru Leartzako* (1960) y *Elsa Scheelen* (1969)— también se adscribirán a la tipología existencialista.

Entre los poetas de la época, cabe destacar a Jon Mirande, quien transgredió el espíritu religioso latente en la poesía vasca hasta los años cincuenta. Mirande, heterodoxo y nihilista, admirador de Poe y Baudelaire y lector de Nietzsche, también nos dejó *Haur besoetakoa* (trad. *La ahijada*, Ed. Pamiela, 1970), una novela psicológica que recordaba por su tema, la relación entre un hombre maduro y su jovencísima ahijada, a *Lolita* de Nabokov.

El activismo político contra el régimen del dictador Francisco Franco fue de la mano del compromiso cultural durante las décadas de 1960 y 1970. Son años en los que se acometen iniciativas importantes, tales como las campañas de alfabetización y afianzamiento de las escuelas vascas o ikastolas, la unificación de la lengua vasca (1968), la creación de nuevas editoriales que incrementan la producción en euskara —en 1965 se celebra la primera Feria del Libro Vasco en Durango—, el surgimiento de la canción moderna con grupos como Ez Dok Amairu (1963). Se ha dicho que a la ortodoxia cultural vigente en la época se contrapuso una heterodoxia cultural y política, impulsada por autores como el poeta bilbaíno Gabriel Aresti, el insigne filólogo Koldo Mitxelena (1915-1987) y el escultor Jorge Oteiza (1908-2003).

En 1969, la publicación de la novela *Egunero hasten delako* [Porque comienza cada día], del escritor Ramón Saizarbitoria (1944), supuso el relevo de la poética existencialista por una novela experimental próxima al *nouveau roman* francés. Aunque durante las décadas 1960 y 1970 se publicarán novelas de corte social —como las de Xabier Amuriza, Txomin Peillen o Xabier Gereño— o de tipo alegórico que tratarán de burlar la censura franquista —como las de Anjel Lertxundi o Mikel Zarate—, la verdad es que será la tendencia experimentalista la que prevalecerá y hará las aportaciones más interesantes para la renovación del género. *Egunero hasten delako* cuenta, en dos planos narrativos independientes que se van alternando, la historia de una joven estudiante que quiere abortar y la conversación que tiene lugar en una estación de ferrocarril entre un personaje extraño y uno o varios interlocutores anónimos. La segunda novela de Saizarbitoria, *100 metro* (1976; trad. *Cien metros*, Ed. Nuestra Cultura, 1979) no sólo confirmó las expectativas del lector de la época sino que, en gran medida, las superó. Aunque es cierto que la historia que se narraba en el plano principal, a saber, los últimos cien metros de un activista de ETA antes de ser abatido por la policía en una plaza de San Sebastián, condicionó poderosamente las lecturas que en su día se hicieron de la obra, la verdad es que el autor se anticipó a la novela vasca de estas dos últimas décadas en su intento de analizar el origen de la violencia terrorista de la banda ETA, surgida en 1959. La publicación de la tercera novela de Saizarbitoria, la metanovela *Ene Jesús* [¡Ay, Dios mío!, 1976], marcó el final de la fase experimental de la novela vasca.

El inicio de la era democrática española en 1975, aunque no supuso un cambio drástico en los paradigmas literarios vascos de la época, sí que posibilitó que se dieran las condiciones objetivas para el afianzamiento del sistema literario vasco (Olaziregi 2005). La aprobación del Estatuto de Autonomía (1979) y de la Ley de Normalización del Uso del Euskara (1982) permitieron, entre otros factores, la implantación de modelos bilingües de enseñanza o la convocatoria de ayudas a la edición en lengua vasca. Gracias a estas subvenciones, surgieron nuevas editoriales y la producción editorial vasca se incrementó de forma manifiesta. En la actualidad, se publican unos 1.500 títulos al año, y el 59% de lo publicado en literatura vasca es narrativa, género que ha contribuido, sin duda, al afianzamiento del sistema literario. Existe una red editorial de más de cien empresas, un número de escritores que ronda los 300 (85% hombres, 15% mujeres). Además, la instauración de los estudios universitarios de Filología Vasca en 1981 supuso el empuje definitivo para que la crítica académica se desarrollara plenamente. Es también en la década de los ochenta cuando surgen asociaciones como la de los Escritores en Lengua Vasca, EIE[5], o la de Traductores, Correctores e Intérpretes de Len-

---

[5] www.idazleak.org.

gua Vasca, EIZIE[6]. Hay que destacar la calidad de las traducciones de autores universales al euskara —en la actualidad, leer a Faulkner, Hölderlin o Maupassant en euskara es un placer—, aunque las traducciones de obras vascas a otras lenguas siga siendo, todavía, una asignatura pendiente. Se calcula que sólo un total de 200 títulos han sido vertidos a otras lenguas[7].

En cualquier caso, como ocurre en la literatura española finisecular, también la actividad literaria vasca se ha polarizado, en los últimos años, en torno a la novela. Hoy por hoy, éste es el género con más repercusión y prestigio y, por supuesto, el de mayor rentabilidad editorial. Podría decirse que la novela vasca de las tres últimas décadas hace suya la premisa posmoderna de que todo está contado pero hace falta recordarlo. Es decir, podría decirse que tras la fase experimental de la década de los setenta ha recuperado el gusto por contar. Hablamos de una narrativa que presenta un claro eclecticismo en sus influencias e intertextos y que, aunque hace suyas las técnicas del modernismo, gusta de realizar combinaciones paródicas e irónicas de géneros y ofrece una diversidad de tipologías novelescas realmente considerable. Si tuviéramos que hacer un breve resumen de las tendencias y autores más relevantes de la actualidad, deberíamos comenzar por señalar los narradores que se adscriben a la línea de novela lírica o poemática que comenzó a proliferar a finales de los setenta y entre cuyos representantes destacaríamos el texto intimista y próximo al *feminismo de la diferencia* de Zergatik, Panpox (Por qué, Panpox, 1979) o *Koaderno Gorria* (1998; trad. *El cuaderno rojo*, Ttarttalo, 2002), de Arantxa Urretabizkaia (1947); *Eta Emakumeari sugeak esan zion* (1999; trad. *Y la serpiente dijo a la mujer,* Bassarai, 2000), de Lourdes Oñederra (1958); *Sisifo maite minez* (2001; trad. *Sísifo enamorado*, Txalaparta, 2003), de Laura Mintegi (1955); *Agur, Euzkadi* (Adiós, Euzkadi, 2001), de Juan Luis Zabala (1963), o el Premio Nacional de Narrativa 2002 *SPrako tranbia*, de Unai Elorriaga (1973) (trad. *Un tranvía en SP*, Alfaguara, 2003). Hay que señalar la presencia que las escritoras vascas tienen en este listado —Urretabizkaia, Oñederra, Mintegi, Rozas—, no sólo porque pertenezcan a ese reducido 15% de autoras femeninas, sino porque, desde estrategias narrativas diversas, han acertado en dar voz a un sujeto femenino de escaso protagonismo hasta la fecha en la novela en euskara.

Otro género novelesco que ha abundando últimamente es el policíaco en sus diversas facetas. Algunas obras en las que la influencia de la novela negra,

---

[6] www.eizie.org.
[7] Cf. www.basqueliterature.com.

en especial, la norteamericana, es evidente son el chandleriano *Rock 'n 'Roll* (2000; trad. *Rock 'n 'Roll*, Ttarttalo, 2003), de Aingeru Epaltza (1960); o las intrigantes *Beluna Jazz* (1996; trad. *Jazz y Alaska en la misma frase*, Seix Barral, 2004) y *Pasaia Blues* (1999) de Harkaitz Cano (1975). También habría que mencionar la novela realista que se ha publicado en los últimos años. En puridad, se debería hablar de los diversos realismos que se han practicado, como el realismo mágico de Juan Mari Irigoien (1948) en *Babilonia* (1984; trad. *Babilonia*, Acento, 1998) o el realismo *sui generis* de Bernardo Atxaga en las tres últimas décadas *(El hombre solo, Esos cielos* o *El hijo del acordeonista)* o aportaciones de autores como Joxemari Iturralde (1951) *(Kilkirra eta roulotea*, 1997; trad. *Grillo y la roulotte*, Erein, 1997), Edorta Jimenez (1953) *(Azken fusila*, 1993; trad. *El último fusil*, Hiru, 1994), Koldo Izagirre (1953) *(Agirre zaharraren kartzelaldi berriak*, 1999; trad. *Nuevas prisiones del viejo Aguirre*, Ttarttalo, 2001), Pako Aristi (1963) *(Urregilearen orduak*, 1998; trad. *Las buenas palabras*, Erein, 2004) o Ur Apalategi (1972)*(Gauak eta hiriak*, 1997; trad. *Las relaciones imperfectas*, Hiru, 2001).

Por otro lado, podríamos decir que la narrativa vasca también ha hecho suyo el objetivo de relatar o deconstruir eventos históricos o políticos desde un prisma que huye de la mitificación o del planteamiento maniqueo. Cuestionada la objetividad del discurso historiográfico (Halbwachs 1992 49), se afirma que la literatura puede servir para contar esas *otras verdades* que la Historia ha desterrado en su discurso épico. Es ésta una responsabilidad y un deber, largo tiempo reclamados a la novela en lengua vasca, a la que se le ha achacado con frecuencia el haber dado la espalda a la convulsa realidad. No es difícil observar que algunos episodios acaecidos en el País Vasco durante la Guerra Civil, como pueden ser la batalla de los montes Intxortas y el bombardeo de Gernika, ocurridos entre octubre de 1936 y abril de 1937, se han erigido en *lugares de la memoria* que han servido para deconstruir discursos como el del nacionalismo y quebrar un concepto monolítico de Nación Vasca. Otros factores, como puede ser el terrorismo de ETA, están en pleno proceso de *destabuización* y, por lo tanto, no presentan un discurso memorativo sedimentado, es decir, una memoria patrimonial o cultural que puede contribuir al consenso social. Las novelas que Ramon Saizarbitoria y Bernardo Atxaga han escrito desde la década de 1990 constituyen un buen ejemplo. También habría que mencionar junto a ellas la recomendable *Antzararen bidea* (2007; trad. *El camino de la oca*, Alberdania, 2008), del escritor Jokin Muñoz (1957). En el caso de Saizarbitoria, destacaría *Hamaika pauso* (1995; trad. *Los pasos incontables*, Espasa

Calpe, 1998), novela en torno a la generación de los años setenta que participó en ETA; o *Bihotz bi. Guerrako kronikak* (1996; trad. *Amor y guerra*, Espasa Calpe, 1999), en la que las escenas de la Guerra Civil recordadas por unos jubilados sirven de interesante contrapunto narrativo a la guerra doméstica entre la pareja protagonista de la historia. En su último libro, *Gorde nazazu lurpean* (2000; trad. *Guárdame bajo tierra*, Alfaguara, 2001), Saizarbirtoria presenta cinco narraciones que tienen como hilo argumental las dos grandes obsesiones del autor en su literatura más reciente: los problemas de comunicación entre hombres y mujeres, por un lado —véase, por ejemplo, la novela corta *La obsesión de Rossetti* incluida en el volumen citado— y las nefastas vivencias de los gudaris en la Guerra Civil, por otro. Podríamos considerar como metaficciones historiográficas dos de los relatos incluidos en el libro *(La guerra del viejo gudari* y *El huerto de nuestros mayores)*. En ellas, sea narrando las vicisitudes de un gudari en la Guerra Civil, sea relatando el excesivo peso de la herencia nacionalista en su generación, Saizarbitoria exhuma los fantasmas de parte de la sociedad vasca.

La recuperación de la memoria histórica es el núcleo central de gran parte de la narrativa de Bernardo Atxaga (Olaziregi 2010). *Gizona bere bakardadean* (1993; trad. *El hombre solo*, Ediciones B, 1994) y *Zeru horiek* (1995; trad. *Esos cielos*, Ediciones B, 1996) son las novelas que inician el giro realista en la trayectoria de Bernardo Atxaga y su alejamiento del mundo fantástico de Obaba. Ambas muestran un realismo cronotópico y tratan sobre la violencia de ETA, así como de la fragmentación social y el sufrimiento que genera. El autor utiliza un realismo subjetivo con la intención de dar voz a personajes que rara vez son protagonistas en el bombardeo mediático en torno al llamado problema vasco. La pérdida de los ideales revolucionarios *(El hombre solo)*, la reinserción de los presos de ETA *(Esos cielos)* o incluso la reflexión literaria en torno al origen y desarrollo de la banda armada *(El hijo del acordeonista)* son ejemplos de una evolución literaria que busca desestabilizar el discurso monológico, sea nacionalista o no, y crear una obra moral que manifiesta un claro rechazo de la violencia y una apuesta por la vida.

La trayectoria novelística de Anjel Lertxundi (1984) es, sin duda, otra de las que merece ser destacada, no sólo por su extensa obra sino por la continua renovación estética que subyace a ella. Novelas próximas al realismo mágico *(Hamaseigarrenean aidanez* [A la decimosexta, tal vez], 1982) o a la literatura fantástica *(Azkenaz beste*, 1996; trad. *Un final para Nora*, Alfaguara, 1999) o incluso metanovelas sugerentes *(Argizariaren egunak*, 1998;

trad. *Los días de la cera*, Alfaguara, 2001) son algunas de ellas. Su última obra, *Zorion perfektua* (2004) (trad. *La felicidad perfecta*, Alba, 2006) es una novela realista de tono lírico que narra la ruptura interna y la conmoción que sufre una adolescente de 16 años tras haber sido testigo de un atentado. Una novela moral en la que Lertxundi trata de reflexionar en torno a la felicidad *perfecta,* sólo posible si no hay conciencia.

No quisiéramos terminar este breve repaso a la narrativa vasca sin incluir un breve comentario sobre el cuento, género bastante reciente en lengua vasca, ya que no es hasta la década de los años 1950 y 1960 cuando aparecen, de la mano de autores como Gabriel Aresti o Jon Mirande, cuentos que siguen la tradición moderna de Poe, Gogol o Maupassant, entre otros. En cualquier caso, la crítica vasca señala el volumen *Hunik arrats artean* [Hasta la tarde] (1970) de Anjel Lertxundi como el primer libro de cuentos modernos en euskara, libro en el que eran evidentes los ecos del realismo mágico —García Márquez, Rulfo...— o de la literatura del absurdo —Kafka, Artaud. Otros libros de cuentos que se publicaron en la misma década continuaron la senda de los relatos tradicionales o acertaron a incorporar el experimentalismo tan en boga en las novelas vascas de la época. En cualquier caso, si hay una década que marcó un punto de inflexión en la evolución del cuento moderno vasco, esa fue la de los ochenta. Al igual que sucediera en la literatura española, el incremento de revistas literarias y premios favoreció su renacimiento. Pero además, la irrupción en el panorama literario vasco de la banda Pott [Fracaso] (1978-1980), grupo literario integrado, entre otros, por Bernardo Atxaga, Joseba Sarrionandia, Joxemari Iturralde y Ruper Ordorika, revolucionó el panorama de los géneros breves: el cuento y la poesía. Los integrantes de la banda Pott se dejaron seducir por la tradición anglosajona —novela policíaca, cine, ficción de aventuras...— a la que llegaron gracias, entre otros, a la biblioteca del maestro Borges.

Prueba de la madurez que el cuento vasco ha adquirido la encontramos en el hecho de que la obra más premiada y traducida de la literatura vasca sea precisamente un volumen de cuentos: *Obabakoak* (1988), de Bernardo Atxaga. Con *Obabakoak* Atxaga demostró que conceptos como *periferia* o *literatura minoritaria* no suponían fronteras infranqueables para un escritor vasco o, dicho de otro modo, que se puede ser universal sin dejar de ser genuinamente vasco. El paisaje afectivo de Obaba, la geografía imaginaria creada por Atxaga, se describe como un infinito virtual donde la memoria del narrador va tejiendo un entramado sugerente de historias que combinan la reflexión metanarrativa con estrategias de literatura fantástica. Para ello, el narrador de *Obabakoak* partía a un viaje intertextual que comenzaba con *Las mil y una noches* y terminaba con las referencias a maestros de los siglos XIX y XX: Poe, Chejov, Maupassant, Villiers de l'Isle Adam, Waugh, Borges, Cortázar, Calvino. Un viaje, en definitiva, que permitía al autor reflexionar en torno a las relaciones entre la literatura y la vida, o la lucha entre naturaleza y civilización (Olaziregi, 2005).

Poco a poco, la tipología del cuento se ha ido enriqueciendo y hoy en día, al igual de lo que ocurre en la novela, el panorama es ciertamente ecléctico. Al hilo de las peculiaridades que conforman el panorama posmoderno actual, las tendencias que prevalecen en la cuentística vasca de las últimas décadas pasarían por un realismo, sea de corte fantástico —practicado entre otros por Unai Elorriaga—, sea próximo al realismo sucio norteamericano al estilo de Carver o Wolff —Harkaitz Cano, Xabier Montoia (1955), Arantxa Iturbe (1964), Pello Lizarralde (1956)...—, relatos metanarrativos —Juan Garzia (1955), Iban Zaldua (1966)...—, narraciones próximas a la literatura del absurdo —Karlos Linazasoro (1962)...—, microrrelatos —Joseba Sarrionandia (1958)— y, sobre todo, han desaparecido las narraciones de corte experimental de los años setenta y se ha recuperado el gusto por contar historias. Esta realidad fragmentada que se vislumbra en los cuentos más recientes hace suya la influencia del cine, la música o los medios de comunicación y explora nuevos modos de narrar, nuevos ritmos y registros lingüísticos.

Hasta aquí este apresurado repaso a la narrativa vasca más reciente. Sólo queda desear que en un futuro cercano pueda seguir enriqueciéndose de las aportaciones de lectores que, gracias a las traducciones, puedan acercarse a ella.

REFERENCIAS

ANDERSON, Benedict (1991): *Imagined Communities*. London: Verso.
ATXAGA, Bernardo (1996): *Nueva Etiopía*. Madrid: El Europeo.
BHABHA, Homi K. (ed.) (1990): *Nation and Narration*. London: Routledge.
—. (1994): *The Location of Culture*. London: Rouletdge.
EPPS, Brad/FERNÁNDEZ CIFUENTES, Luis (eds.) (2005): *Spain Beyond Spain*. Lewisburg: Bucknell University Press.
LASAGABASTER, Jesús María (2005): *Las literaturas de los vascos*. San Sebastián: Universidad de Deusto.
OLAZIREGI, Mari Jose (2005): *Waking the Hedgehog. The Literary Universe of Bernardo Atxaga*. Reno: Center for Basque Studies, University of Nevada.

—. (ed.) (2005): *Pintxos. Nuevos cuentos vascos.* Madrid: Lengua de Trapo.
—. (ed.) (2009): *Writers in Between Languages. Minority Literatures in the Global Scene.* Reno: Center for Basque Studies, University of Nevada.
URQUIZU, P. (dir.) (2000): *Historia de la Literatura Vasca.* Madrid: UNED.

LA ESCRITURA DE LA MEMORIA EN LA NUEVA NARRATIVA EN ESPAÑOL: UNA PERSPECTIVA TRANSATLÁNTICA

Edurne Portela
Lehigh University

En su discurso de aceptación del premio Cervantes 2007, el poeta argentino Juan Gelman ponderó el cultivo tanto de la memoria como de la poesía, señalando que la poesía resiste a la muerte y la memoria resiste a la mentira[1]. Gelman reconoció la tradición literaria española y, aunque su discurso tuvo como protagonista a Miguel de Cervantes, también dedicó unas palabras a Santa Teresa y San Juan de la Cruz, cuyas obras le sirvieron de apoyo durante el exilio al que le condenó la dictadura militar argentina. Gelman señala que la lectura de los místicos le hizo sentir "la presencia ausente de lo amado, Dios para ellos, el país del que fui expulsado para mí. [...] Ése es un destino 'que no es sino morir muchas veces', comprobaba Teresa de Ávila. Y yo moría muchas veces y más con cada noticia de un amigo o compañero asesinado o desaparecido". El pasado de las dictaduras española y argentina se recuerda conjuntamente en el presente de Gelman, quien alabó los intentos españoles de rescatar su propia memoria histórica. El poeta se centró en la imposibilidad del olvido por decreto porque hay ciertas presencias, las de las víctimas, que para algunos son inolvidables e inevitables: "[H]ay recuerdos que no necesitan ser llamados y siempre están ahí y muestran su rostro

---

[1] El discurso completo de Juan Gelman puede consultarse en la versión digital de *El mundo*. Todas las citas que se transcriben a continuación pertenecen a este discurso (www.estaticos.elmundo.es/especiales/2007/11/cultura/premio_cervantes/entrega/discursos/gelman.pdf).

sin descanso. Es el rostro de los seres amados que las dictaduras militares desaparecieron". Gelman reiteró en su discurso las preguntas que todos los que tienen seres queridos desaparecidos se siguen haciendo: "¿Cómo murieron? ¿Quiénes los mataron? ¿Por qué? ¿Dónde están sus restos para recuperarlos y darles un lugar de homenaje y de memoria? ¿Dónde está la verdad, su verdad?". Gelman también recriminó a aquellos que critican los intentos de recuperar la memoria histórica e invitan a no reabrir heridas, enfatizando su error: "Las heridas aún no están cerradas. Laten en el subsuelo de la sociedad como un cáncer sin sosiego. Su único tratamiento es la verdad. Y luego, la justicia. Sólo así es posible el olvido verdadero. La memoria es memoria si es presente".

La importancia que se ha dado en los últimos años a la memoria histórica en Argentina y en España es incuestionable. Se puede decir que en los dos países la primera década del siglo XXI se ha caracterizado tanto por la búsqueda de respuestas a las preguntas que tan dolorosamente han venido planteado afectados como Juan Gelman[2] —el cómo, el cuándo, el por qué de la muerte—, como por la necesidad de rescatar los restos de aquellos cuyos cuerpos fueron aniquilados, así como por los intentos de conseguir, aunque tardíamente, alguna forma de justicia. En el ámbito de la cultura, particularmente la literatura y el cine, es donde se han explorado de manera más sistemática los efectos de la represión y las consecuencias de la violencia —en algunos casos desde perspectivas personales y/o testimoniales, en otros desde una distancia generacional. La presente reflexión se centrará en un breve análisis transatlántico de algunos escritores nacidos en Argentina y España alrededor de los años setenta, partiendo de un rasgo común: el haber heredado países plagados de fantasmas y cuya fibra social ha sido traspasada por un trauma histórico. Los fantasmas que ocupan los dos países son muy diferentes, pero comparten el proceso por el cual fueron eliminados: las acciones del terrorismo de Estado. En el caso argentino, los escritores nacidos en torno a 1970 apenas tienen recuerdos personales de la dictadura militar que asoló el país de 1976 a 1983. En el caso español, los escritores treintañeros han crecido en la era democrática y posfranquista. En los dos contextos, algunos escritores de esta generación se enfrentan críticamente a una sociedad que ha optado bien por el silencio, bien por la

---

[2] En 1976 su hijo y su nuera fueron secuestrados y hechos desaparecer por la dictadura militar. La hija de ambos nació en cautiverio y se la apropió una familia de policías uruguayos. Gelman consiguió recuperar a su nieta cuando ésta tenía 23 años.

reconstrucción superficial, aséptica, poco crítica y/o edulcorada del pasado traumático.

La perspectiva transatlántica, es decir, la práctica de analizar novelas de Argentina y España desde una misma mirada, no responde a una necesidad comparativa, sino a un intento de crear un espacio analítico intermedio que permita contemplar estas producciones culturales más allá de sus parámetros estrictamente nacionales. Cuando propongo una perspectiva transatlántica lo que realmente propongo es romper con el binario España/Latinoamérica, que es una construcción falsa, limitadora, reduccionista y en ocasiones (neo)colonizadora. Como espacio analítico intermedio, el espacio atlántico es entendido tanto como metáfora de análisis teórico como espacio real entre las Américas —Hispanoamérica y el contingente hispano-estadounidense— y España. Geográficamente, es el espacio que separa a la vez que une a estas dos regiones de habla española; es un espacio que ha sido testigo de innumerables encuentros y desencuentros, un espacio que nos recuerda que hay una historia y una memoria común. El espacio atlántico conserva las huellas de exiliados republicanos viajando hacia Argentina o México y también de exiliados del Cono Sur huyendo a España a partir de 1975. Como en un palimpsesto, nuestro imaginario del Atlántico acoge memorias superpuestas que invitan a repensar no sólo el canon de la literatura española y las diferentes literaturas nacionales hispanoamericanas, sino también nuestra posición como críticos de la cultura y la literatura producida en español.

Para el caso español voy a tomar como objeto de breve análisis las obras de Isaac Rosa (1974) *El vano ayer* (2004) y, en menor medida, *¡Otra maldita novela sobre la guerra civil!: Lectura crítica de "La malamemoria"* (2007). En el caso argentino, mencionaré la novela de Félix Bruzzone (1976) *Los topos* (2008). En estas obras se discierne una nueva visión e interpretación del pasado en la que los escritores se entregan de lleno al tema del dolor, la represión, la violencia y la memoria herida, pero no así al melodrama, la nostalgia o la visión cainita del pasado. En sus novelas se ridiculizan los tópicos y los lugares comunes, se rompen las oposiciones binarias que plagan las narrativas anteriores, se ironiza sobre las verdades absolutas y se satiriza sobre la heroicidad de los represaliados. Asimismo, se exploran otros temas como el deseo, el miedo, el amor o la identidad. Sin embargo, y a pesar del nuevo y a veces sorprendente tono de estas novelas, en ningún momento se trivializa la represión o la impunidad, ni es el pasado un marco caricaturesco. Por el contrario, hay una mirada crítica y un profundo intento de llegar a entender las herencias del pasado, objetivo que, a la postre, se plantea como imposible.

El vano ayer es un intento de reconstrucción de las vidas de Julio Denis y André Sánchez, ambos desaparecidos de la historia y cuyo fin es incierto. Julio Denis es un profesor expulsado de la universidad y de España tras las revueltas estudiantiles de 1956, y André Sánchez es un estudiante militante que desaparece sin dejar huella tras su paso por la Dirección General de Seguridad. A partir de la búsqueda de diferentes versiones sobre el destino de Denis y Sánchez, *El vano ayer* construye una visión antinostálgica y crítica del pasado represivo del franquismo según la multiplicidad de voces que muchas veces se presentan en clave paródica. La novela cumple el objetivo de plantear una crítica del pasado para que, en definitiva, éste no sea en vano. Los dos epígrafes que la encabezan ya anuncian esta idea. El primero es de Nicolás Sartorius y Javier Alfaya: "Leyendo a determinados escritores, oyendo a ciertos políticos y visionando algunas películas, se diría que militar en el antifranquismo fue hasta divertido", y el segundo de Antonio Machado: "El vano ayer engendrará un mañana / vacío y ¡por ventura! pasajero" (8). El vano ayer al que se refiere Rosa es el que se ha creado a través de una reconstrucción banal del pasado. En realidad, sus dos novelas sobre la guerra y el franquismo enfatizan la misma idea: la reconstrucción irresponsable del pasado ha creado un exceso de memoria que no contribuye a la justicia, sino —parafraseando a Gelman— al reverso de la memoria, que no es el olvido, sino la mentira. Para evitar recrear un pasado vano y por tanto un mañana pasajero, la voz narrativa que encarna al autor lucha durante toda la novela contra la creación del cliché e intenta escapar de "esa *commedia dell'arte* en que hemos convertido nuestro último siglo de historia" (21; la cursiva es del original). Una de las cuestiones que más se ha banalizado en la literatura sobre la guerra y el franquismo es el origen de la violencia, y por ello Rosa ataca la despolitización del mal, su representación como "defecto innato, ajeno a dinámicas históricas o intereses económicos" (21). Critica las versiones edulcoradas de la historia, es decir, "[t]odos esos elementos que han sido adulterados por novelistas de guante de seda, cineastas industrializados y hasta alguna serie de televisión que ha culminado la corrupción de la memoria histórica mediante su definitiva sustitución por una repugnante nostalgia" (22). Esta misma idea la retoma en *¡Otra maldita...!*, novela en la que ridiculiza, a través de la introducción de un lector crítico, su primera novela *La mala memoria* (1999). Aquí, la voz despiadada del lector se burla del joven escritor y comenta cada capítulo de Rosa enfatizando lo dañino de la perpetuación de los tópicos sobre la guerra, sobre todo el del cainismo: "Para comprender la matanza, nos metemos en el terreno de las venganzas personales, el odio acumulado, el cainismo." (300).

El lector crítico también apunta que uno de los errores más graves de las novelas sobre la guerra es que olvidan que, aunque sí hubo ajustes de cuentas, "sobre todo hubo, desde el bando sublevado, una política de exterminio por motivos ideológicos, la decisión de eliminar físicamente al enemigo político. Explicar la represión en clave de venganza es una forma de exculpar, de rebajar responsabilidades" (300). Asimismo, *El vano ayer* critica aquellos relatos *ambidiestros*, es decir, que usan argumentos conciliadores para así reducir a la anécdota lo que en realidad fue represión sistematizada, argumentos que explican la guerra y el franquismo usando los siguientes lugares comunes: "las dos Españas que hielan el corazón al españolito, el horror mutuo, en las guerras siempre hay excesos, grupos de incontrolados, odios ancestrales, cuentas pendientes que se saldan en la confusión, no hubo vencedores, todos perdimos, nunca más, Caín era español" (249).

La preocupación por los desaparecidos en *El vano ayer* se hace evidente en la búsqueda de las huellas de André Sánchez, quien se sospecha que murió bajo tortura y después se desvaneció. La desaparición de todo rastro de Sánchez —y hasta cierto punto del profesor Denis también— se convierte en *leitmotiv* y se canaliza en una ocasión a través de la abuela del personaje, quien "no soportaba que su nieto corriera la misma suerte que su hija, ambos borrados de la vida, sin una fecha, sin una lápida donde llevar flores los domingos, vivos tan sólo en el recuerdo" (101). Resulta destacable que la desaparición de elementos no deseables, como Sánchez o Denis, se recontextualiza en el presente de la narrativa, como se verá también en la novela del argentino Bruzzone. Así se plantea que las prácticas represivas no acaban al final del franquismo. El abuso hacia los detenidos políticos se entrelaza después, o incluso se transforma, en el maltrato a los elementos subversivos o indeseables de la sociedad, ya sea el inmigrante o el que roba para sobrevivir: "algún día se secarán los embalses y saldrán a la superficie los robagallinas que una noche entraron en una comisaría o en un cuartelillo y no salieron vivos ni nadie los reclamó" (163). Así, Rosa sugiere irónicamente, a través de la voz de un policía, la continuidad del ayer brutal en un mañana brutal (194)[3]. Aquellos que desaparecen de la historia por no haberla ganado se entremezclan en *El vano ayer* con los que literalmente

---

[3] El policía de hecho niega que haya esta continuación, pero en esta misma página alaba la actuación del conocido torturador Melitón Manzanas y se enorgullece de que haya sido condecorado en plena democracia.

desaparecen porque se les hizo desaparecer, como André Sánchez, muerto posiblemente en la DGS, o el profesor Denis, muerto en el abandono de un exilio forzado. La novela, de hecho, acaba sin dar solución a las preguntas iniciales sobre Sánchez o Denis. Pocas páginas antes del final aparece esta reflexión: "¿Quién no se ha interrogado alguna vez acerca de los mecanismos que sostienen las desapariciones y que escapan a nuestro conocimiento? La facilidad con que una persona puede extinguirse sin dejar huella [...]. Pasa a integrar el regimiento de desaparecidos que distorsiona las estadísticas, que deja familias durante años encadenadas a una fotografía en la que el evaporado, sonriente, parece estar adelantando su marcha" (293). Esta preocupación une la obra de Isaac Rosa a novelas como la de Félix Bruzzone que, si bien se refiere a un contexto histórico y personal diferente, tiene interesantes puntos en común con la del autor español.

En *Los topos*, Félix Bruzzone presenta la historia de un hijo de desaparecidos, partiendo así de un marco autobiográfico que le otorga a la novela un carácter único[4]. Tanto esta obra como su colección de cuentos titulada *76, año de su nacimiento*, tienen como característica común que el narrador y/o protagonista es un hijo de desaparecidos. Se puede afirmar que este dato biográfico le permite tratar el tema de la desaparición sin tapujos, con una libertad adquirida por derecho o incluso se podría decir que con una autoridad heredada. Tal vez el rasgo más crítico de la novela de Bruzzone es cómo ironiza sobre la politización de la experiencia de ser hijo de desaparecidos. La suya es la perspectiva de un hijo que busca, pero que no se afilia a ningún eslogan o grupo político. El narrador y protagonista de *Los topos* comienza planteando la difícil relación con su abuela, quien tras más de 20 años sigue buscando el paradero de su hija embarazada que desapareció tras ser llevada a la Escuela de Mecánica de la Armada (ESMA), frente a la cual la abuela compra un apartamento "para estar cerca del último lugar donde había estado mamá y de donde había nacido su otro nietito" (12). La relación del protagonista con este pasado es angustiosa, ya que lo reconoce pero no lo acepta. Su actitud hacia HIJOS[5] es un tanto crítica e incluso en momentos despectiva. El protagonista, que tiene una relación con una de las militantes de HIJOS, Romina,

---

[4] Para un análisis más completo de esta obra de Bruzzone, consúltese mi ensayo citado en la bibliografía.

[5] Hijos por la Identidad y la Justicia contra el Olvido y el Silencio es una agrupación en su mayoría formada por hijos de desaparecidos, cuya principal actividad son los *escraches* o condenas públicas de los represores que todavía están en libertad. Intentan recuperar el proyecto político de sus padres desaparecidos y, por tanto, reproducen en buena medida el discurso izquierdista de los años setenta.

acaba enamorándose de un travesti, Maira, que también es hija de desaparecidos y de quien en un momento el protagonista sospecha que pueda ser su hermano. Según la trama se va haciendo cada vez más irreal e incluso grotesca, Maira, que resulta ser una mata-torturadores, desaparece de forma violenta, recordándonos la continuación de las prácticas represivas en el presente de la narración. Si esto fuera poco, el protagonista, tratando de descubrir al asesino de Maira, se convierte a su vez en travesti y acaba siendo capturado por el supuesto asesino de Maira, el Alemán, a quien se describe como un torturador reciclado. El tono grotesco, paródico, onírico y fantasioso de esta novela se debe inferir de esta descripción. El tratamiento de la desaparición muestra un cambio paradigmático en cómo hablar de un tema sumamente doloroso. Así, Beatriz Sarlo señala: "*Los topos* no podría haber sido escrita hace diez años. No porque Bruzzone tenía entonces poco más de veinte [...], sino porque debieron suceder algunos hechos para que el campo de lo 'escribible' sobre desaparecidos se ampliara para aceptar el cruce de géneros y la comicidad" (www.diarioperfil.com.ar).

Tal vez lo que más sorprenda al lector es la crítica del discurso de HIJOS, presentado como algo manido y caduco. Así, la obra de Bruzzone en realidad revela una nueva forma de escribir (sobre) la desaparición. Ésta es omnipresente: al principio arrasó a una generación política, la de sus padres; ahora hay otras víctimas, sus hijos, que en este caso son o travestis o bisexuales, como Maira y el narrador. La desaparición, sin embargo, tiene una permanencia, ya que se basa en la construcción de la otredad y el deseo de exterminación de aquellos que suponen una subversión del orden social. El siguiente pasaje refleja claramente esta idea:

> Durante el viaje [...] pensé en contarles las últimas novedades a los de HIJOS. Quizás ellos pudieran armar una campaña de reivindicación de Maira, alzarla como estandarte de una nueva generación de desaparecidos y fogonear así la lucha antiimperialista. Ya imaginaba al tipo de las manchas en los ojos hablando de los neodesaparecidos o los postdesaparecidos. En realidad, sobre los post-post-desaparecidos, es decir los desaparecidos que venían después de los que habían desaparecido durante la dictadura y después de los desaparecidos sociales que vinieron más adelante. [...] Pero era obvio que en HIJOS no iban a reivindicar a alguien así. (80)

Para el protagonista el programa político de HIJOS está estancado en el discurso político de sus padres y sigue operando en el mismo ámbito, perdiendo así la oportunidad de ver las continuidades de la represión en una esfera social más amplia, como la violencia contra los *desaparecidos sociales* de la posdictadura o los marginados sexualmente del presente, es decir, aquéllos que son como Maira. La novela de Bruzzone termina de forma similar a la de Rosa: el protagonista desaparece de la historia sin dejar rastro. Seguramente, continuará cautivo del Alemán —o cautiva, porque acaba asumiendo totalmente la identidad de travesti— hasta que éste decida matarlo como lo hizo con Maira. Así, la búsqueda de Maira acaba en su propia desaparición. No es apropiado, sin embargo, equiparar el punto de vista de Félix Bruzzone con el de Isaac Rosa, debido a que la experiencia personal de aquél como hijo de desaparecidos impregna de manera fundamental su narrativa. Aun así, resulta ilustrativo poner en perspectiva la manera en la que ambos autores tratan un tema que en sus respectivos países ha sido entendido por otros autores de su generación como manido o demasiado gastado, debido, sobre todo en el caso español, a su sobreexplotación en la narrativa de las últimas décadas. Plantear el análisis de la literatura de estos dos autores desde una perspectiva transatlántica permite reflexionar sobre un nuevo paradigma de memoria que es común a Argentina y España, y posiblemente otras regiones aquí no exploradas. Es un paradigma de memoria que intenta analizar el pasado desde un discurso que supera tanto las constricciones ideológicas —partidarias o cainitas— como las prácticas estéticas del discurso de memoria basado en previos relatos testimoniales —Argentina— o novelas históricas cargadas de tópicos manidos —España. La exploración literaria de los dos autores permite entender la memoria histórica desde una perspectiva novedosa y diferente; es decir, sus narrativas se comprometen con los fantasmas de la violencia y de la desaparición —Andrés Sánchez, el profesor Denis, los padres y hermano del narrador de *Los topos*—, al mismo tiempo que plantean un ejercicio de memoria irreverente e incisivo que busca una comprensión no sólo del pasado traumático, sino de sus huellas en nuestro presente.

REFERENCIAS

BRUZZONE, Félix (2008): *Los topos*. Buenos Aires: Mondadori.
— . (2008): *76*. Buenos Aires: Tamarindo.
GELMAN, Juan (20 de marzo de 2009): Discurso de aceptación del Premio Cervantes 2007. www.estaticos.elmundo.es/especiales/2007/11/cultura/premio_ cervantes/entrega/discursos/gelman.pdf.

Portela, M. Edurne (primanera de 2010): "'Como escritor no me interesa tomar partido': Félix Bruzzone y la memoria anti-militante". En: *A Contracorriente* 7, 3, pp. 168-184.
Rosa, Isaac (2004): *El vano ayer*. Barcelona: Seix Barral.
— . (1999): *La malamemoria*. Badajoz: Del Oeste Ediciones.
— . (2007): *¡Otra maldita novela sobre la guerra civil!: Lectura crítica de "La malamemoria"*. Barcelona: Seix Barral.
Sarlo, Beatriz (20 de marzo de 2009): "Sobre *Los topos* de Félix Bruzzone." www. diarioperfil.com.ar/edimp/0319/articulo.php?art=11452&ed=0319.

EL MUNDO EDITORIAL HISPÁNICO DEL SIGLO XXI

José V. Saval
University of Edinburgh

Comentaba Malcom Otero Barral que había acudido a Formentor cuando el único hotel de la isla estaba cerrado en busca de inspiración (Andreu Manresa, 4). El panorama editorial actual es muy distinto al de aquel momento a finales de los sesenta. Evidentemente, el nieto del poeta y editor Carlos Barral, refundador de la editorial Seix Barral, desde la que apoyó el realismo social, el *boom* latinoamericano y el movimiento novísimo, a quien éste dedicara *Lecciones de cosas*, pretendía imbuirse del espíritu y de la creatividad que su abuelo había sabido imponer en una sociedad inmovilista y reacia a cualquier tipo de cambio, como era la dictadura franquista. Barral, como he comentado en otros lugares[1], supo dinamizar una escena cultural raquítica y abrir un frente cultural contra el franquismo, a la vez que construía un catálogo, mayormente plagado de obras de escritores europeos y norteamericanos, luego latinoamericanos, con todo aquello que estaba prohibido o mal visto, y que, de alguna manera, era inencontrable, por culpa de la censura o la desidia editorial, en la España de la época.

El panorama en la primera década del siglo XXI es muy diferente. España no conoce las deficiencias y prohibiciones de aquella época. El mundo edi-

---

[1] Me refiero especialmente al capítulo "La importancia de un editor en la literatura española de la segunda mitad del siglo XX", en *Carlos Barral, entre el esteticismo y la reivindicación*; y "Carlos Barral's Publishing Adventure, The Cultural Opposition to Francoism and the Creation of the Latin-American Boom" y "Arruza, Manolete, Verdi's *Aida* and the Latin American *Boom*: Periphery versus Centre".

torial hispano, con grandes diferencias entre la península y el continente americano, está expuesto a las mismas limitaciones y alegrías que cualquier país democrático del mundo occidental, con ligeras variaciones y peculiaridades, naturalmente, que, de forma distinta, tienen lugar en la mayoría de países del primer mundo. En la actualidad prima más el peso económico que la creación de un catálogo prestigioso, y la mayoría de las editoriales se encuentran agrupadas bajo el paraguas de las multinacionales. Se aspira a vender libros en las grandes superficies antes que en las pequeñas librerías especializadas, que se hallan en proceso de franca extinción. Pocas de ellas se encuentran fuera de las grandes ciudades de Madrid y Barcelona, en la época de Barral, meca de escritores en busca de una oportunidad. Como comenta José Manuel López de Abiada:

> El libro se ha convertido en una mercancía sujeta a las leyes del mercado y es, en cierta medida, dependiente de una publicidad programada con vistas a las ventas. Es una mercadería destinada a ser vendida menos en las librerías de género que en las grandes superficies. Cual producto de consumo lleva fecha de caducidad: el libro de éxito o *best seller* suele ocupar ese lugar privilegiado alrededor de un mes; después pasa al anonimato de las estanterías. (28)

Existen opiniones todavía más negativas, como la expresada por el editor André Schiffrin:

> Todo el sistema se basa en los *best sellers*, y los enormes anticipos pagados a los autores representan lo que se necesita para enganchar las locomotoras que se supone que tiran del resto del tren. Pero progresivamente los vagones de pasajeros desaparecen, y las locomotoras a menudo no tienen potencia suficiente para llegar al final del camino. Enormes anticipos se convierten en pérdidas, se generan déficits gigantescos y los editores se ven obligados a recortar aún más lo esencial, a eliminar todo lo que no son *best sellers*. (102)

Una postura mucho más positiva la encontramos en el punto de vista de Sergio Vila-Sanjuán, quien alaba la simbiosis entre cultura y comercio:

> El mundo editorial constituye un espacio de privilegio donde se ponen en contacto la cultura y el comercio. Este encuentro no es negativo, sino todo lo contrario, porque la fuerte noción de realidad que prevalece en uno atempera la tendencia al ensimismamiento de la otra, y a la inversa, la primera introduce riqueza y profundidad en el prosaico mundo del segundo. (664)

No cabe duda de que, una vez borradas las barreras entre alta y baja cultura propias de la era posmoderna, el mercado de los libros se ve claramente influido por la publicidad o la ubicuidad de los *mass-media:* si una novela es llevada a la pantalla cinematográfica o televisiva, las ventas se dispararán sin ningún tipo de duda. El lector se convierte en un consumidor ecléctico y se crean nuevos espacios de venta. Como asegura Manuel Rodríguez Rivero:

> Se introduce con rapidez un nuevo modelo de vendedor de libros-no librero: los hipermercados ofertan un conjunto muy limitado de títulos escogido en función de su rotación máxima por centímetro cuadrado y la preferencia por lo que ha sido exhaustivamente mediatizado (premios, autores que salen en la tele, celebridades por nada). En esos espacios se impone, ya sin contradicciones, el reino efímero, pero seguro, del "mainstream". (29)

En España los premios siempre han tenido un papel importante de cara a la difusión posterior de las obras premiadas, como muy bien percibió en su momento Barral, creando el premio Biblioteca Breve en 1960 y posteriormente el internacionalmente prestigioso Formentor en 1961, que se añadía entonces a otros dos clásicos: Nadal (1944) y Planeta (1952). De manera llamativa, estos premios, cuyos aspirantes se presentaban supuestamente bajo pseudónimo en la práctica totalidad de los casos, se otorgaron en su inmensa mayoría a autores con agente literario durante los fallos de todos los premios que se concedieron en España el año 2003. El 82,4% de los premiados tenía agente literario, contra un 17,6% que carecía de representante, según un estudio de Xavi Ayén publicado en *La Vanguardia*. Además, y tras crear una especie de ránking, de estas agencias literarias la que consiguió mayor número de galardones fue la dirigida por Carme Balcells, que ya tuvo un papel fundamental al final de la década de los sesenta cuando representaba a los autores latinoamericanos que se convertirían en fundamentales en la difusión del llamado *boom*. Como comenta Ayén:

> Balcells es la agencia más antigua y sus más de cuatro decenios en ejercicio la han dotado de una gran capacidad de influencia, que no se limita a obtener más o menos premios, sino a [...] la creación y diseño de colecciones. (43)

Otros agentes importantes en el ránking mencionado, todos ellos por detrás de Balcells, naturalmente, son Mónica Martín, Anne-Marie Vallat, Raquel de la Concha, Juan Cruz, Antonia Kerrigan y Anna Soler-Pont. La conexión con los premios resulta llamativa, especialmente por la difusión que permiten y por la inyección monetaria que suponen. Como dice Ayén: "Si incluyéramos todos los [premios] convocados para el 2004 —en cualquier género, incluidos el ensayo o la poesía—, sumaríamos la respetable cantidad de 8,5 millones de euros" (43). Pero también existen diferencias, no sólo monetarias, entre los distintos galardones, ya que unos venden más que otros. El artículo de Ayén muestra que los que más se venden posteriormente una vez llegan al mercado librero son, por este orden, Planeta, Nadal y Fernando Lara. En opinión de Vila-Sanjuán, los premios cumplen una función especial en el mercado del libro español:

> Han servido a los editores para multiplicar ventas y consolidar imagen de marca, y también les han sido útiles para fichar firmas nuevas y conservar a escritores susceptibles de irse a la competencia. Por eso, y a falta de otro sistema mejor, se han mantenido a pesar de los periódicos debates sobre la ética de su funcionamiento. (662)

Por otro lado, los libros más vendidos no se han beneficiado del impulso comercial de los premios. La lista de los libros más vendidos en 2008, 2003 y 1998, escritos por autores españoles fueron, por este orden, y según datos publicados por el rotativo *La Vanguardia* de Barcelona (Ayén y Barranco 28): *El asombroso viaje de Pomponio Flato* de Eduardo Mendoza el 2008; *Soldados de Salamina* de Javier Cercas, seguido muy de cerca por *La sombra del viento* de Carlos Ruiz Zafón en 2003; y en 1998, *Beatriz y los cuerpos celestes* de Lucía Etxebarría y, a cierta distancia, *Negra espalda del tiempo* de Javier Marías. Solamente Etxebarría fue galardonada con un premio, en su caso el Nadal en 1998. De esta lista, un tanto elegida al azar pero que permite ver la variación entre el siglo anterior y el presente, se intuye que el peso de los agentes literarios y su dominio del mercado se fundamenta en autores ya reconocidos, como es el caso de Mendoza y Marías, mientras aparecen de manera inesperada autores que alcanzan el éxito mediante el boca a boca por parte de los lectores, como son los casos de Cercas y Ruiz Zafón. De esta manera, me atrevo a comentar que pesan, y mucho, los condicionantes comerciales y publicitarios, pero que todavía el público lector sigue teniendo la última palabra. "Sucede que primero el libro se convierte en un éxito y luego los críticos hablan de él, como sucedió con *Soldados de Salamina*", sostiene Abel Grau (33).

Otro fenómeno que hay que tener en cuenta es el aumento de las ventas del libro de bolsillo, lugar donde se refugian, muy probablemente, los consumidores de libros de mayor nivel intelectual. Ayén y Barranco aseguran que "los libros de bolsillo [...] aumentaron mucho sus ventas: se adquirieron unos diez millones de libros de pequeño formato" (28). No obstante, el libro en España se ha encarecido en los últimos diez años por encima del aumento del coste de la vida. Ayén y Barranco hablan de un aumento de un 61,3% entre los libros más vendidos, mientras el coste de la vida sólo ha aumentado un 35,8% (28). Estos incrementos, según la editora Blanca Rosa Roca, que dirigió Ediciones B y que se encuentra actualmente al frente de Roca Editorial, se deben tanto al encarecimiento de costes del papel o de la distribución como a los mayores anticipos pagados a los autores (citada en Ayén-Barranco 28). Este último aspecto se conecta con el comentario de Schiffrin citado con anterioridad. Naturalmente este sistema de anticipos beneficia a las editoriales más poderosas, aunque el sistema potenciado por Balcells sirvió en su día para que muchos autores pudieran ganarse la vida de una manera adecuada, dinamizando a su vez el mercado, pero evidentemente y en palabras de Vila-Sanjuán, "[t]ambién contribuyó a establecer un régimen de fuertes adelantos que sólo pudieron satisfacer los grandes sellos y en cambio resultó perjudicial para algunas editoriales medianas que no aguantaron el envite" (663-664).

Se puede, sin embargo, comprobar que las editoriales españolas preparan tiradas mucho más pequeñas gracias a la introducción de la informática en la maquetación de los libros, pero al mismo tiempo se publican más títulos en compensación que no se pueden beneficiar de una difusión adecuada; sobreviven poco más de cinco años en las estanterías de las librerías, pero pueden llegar a dar cierto lustre al catálogo de cada editorial. Asimismo ha aumentado el número de lectores, posiblemente gracias a la mayor difusión mediática y la llamada masificación de la cultura. Los inscritos en bibliotecas públicas en España aumentaron en un 53%, y los índices de lectura han aumentado entre el año 2000 y la actualidad: "el porcentaje de lectores quienes lo hacen frecuentemente (casi todos los días o una o dos veces por semana) ha pasado del 36% en 2000 al 41% en 2007" (32), según datos aportados por Abel Grau. El gran reto en este momento es la aparición del libro electrónico, que probablemente superará en ventas al libro de papel en 2018 en la opinión de los expertos[2].

---

[2] "[E]n la última feria de Fráncfort se hizo pública una encuesta entre mil profesionales del sector con una conclusión: en 2018, los libros electrónicos superarán en volumen de negocio a los editados en papel" (Marcos y Seisdedos 40).

Los nuevos *e-books* capaces de almacenar 160 títulos pesan aproximadamente 260 gramos, pero para algunos el papel nunca desaparecerá. Para muchos, todavía, los conocimientos se asimilan mejor impresos en una hoja. Ya existen títulos disponibles para ser leídos en la pantalla del *e-book*, que tiene la ventaja de no estar retroiluminada como la pantalla del ordenador. Marcos y Seisdedos señalan que los títulos disponibles en castellano son pocos, si bien la oferta tanto de *e-books* como de *e-readers* ha aumentado espectacularmente a lo largo de 2010. El libro electrónico abarata los costes de impresión y desaparecen los de almacenaje, a la vez que se reducen los gastos de distribución. No obstante, un nuevo problema que hay que tener en cuenta serán los derechos de autor al abaratarse el precio del soporte. La cuota para el autor se verá claramente disminuida. "La edición de bolsillo de *Viaje a la Alcarria*, de Camilo José Cela, cuesta 8,50 euros. En el portal Leer-e, 4,99. Y eso porque se considera una *novedad* digital: *El proceso* de Kafka cuesta 2,16 euros" (Marcos y Seisdedos 40). Otro aspecto que hay que tomar en consideración es la piratería, aunque parece que aquí no ocurrirá lo mismo que con la industria discográfica: "La piratería no parece que se vaya a extender como el contagio planetario que tocó en suerte a la música o el cine; las barreras idiomáticas son importantes esta vez" (40), según los periodistas Marcos y Seisdedos.

¿En qué medida el formato condicionará la creatividad en el futuro? Éste es un aspecto importante porque el arte, en todas las épocas, se ha visto condicionado por el soporte en que se inscribe ya desde las pinturas rupestres de Altamira. Pilar Álvarez comenta un nuevo fenómeno que está teniendo lugar en Japón:

> Son novelas muy cortas. No más de 25 páginas. Y tienen millones de lectores. Las consiguen en segundos y las leen… en el móvil. Ocurre en Japón, sobre todo con relatos *manga*. Pero es una realidad que llegará también a España. Audiolibros, móviles, PDA, miniordenadores, cualquier formato puede usurpar el puesto al papel o quitarle parte de su protagonismo. (36)

Los editores se preparan para adentrarse en Internet como única solución ante el empuje imparable de los posibles nuevos formatos. La asociaciones de autores que distribuyen sus derechos intentan proteger a sus afiliados, lo mismo que las agencias literarias. En palabras de Guillermo Corral Van Damme, director general de Política e Industrias Culturales, organismo adscrito al Ministerio de Cultura:

En unos pocos años, un sistema de creación, producción y distribución de contenidos que había permanecido más o menos inalterado en sus elementos esenciales a lo largo de los dos últimos siglos, se ha visto radicalmente puesto en cuestión obligándonos a todos a replantearnos muchas de las ideas que hasta ayer considerábamos dogma de fe. (16)

En el caso peninsular la industria cultural tiene un importante valor económico, dando empleo a un millón de personas (Corral 17). En Latinoamérica la cuestión es muy diferente y varía según los distintos países: México, Argentina, Chile, Cuba y Colombia han sido y son naciones con una gran producción cultural, sobre todo en cuanto a impresión de libros, películas y teleseries; mientras otros países se encuentran en situaciones muy distintas, como Venezuela o Bolivia. El problema principal es la piratería. Lejos de la introducción del libro electrónico, muchos libros se escanean y se cuelgan en la red en formato PDF en los países latinoamericanos, a veces por la inaccesibilidad del libro y la no existencia de una red de bibliotecas lo suficientemente funcional. A su vez, no existe una legislación adecuada sobre *copyright* y distribución de derechos de autor. No obstante, no deja de ser un magnífico caldo de cultivo para nuevos talentos emergentes, a menudo publicados por las multinacionales con sede central en España, como Seix Barral y Planeta. Trasladando el problema a la península, Corral Van Damme advierte sobre la negativa percepción que se tiene:

> La disparatada visión de la cultura española como un complejo subsidiado e improductivo, que se engendró hace años en los círculos más conservadores de este país, ha acabado calando incluso entre muchos jóvenes, que se sienten y consideran progresistas y amantes de la cultura. (16)

El mundo editorial se encuentra en una encrucijada y debe tomar la dirección adecuada entre las posibles varias opciones. Los nuevos formatos incidirán en la creatividad de los contenidos, naturalmente, pero la Literatura, como todas las artes, no deja de ser un reflejo de la sociedad en la que estas creaciones surgen. La reducción de costes podría hacer la cultura más accesible y permitir la transmisión de obras que hoy en día se quedan amontonadas en las estanterías de las librerías. Alejo Carpentier afirmaba en uno de sus muchos artículos sobre música aparecidos en el periódico *El Nacional* de Caracas en 1952: "¿Cómo no agradecer al disco la posibilidad de venir a escuchar, ahora, ciertas partituras que nunca se ejecutaban en los conciertos?... ¡De cuántas cosas venimos a enterarnos, gracias a la grabación fonográfica!" (37). Huyendo del optimismo de Walter Benjamín en su magnífico ensayo *La obra de arte en la era de su reproducibilidad mecánica*, las nuevas tecnologías podrían deparar agradables sorpresas en el futuro sin que por ello se destruya, absurdamente, una tradición de siglos.

REFERENCIAS

ÁLVAREZ, Pilar (10 de julio de 2008): "Los editores unen fuerzas frente a la apisonadora de Internet". En: *El País*, p. 36.
AYÉN, Xavi (8 de febrero de 2004): "El ránking de las agencias literarias". En: *La Vanguardia*, p. 43.
AYÉN, Xavi/BARRANCO, Justo (24 de agosto de 2008): "Los libros más caros". En *La Vanguardia*, pp. 28-29.
BENJAMÍN, Walter (1973): *Illuminations*. London: Fontana.
CARPENTIER, Alejo (2007): *Ese músico que llevo dentro*. Madrid: Alianza.
CORRAL VAN DAMME, Guillermo (2008): "¿Una cultura sin creadores?". En: *Cedro* 66, pp. 16-17.
GRAU, Abel (3 de marzo de 2009): "La cultura ya es de masas". En: *El País*, pp. 32-33.
LÓPEZ DE ABIADA, José Manuel (8 de febrero de 2004): "Calidad literaria y éxito de ventas". En: *La Vanguardia*, p. 28.
MANRESA, Andreu (26 de agosto de 2008): "Volver al espíritu de Formentor". En: *El País*, "Revista de verano", p. 4.
MARCOS, J. R./SEISDEDOS, I. (1 de marzo de 2009): "Libro electrónico: ruegos y preguntas". En: *El País*, p. 40.
RODRÍGUEZ RIVERO, Manuel (8 de febrero de 2004): "Somos también lo que leemos". En: *La Vanguardia*, pp. 28-29.
SCHIFFRIN, André (2000): *La edición sin editores*. Barcelona: Destino.
SAVAL, José V. (2006): "Arruza, Manolete, Verdi's *Aida* and the Latin American Boom: Periphery versus Centre". En: *Edinburgh Review* 117, pp. 44-50.
— . (2002): *Carlos Barral entre el esteticismo y la reivindicación*. Madrid: Fundamentos.
— . (2002): "Carlos Barral's Publishing Adventure, The Cultural Opposition to Francoism and the Creation of the Latin-American Boom". En: *Bulletin of Hispanic Studies* 79, pp. 205-211.
VILA-SANJUÁN, Sergio (2003): *Pasando página. Autores y editores en la España democrática*. Barcelona: Destino.

POLÍTICAS DE LA TRANSPOSICIÓN DE LA LITERATURA AL CINE EN ESPAÑA

Steven Torres
University of Nebraska Omaha

Desde que los primeros productores de cine tomaron conciencia de la capacidad expresiva del nuevo medio, la literatura se convirtió en una importante fuente de inspiración creativa, aportando modelos narrativos y genéricos e incluso obras específicas que serían llevadas a la pantalla. No sorprende, pues, que la Biblioteca Virtual Miguel de Cervantes recoja hoy un catálogo de más de mil películas españolas basadas en obras literarias producidas en España. Sin duda este número confirma la influencia que ha ejercido la literatura en el cine español a través de su historia. El presente ensayo propone una visión sinóptica y periodizada de dicha tradición cinematográfica, teniendo en cuenta algunas de las condiciones de la producción, diseminación y recepción de las transposiciones literarias, a fin de subrayar algunos de los patrones y tendencias generales que se desarrollan durante los diversos períodos de producción.

Los primeros trasvases de la literatura al cine se desarrollaron en la etapa del cine mudo, que en España continuó hasta 1932. Aunque a finales del siglo XIX el cinematógrafo de los hermanos Lumière era todavía un fenómeno minoritario e inasequible para un público amplio, en las primeras dos décadas del siglo XX se produjo un descenso notable en los precios de las entradas, según la calidad del local, el barrio y la clase de asiento (Emeterio Díez 26-29). El cine llegó a convertirse durante estos años en una de las principales actividades para la distracción popular, especialmente en los centros urbanos. La primera película española que se aparta de la tendencia documental de los primeros cortos y que presenta una estructura narrativa y ficticia es *Riña en un café* (1897) de Fructuós Gelabert (Julio Pérez 29). Por su parte, Segundo de Chomón produjo la primera transposición literaria en España: *Pulgarcito* (1903), basado en el cuento de Perrault (Luis Enrique Ruiz 58).

El público burgués de comienzos de siglo fue perdiendo interés en los documentales del primer cine y esto obligó a los productores a buscar nuevos argumentos para sus películas, acudiendo cada vez más a la literatura y a los géneros teatrales populares —especialmente la zarzuela y el sainete— a fin de poder mantener y expandir su público. Entre los autores populares adaptados en las primeras décadas destacan los hermanos Quintero y, sobre todo, Carlos Arniches, cuyas comedias y sainetes se llevaron a la pantalla con gran éxito, al igual que sus zarzuelas (José Gómez 20). En 1921, José Buchs batió el récord de recaudación con su adaptación de *La verbena de la Paloma*, de Ricardo de la Vega (Ruiz 218). Con este filme se consagró la adaptación del género chico en España. Así, en 1923, más del cincuenta por ciento de las películas producidas fueron zarzuelas (Pérez 90).

En líneas generales, se podría decir que la transposición de sainetes y zarzuelas durante las primeras décadas de siglo produjo un cine escapista de bajo coste y orientado fundamentalmente hacia las clases populares, las cuales solían identificarse con los diversos *tipos* representados, casi siempre reconocibles y castizos, e insertados dentro de un reparto coral (Núria Triana-Toribio 20). Aparte del elemento cómico, abundan en estos filmes las tramas románticas, melodramáticas y folletinescas, cuyo desenlace suele caracterizarse por lo que Umberto Eco ha denominado "estructura de consolación" (130). Así pues, a través del típico final feliz, el público disfrutaba de una resolución anecdótica, ficticia y simbólica de aquellas contradicciones que difícilmente se podían solventar en el mundo real —por ejemplo, las contradicciones de clase y de género. En líneas generales, se trataba de un cine conservador abocado a reafirmar el *statu quo* mediante una representación idealizada, jerarquizada, voluntarista y no conflictiva de las clases dominadas dentro del ámbito rural. Dicha tradición persistió de algún modo durante la posguerra, como forma de entretenimiento despolitizante (Helen Graham 238).

Por otra parte, durante estas primeras décadas también se adaptaron otras obras literarias de diversa índole, con lo cual ya se discierne un claro intento de dignificar y legitimar el nuevo medio, siguiendo el ejemplo de la productora francesa Film d'Art (Gómez 16-17). Así pues, Gelabert rodó algunas escenas de *Terra Baixa* (1907) de Àngel Guimerà, con el consentimiento del mismo dramaturgo (17). Continuó con *María Rosa* (1908), también de Guimerà, y con *Guzmán el Bueno* (1909) de Gil de Zárate. Ricardo de Baños y Alberto Marro filmaron *Don Juan Tenorio* (1908), basándose en la obra de Zorrilla (Ruiz 80). Narcís Cuyàs seleccionó partes de *Don Álvaro o la fuerza del sino* (1908) del Duque de Rivas y de *El curioso impertinente* (1908) y *Don Quijote* (1908) de Cervantes (Gómez 17). También Adrià Gual presentó adaptaciones de *El alcalde de Zalamea* (1914) de Calderón y de *La gitanilla* (1914) de Cervantes (17). Por su parte, Blasco Ibáñez cedió los derechos de *La barraca* —que fue llevada al cine con el título de *El tonto de la huerta* (1914)— y de *Entre naranjos* (1915), a la cual aportó sus propias recomendaciones (Ruiz 183). Blasco Ibáñez codirigió *Sangre y arena* (1917), junto con Ricardo de Baños y Max André (182). También Jacinto Benavente se animó a dirigir *Los intereses creados* (1919), basada en su propia obra (198). En 1925 se adaptó la novela anónima *El Lazarillo de Tormes*, así como *El abuelo* de Galdós y *Pepita Jiménez* de Valera (Gómez 21). Además, Camacho Ruiz dirigió *Zalacaín, el aventurero* (1930), en la que actuó Pío Baroja, autor de la obra de igual nombre (Ruiz 428). Por otra parte, mientras que algunos creadores literarios comenzaron a involucrarse en el cine durante estos años, otros, como Unamuno, adoptaron posturas más o menos elitistas, antifilisteas y *cinéfobas*, las cuales encuentran su contrapartida moderna en escritores como Vicente Verdú, quien asevera en su polémico *Decálogo* que "[l]a novela deberá resistirse al intento de ser trasladada al cine, al videojuego o al telefilme".

Tanto las adaptaciones de obras populares como las de la literatura legitimada institucionalmente cumplieron una función importante en estas primeras décadas a la hora de comenzar a definir públicamente una presunta identidad nacional a través del cine, sobre todo en un país como España, donde gran parte de la población todavía no sabía leer. Todo ello apunta hacia la reconstrucción y redefinición de la "comunidad imaginada" nacional, en el sentido descrito por Benedict Anderson, con el objetivo de incorporar a un público cada vez más amplio (6-7). Este impulso básico de reconformación de la nación se intensificó después de la Guerra Civil, pero con unos presupuestos más excluyentes.

En 1932 llegó el cine sonoro a España, con un aumento de precios inicial que no duró mucho (Díez 31). A pesar de las innovaciones técnicas, durante la República no se produjo ninguna ruptura destacable con respecto a las tendencias de transposición hasta ahora descritas. Quizás por ello la crítica republicana de esta época lamentara el hecho de que el cine no hubiera logrado cumplir un propósito pedagógico (Triana 33). Asimismo, la intelectualidad progresista rechazó la falsa imagen de España que derivaba del musical folclórico y de las comedias que promovían una visión social jerarquizada y de orden cuasi estamental (33). Entre los grandes éxitos del cine popular figuran las adaptaciones del director Florián Rey, como *Morena clara* (1936) de Pascual Guillén y Antonio Quintero. Por otra parte, ya durante la República aparecieron transposiciones de algunos de los novelistas que serían adaptados de forma sistemática en la siguiente década, como Pedro Antonio de Alarcón, Wenceslao Fernández Flórez y Concha Espina (Gómez 22).

Tras el golpe de Estado de 1936, el cine cobró un cariz propagandístico en ambos bandos, imponiéndose el género documental sobre la ficción. En el bando fascista, Florián Rey y Benito Perojo continuaron con la tradición del cine folclórico, aunque paradójicamente tuvieron que filmar en Alemania. En el bando republicano, Pedro Puche produjo *Barrios bajos* (1937), película de problemática social y basada en la obra de Luis Elías. No sobra recordar que durante estos años también acudieron a España diversos intelectuales y escritores extranjeros para defender la causa republicana. Así, Dos Passos y Hemingway colaboraron en el guión de *Spain in Flames* (1937), el último también escribió el guión de *Tierra de España* (1937) y André Malraux colaboró con Max Aub en el guión de *Espoir/Sierra de Teruel*, película basada en un episodio de la novela *L'espoir* de Malraux y que no se estrenó hasta 1945 en Francia.

Destruida la República, se inició una nueva etapa de *pacificación* nacional en la que la censura, aplicada por militares y sacerdotes, cobró un papel inusitado. Desde el Estado se intentó además promover un proceso de desmovilización social y política, hasta el punto de que ni siquiera una película falangista como *Rojo y negro* recibió apoyo institucional, puesto que se quería eliminar la dimensión política de la vida cotidiana (Vicente Sánchez-Biosca 143). Por otra parte, el éxito escénico determinó en gran medida qué obras teatrales iban a ser adaptadas al cine durante la década de los cuarenta, con autores como Arniches, Paso, Mihura, Tono, Abati, Marquina, Leandro Navarro, Pascual Guillén, Antonio Quintero, Jardiel Poncela, etcétera. (Gómez 24). Sin duda los más adaptados fueron los hermanos Quintero, junto con Jacinto Benavente. Por su parte, el novelista más adaptado de esta década fue Wenceslao Fernández Flórez, con ocho películas entre 1941 y 1949 (23). También se produjo en esta fase un cine burgués, conservador y escapista basado en novelas sentimentales, como las de Concha y María Luisa Linares, Concha Espina, Benítez de Castro, etcétera (23).

Por otra parte, la revista falangista *Primer Plano* aspiraba ya desde 1941 a marcar las directrices del nuevo cine nacional —al margen de que el público y los directores las avalaran después. A modo de ejemplo, Núria Triana-Toribio subraya el deseo falangista de eliminar del cine las representaciones realistas —y por tanto potencialmente subversivas— de la pobreza extrema experimentada por los vencidos, entre quienes figuraban los jornaleros politizados y el proletariado urbano (38-39). En su lugar, puesto que resultaba imposible generar un nuevo cine *nacional* prescindiendo del pueblo por completo, se proponía la exaltación de un campesinado pobre pero feliz, es decir, sujeto voluntario de su propia sujeción, y encarnación de las supuestas virtudes nacionales (40). Se trataba, pues, de definir al nuevo sujeto nacional en términos de disciplina, resignación y sumisión, de acuerdo con la ideología nacional-católica. A pesar del escepticismo inicial de la Falange y de la Iglesia, las adaptaciones de las comedias y sainetes se ajustaron a la nueva receta sin grandes problemas, si bien con más personajes de la burguesía urbana que del campesinado, siguiendo el ejemplo de Hollywood (40-41). Por otra parte, el proteccionismo oficial del cine nacional frente a las producciones de Hollywood se tradujo en un precio más o menos asequible para el amplio público tras el incremento producido en los primeros años de la posguerra (Díez 35-39). De ahí la importancia de la intervención estatal y de la censura a la hora de moldear los hábitos mentales del gran público y de generar modelos de integración e identificación colectiva. Así pues, ya en 1943 se prohibió el tema de la Guerra Civil en el cine (Triana 46).

También los premios institucionales contribuyeron a orientar la producción cinematográfica, sobre todo con los premios a las películas denominadas de *interés nacional*, a saber, aquéllas que supuestamente contenían "muestras inequívocas de exaltación de valores raciales o en enseñanzas de nuestros principios morales y políticos" (Antonio Vallés 70). A partir de 1944, dichos premios se otorgaron principalmente a películas basadas en obras literarias españolas o de tema histórico. Entre las adaptaciones literarias premiadas figura *El clavo* (1944), basada en el cuento de Pedro de Alarcón, *La Lola se va a los puertos* (1947), a partir de la obra teatral de Antonio y Manuel Machado, y *Locura de amor* (1948), película de gran éxito en España y Latinoamérica —hacia donde se orientaba la exportación del cine franquista—, basada en la obra de Tamayo y Baus.

Durante los años cincuenta continuaron las adaptaciones del teatro castizo, enfatizando sobre todo el folclorismo andaluz, a la vez que se produjeron trasvases de los éxitos escénicos de Mihura, Giménez Arnau, Neville e incluso Buero Vallejo, entre otros (Gómez 25). Continuaron también las adaptaciones de los novelistas de la década previa, así como de aquellos novelistas de posguerra que contaban con el beneplácito del Régimen: Clarasó, Casariego, Catena, García Serrano, Fernández Flórez, Luca de Tena, Giménez Arnau, etcétera. (24). Por su parte, Juan Antonio Bardem se inspiró en Arniches para *Calle Mayor* (1956) y en Valle-Inclán para *Sonatas* (1959).

En cuanto a los directores afines a la dictadura destaca Rafael Gil, quien no sólo volcó su mirada hacia los clásicos, como *Don Quijote de la Mancha* (1947), sino que también llevó al cine las obras de algunos escritores contemporáneos. Ejemplo de esta tendencia sería *Murió hace quince años* (1954), película realizada a partir de la obra teatral de Giménez Arnau y con la que Gil participó en el nuevo cine de reconciliación nacional y propaganda anticomunista de los años cincuenta. Suele apreciarse en este tipo de filme una estructura recurrente: una familia —metáfora de la nación— se vuelve a unir cuando uno de los miembros abandona su antagonismo político (Triana 62). Dicha estructura ya estaba presente de algún modo en *Raza* (1942), película con guión escrito por Francisco Franco y que se erige como máximo exponente en el cine español de la ideología imperialista nacional-católica, dentro del llamado *cine de cruzada*.

Frente al énfasis militar de los cuarenta, en los años cincuenta aparecieron cintas de tema religioso y también de *cine con niño*. Ambas variantes se conjugan en *Marcelino pan y vino* (1955), basada en la novela de Sánchez Silva, y también en *El Lazarillo de Tormes* (1959), adaptación en la que predeciblemente desaparece la crítica social y clerical del texto original (Nuria Cruz-Cámara y Gregory Kaplan 40). Por otra parte, el incipiente proceso de apertura y liberalización económica de la España de los sesenta ya se deja sentir en esta última película, la cual reproduce un "verdadero catálogo de los lugares de visita turística de Castilla" (Esteve Riambau y Casimiro Torreiro 18).

A partir de 1959, los nuevos tecnócratas del Opus Dei abandonaron definitivamente las políticas semiautárquicas del pasado, obligando al Estado a redefinir la imagen caduca y autoritaria de España frente a Europa y a Estados Unidos. La necesidad de renovar el cine español ya había sido articulada célebremente por J. A. Bardem durante las Conversaciones de Salamanca de 1955, donde comenzó a gestarse una visión culturalista del cine (Manuel Trenzado 147-148). Por su parte, el Régimen había dado alguna señal esporádica de apertura al permitir que se adaptaran algunas obras de autores no bienquistos, como Unamuno o Baroja. En 1962, Manuel Fraga se hizo cargo del Ministerio de Información y Turismo y asignó la Dirección General de Cinematografía a José María García Escudero. Escudero intentó poner en marcha un nuevo cine "de calidad", en consonancia con la nueva política de la "democratización de la cultura" —es decir, de la "alta cultura"— que promovía André Malraux desde el Ministerio de Cultura francés (Trenzado 144-145). El resultado fue el llamado Nuevo Cine Español (NCE), exportable, intelectual, joven, moderno y orientado sobre todo hacia los festivales internacionales. Los directores del NCE hicieron un cine de "oposición controlada" (Román Gubern 211), presentando una visión crítica de la realidad pero a través de un estilo alegórico capaz de sortear la censura (John Hopewell 63-77). Algunos de estos filmes se presentaron en los circuitos extranjeros sin llegar a estrenarse en España, mientras que otros tuvieron difusión limitada y no fueron bien recibidos por el amplio público, quien no se reconocía en ellos. Quizás una de las grandes excepciones a esta tendencia fue *La tía Tula* (1964) de Miguel Picazo, película inspirada en la novela de Unamuno y que presenta una visión crítica de la represión de la mujer durante el franquismo. Fue bien acogida por el público y por la crítica.

Escudero también adoptó importantes medidas de fomento a partir de 1964 para promover este nuevo cine "de calidad". Así, aquellas películas calificadas de "interés especial" por sus cualidades estéticas recibieron ventajas de financiación y exhibición (Trenzado 149). Entre 1965 y 1970, la más comercial de este tipo fue *Fortunata y Jacinta* (1969), de Angelino Fons (150). Por otra parte, también se produjeron películas críticas en clave de humor negro y de esperpento. Valga el caso de *El cochecito* de Marco Ferreri, basada en una novela de Rafael Azcona y que ya en 1960 subvertía el discurso modernizador franquista (Marsha Kinder 112), así como la representación de la familia reconciliada como metáfora de la nación.

También los nuevos éxitos teatrales se seguían adaptando para la gran pantalla. En este sentido, conviene destacar el caso insólito del dramaturgo Alfonso Paso, cuya obra dio pie a más de 20 películas durante los años sesenta (Gómez 191-195). Además, junto a los novelistas familiares, se adaptaron obras de los modernos, como Bellver, Aldecoa, Delibes, Azcona, etcétera (25).

En los años setenta, continuó la práctica de acudir a la literatura del pasado para realizar una crítica indirecta del presente. Valga el caso de *La leyenda del alcalde de Zalamea* (1973) de Mario Camus o el de *Tormento* (1974) de Pedro Olea, basada en la novela de Galdós. También Buñuel presentó una interpretación personal de Galdós en filmes como *Tristana* (1971), *Viridiana* (1961) —con gran escándalo en el Festival de Cannes de ese año— y *Nazarín* (1959).

Con la muerte de Franco en 1975 se prosiguió con el proceso tutelado de la Transición. Oficialmente, la censura no desapareció hasta 1977, al menos en teoría. Sin embargo, ya en 1976 apareció una película perturbadora como es *Pascual Duarte*, adaptación de la novela de Cela. Para Marsha Kinder se trata de un filme radical, cruel y sin sentimentalismo, abocado a exponer la perversión de la violencia "purificadora" del Régimen (196). La derecha respondió con películas como *Uno del millón de muertos* (1976), a partir de la novela de Emilio Romero.

Liberalizada la censura, apareció por primera vez un cine politizado de reconstrucción histórica. Así, Ungría dirigió *Soldados* (1977), basada en la novela de Max Aub, y Antonio Drove dirigió *La verdad sobre el caso Savolta* (1980), una de las pocas películas que, según Trenzado Romero, incluye la lucha de clases como factor explicativo de la Guerra Civil (313). Por otra parte, el *cine de destape* propició la transposición de obras como *El retrato de la lozana andaluza* de Delicado o *El libro de Buen Amor* del Arcipreste de Hita (Gómez 26). En esta línea se sitúa más recientemente *Tirante el Blanco* (2006), dirigida por Vicente Aranda.

Raúl Morodo menciona tres pilares sobre los cuales se llegó a construir un "consenso ulterior" durante la Transición, a saber: "no cuestionar el sistema socio-económico, no plantear responsabilidades" por hechos cometidos antes del pacto y "no lanzarse a la polémica Monarquía/República" (145). Trenzado confirma la dificultad de encontrar películas que tematicen directamente estos problemas, sobre todo en el cine de consumo dominante (89). También Peter Besas añade otro tema que había que evitar: "la crítica a la monarquía, las fuerzas armadas y quizás la policía o más concretamente la temida y sacrosanta Guardia Civil" (185). En este sentido, valga recordar el caso de *El crimen de Cuenca* (1979) de Pilar Miró, inspirada en la novela *El lugar de un hombre* de Ramón J. Sender y basada en hechos verídicos, que expone detalladamente cómo la Guardia Civil tortura a unos sospechosos inocentes. La película fue confiscada durante más de un año y medio y Miró fue objeto de un proceso militar.

Ya en la fase del llamado *desencanto* político a partir de 1980, Aranda dirigió películas como *La muchacha de las bragas de oro* (1980), a partir de la novela de Marsé, y *Asesinato en el Comité Central* (1982) de Vázquez Montalbán. Ambos escritores han sido adaptados de forma cuasi sistemática hasta el presente. En este sentido, no sobra recordar que la adaptación de novelistas más o menos consagrados —Juan Marsé, Manuel Vázquez Montalbán, Arturo Pérez-Reverte, Alberto Vázquez-Figueroa, etcétera— se suele considerar como una buena apuesta comercial: quienes leyeron el libro sentirán curiosidad por ver la versión cinematográfica y quienes no invirtieron en él podrán ahora ver una representación fílmica, con el consecuente aumento en las ventas de ejemplares tras el estreno (Antoine Jaime 21).

En 1982, tras la victoria del PSOE, se aprobó la llamada Ley Miró. En líneas generales, su fin consistía en fomentar un nuevo cine *de qualité* a nivel nacional e internacional, promover el patrimonio cultural y literario español a través del cine, subvencionar a nuevos directores y tomar medidas para marginar el cine de bajo presupuesto, a saber, el cine erótico y las comedias derechistas tipo Ozores (Triana 108-119). También se establecieron acuerdos con RTVE para fortalecer y exhibir el cine nacional. Dejando a un lado las acusaciones de paternalismo, podría decirse que durante los años ochenta se produjo una suerte de Edad de Oro para las transposiciones literarias, con la recuperación de escritores y obras proscritas durante la dictadura. Pueden recordarse los casos de Delibes *(Los santos inocentes, El disputado voto del señor Cayo, El tesoro, La sombra del ciprés es alargada)*, Sender *(Valentina, 1919, Crónica del alba, Réquiem por un campesino español)*, Fernán Gómez *(Las bicicletas son para el verano, El viaje a ninguna parte, El mar y el tiempo)*, Valle-Inclán *(Luces de bohemia, Divinas palabras)*, Lorca *(La casa de Bernarda Alba)*, Cela *(La colmena)*, Fernández Santos *(Extramuros)*, Buero Vallejo *(Esquilache)* y Martín Santos *(Tiempo de silencio)*. Gran parte de este cine se produjo con el propósito deliberado de cuestionar los mitos del franquismo. Ahora bien, Hopewell observa correctamente que esta preocupación por el pasado también termina por desviar la atención de los problemas reales del presente (228). Ejemplo de ello sería el caso de *Los santos inocentes*, obra cumbre de esta etapa que sin embargo representa una España pretérita, rural y semifeudal, completamente desvinculada de la España de los ochenta, y cuyo final optimista y complaciente contrasta con el pesimismo de la novela (Isolina Ballesteros 244-248).

Si bien el *cine Miró* logró crear un nuevo *look* identificable y europeo —aunque bastante homogéneo—, el público español realmente no avaló el esfuerzo. Por su parte, Triana-Toribio advierte notables coincidencias entre el proyecto socialista y el de los años cuarenta: grandes subvenciones para películas *buenas*, temas históricos y literarios, creación de consenso nacional, el deseo de marginar cierto tipo de filmes, etcétera (116-119). A esta perspicaz comparación convendría añadir otra similitud, en tanto que también se produjo durante esta etapa una segunda fase de desmovilización política y social, análoga a la de los años cuarenta. A ello contribuyó un director, parcialmente subvencionado, como Almodóvar, quien llegó a inspirarse en Jean Cocteau para *Mujeres al borde de un ataque de nervios*. Sin duda el cine de *la movida* se caracterizaba por una celebración de actitudes hedonistas, individualistas, pasotistas y despolitizadas. Este fenómeno de evasión y retracción hacia la esfera de lo privado continuó durante los años noventa con la llegada de una nueva generación de directores que, a diferencia de los directores de la tradición de autor —que continuaron en la vena realista— apostaron por una ruptura formal y temática con el cine de compromiso político (141-144). Todo ello coincide aproximadamente con los recortes en las subvenciones estatales de comienzos de los noventa y con la insistencia del Partido Popular en la desregulación y la viabilidad comercial (144-145). También conviene tener en cuenta el constante incremento en los precios de las entradas, lo que implica un cambio demográfico y clasista en la asistencia habitual al cine: personas con un nivel de rentas medio y alto, buena formación, afincadas en los núcleos urbanos, solteras y jóvenes (Díez 43). Así pues, en los años noventa comenzó a producirse un cine bajo la cómoda etiqueta de la "diversidad" (Triana 145), un cine frecuentemente orientado hacia el mercado internacional, en el que a veces se conjugan lo local y lo global, y en el que abundan las co-producciones entre países y canales de televisión. Entre las adaptaciones memorables de esta década cabe mencionar *Historias del Kronen* de Montxo Armendáriz, que presenta una imagen perturbadora de la juventud más irreflexiva de Madrid, así como *La pistola de mi hermano* de Ray Loriga. También destacan títulos como *Beltenebros*, *El rey pasmado*, *El maestro de esgrima*, *La pasión turca*, *Tranvía a la Malvarrosa*, *Territorio Comanche*, *El pianista*, *El abuelo*, *Mensaka*, *Yerma*, *El perro del hortelano* y *La Celestina*, película que no tiene en cuenta la dimensión paródica del texto original.

    Finalmente, conviene recordar que la industria cinematográfica ha producido en los últimos años toda una serie de adaptaciones de calidad que aprovechan el renovado interés de las nuevas generaciones por la Guerra Civil y por las víctimas del franquismo: *La lengua de las mariposas*, *Soldados de Salamina*, *El viaje de Carol*, *Los girasoles ciegos*, etcétera. Estas películas presentan relatos personales, íntimos y conmovedores. Algunas de ellas, con el propósito de vindicar a los vencidos, reproducen esquematismos maniqueos como los de Hollywood, aunque sin criticar a los auténticos detentadores del poder. Se trata, pues, de un tipo de representación que poco ayuda a esclarecer las causas y consecuencias reales del golpe de Estado fascista. Por otra parte, este tipo de cine es congruente con el énfasis mediático y estatal en materia de *memoria* —vocablo que, en principio, alude a un proceso individual, personal, subjetivo y gratuito—, memoria que se ofrece como premio de consolación frente a las grandes deficiencias de la Justicia —la cual se basa en la realidad objetiva, en los datos empíricos, en un proceso que requiere una fuerte inversión estatal. En este sentido, la representación fílmica puede contribuir a naturalizar los esquemas del pensamiento hegemónico o puede ayudar a trascender y subvertir sus presupuestos. Quizás la década entrante dé visos de hacer lo segundo.

REFERENCIAS

ANDERSON, Benedict (1991): *Imagined Communities. Reflections on the Origin and Spread of Nationalism*. 2ª ed. London: Verso.
BALLESTEROS, Isolina (2003): "Film and Literature in the Socialist Period." En: Turner, Harriet/López de Martínez, Adelaida (eds.): *The Cambridge Companion to the Spanish Novel: From 1600 to the Present*. Cambridge: Cambridge University Press, pp. 231-250.
BESAS, Peter (1985): *Behind the Spanish Lens*. Denver: Arden Press.
CRUZ-CÁMARA, Nuria/KAPLAN, Gregory (2002): "Una revisitación franquista de *El lazarillo de Tormes*". En: Mínguez Arranz, Norberto (ed.): *Literatura española y cine*. Madrid: Editorial Complutense, pp. 27-42.
DÍEZ PUERTAS, Emeterio (2003): *Historia social del cine en España*. Madrid: Fundamentos.
GUBERN, Román (1981): *La censura: Función política y ordenamiento jurídico bajo el franquismo (1936-1975)*. Barcelona: Ediciones Península.
ECO, Umberto (1984): *The Role of the Reader: Explorations in the Semiotics of Texts*. Bloomington: Indiana University Press.
GRAHAM, Helen (1995): "Popular Culture in the 'Years of Hunger". En: Graham, Helen/Labanyi, Jo (eds.): *Spanish Cultural Studies*. Oxford: Oxford University Press, pp. 237-245.
GÓMEZ VILCHES, José (1998): *Cine y literatura: Diccionario de adaptaciones de la literatura española*. Málaga: Área de Cultura Ayuntamiento de Málaga.
HOPEWELL, John (1986): *Out of the Past: Spanish Cinema After Franco*. London: BFI Books.

Jaime, Antoine (2000): *Literatura y cine en España (1975-1995)*. Madrid: Cátedra.

Kinder, Marsha (1993): *Blood Cinema: The Reconstruction of National Identity in Spain*. Los Angeles: University of California Press.

Morodo, Raúl (1984): *La transición política*. Madrid: Tecnos.

Pérez Perucha, Julio (2009): "Narración de un aciago destino (1896-1930)". En: Gubern, Román et al.: *Historia del cine español*. 6ª ed. ampliada. Madrid: Cátedra, pp. 19-121.

Riambau, Esteve/Torreiro, Casimiro (1998): *Guionistas en el cine español*. Madrid: Cátedra.

Ruiz, Luis Enrique (2004): *El cine mudo en sus películas*. Bilbao: Ediciones Mensajero.

Sánchez-Biosca, Vicente (2006): *Cine y guerra civil española. Del mito a la memoria*. Madrid: Alianza Editorial.

Trenzado Romero, Manuel (1999): *Cultura de masas y cambio político: El cine español de la transición*. Madrid: CIS y Siglo XXI de España.

Triana-Toribio, Núria (2003): *Spanish National Cinema*. London: Routledge.

Vallés Copeiro del Villar, Antonio (2000): *Historia de la política de fomento del cine* español. 2ª ed. Valencia: Ediciones de la Filmoteca.

Verdú, Vicente (17 de marzo de 2010): "Decálogo del moderno". En: *Técnica literaria*. www.tecnicaliteraria.com/article1112.html.

NARRATIVA DE ESCRITORAS ESPAÑOLAS EN EL NUEVO MILENIO

Carmen de Urioste
Arizona State University

Como punto de partida para hablar de la narrativa española escrita por mujeres en el momento actual, es necesario mencionar una serie de ensayos sobre este tema publicados en los últimos diez años para, a continuación, realizar una cronología de los grupos de escritoras que conviven en el periodo analizado.

El milenio se estrena con un libro de entrevistas titulado *Palabras de mujeres. Escritoras españolas contemporáneas* (2000), de María del Mar López Cabrales. Aunque el subtítulo haga referencia a escritoras en general, López entrevista exclusivamente a narradoras —con la excepción de la poeta y novelista Ana Rossetti— que han sido piedra angular de la escritura femenina/feminista en la España democrática de los últimos años del siglo XX: Esther Tusquets, Josefina Aldecoa, Soledad Puértolas, Cristina Fernández Cubas, Marta Sanz, Rosa Regás, Irene Gracia, Elvira Lindo, Juana Salabert, Dulce Chacón y Belén Gopegui, junto a la mencionada Rossetti. La finalidad de López en estas entrevistas "ha sido analizar el estado del feminismo en España a través de un grupo de mujeres prominentes, intelectuales, escritoras con un gran protagonismo en la esfera cultural del fin de siglo" (46).

Por su parte, Alicia Redondo Goicoechea edita en 2003 un libro que "responde al proyecto de reunir en un solo volumen a las narradoras españolas nacidas desde 1960" (11) y que, con el título *Mujeres novelistas. Jóvenes narradoras de los noventa*, analiza las obras de Almudena Grandes, Mercedes

Abad, Cuca Canals, Juana Salabert, Belén Gopegui, Luisa Castro, Lucía Etxebarria, Gabriela Bustelo, Marta Sanz, Care Santos, Espido Freire e Inma Monsó. El ensayo de Redondo se completa con valiosísimos artículos bibliográficos de jóvenes escritoras en castellano, catalán, gallego y vasco, además de un capítulo dedicado a la ciencia ficción escrita por mujeres.

Junto a estos dos títulos hay que mencionar dos libros publicados por Christine Henseler en 2003, relacionados entre sí por tratar ambos el tema de la industria cultural y el mercado en relación con las escritoras españolas. El primero de ellos consiste en una compilación de artículos bajo el título *En sus propias palabras: escritoras españolas ante el mercado literario*, en donde, como en el caso de López, se vuelve a entender escritora como sinónimo de narradora. En el libro, "cada autora estudia la relación entre su carrera y el mercado literario a través de una visión 'corporal', o sea, a partir de una perspectiva que cuestiona el uso de la biología para fines de definición y promoción" ("Introducción" 13). En *En sus propias palabras*, Henseler reúne ensayos de las siguientes escritoras: Paloma Díaz Mas, Elena Santiago, Almudena Grandes, Clara Obligado, Laura Freixas, Paula Izquierdo, Care Santos, Marta Sanz, Lola Beccaria y Begoña Huertas. Asimismo del 2003, el segundo libro de Henseler, *Contemporary Spanish Women's Narrative and the Publishing Industry*, versa sobre las obras de un grupo de narradoras españolas —Paloma Díaz Mas, Lourdes Ortiz, Cristina Peri Rossi, Esther Tusquets, Almudena Grandes y Lucía Etxebarria— en relación con la industria editorial. Además de las narradoras individualmente estudiadas, Henseler menciona en su estudio otras muchas escritoras con concomitancias con las antologadas en su libro anterior: Nuria Barrios, Lola Beccaria, Luisa Castro, Espido Freire, Belén Gopegui, Begoña Huerta, Paula Izquierdo, Clara Obligado, Carmen Posadas, Carmen Rigalt, Blanca Riestra, Juana Salabert, Care Santos, Marta Sanz y Clara Usón[1].

En líneas generales, estos ensayos contendrían los temas prominentes en el estudio de la narrativa de escritoras en España durante los últimos diez años: la relación de la escritura femenina con la industria editorial; la vinculación entre escritura y biología; la identificación de escritora con narrado-

---

[1] Otros muchos libros se centran en el tema de la escritura femenina, entre ellos: *Literatura y mujer* (2000), de Laura Freixas, o *Lo mío es escribir* (2004), volumen I de la serie *La vida escrita por las mujeres*, a cargo de Anna Caballé, en el que se antologan textos de escritoras españolas e hispanoamericanas publicados entre 1960 y 2000. Asimismo, en *Mirrors and Echoes. Women's Writing in Twentieth-Century Spain* (2007), editado por Emilie L. Bergmann y Richard Herr, se analizan las obras de algunas de las autoras aquí nombradas.

ra; la apertura de la escritura a las lenguas autonómicas y, por último, la incorporación a la narrativa de nuevos temas, entre ellos, la orientación sexual, las nuevas familias o la construcción del género. Sin embargo, los volúmenes antedichos analizan únicamente las obras de las escritoras del *boom* de literatura femenina, así como las de las escritoras comprendidas dentro del grupo de la nueva narrativa española[2]. Por tanto, para completar la panorámica de la narrativa española escrita por mujeres en los albores del siglo XXI, habría que añadir la producción de dos grupos más: el de las escritoras *mayores* —aquéllas que empezaron a publicar sus textos en la posguerra— y el de las novísimas narradoras —que han empezado a publicar en la primera década del milenio. En consecuencia, es válido establecer un esquema temporal compuesto por cuatro grupos de narradoras que publican sus textos en los primeros años del milenio: las escritoras *mayores*, las escritoras de la democracia, las escritoras del *boom* y las novísimas escritoras.

Entre las narradoras mayores sobresale el caso de Lluïsa Forrellad (1927) que, después de ser la ganadora en 1954 del Premio Nadal con *Siempre en capilla*, ha guardado silencio durante medio siglo hasta que en 2006 publicó *Foc latent (Fuego latente)*. En esta novela-saga, Forrellad narra la historia del ascenso social de Pol Caselles en el marco de la Barcelona finisecular del XIX. Dejando el singular caso de Forrellad aparte, las escritoras mayores han desarrollado una extensa actividad editorial en esta última década. Tal es el caso de Mercedes Salisachs (1916), que estrena el milenio con la publicación en el año 2000 de *Los clamores del silencio* y en los años subsiguientes publica *La conversación* (2002), *Desde la dimensión intermedia* (2003), *El último laberinto* (2004), *Reflejos de luna* (2005) y *Entre la sombra y la luz* (2007). Asimismo, es necesario destacar la fructífera actividad de Josefina Aldecoa (1926) durante estos mismos años, con la publicación de las siguientes novelas: *El enigma* (2002), de contenido amoroso; *Vergel* (2003), con una temática sobre la ambición y la duda; *La casa gris*, publicada en 2005 aunque fuera escrita cuando la autora tenía 24 años, en la que se narra la diferencia entre la España de los años cincuenta y Europa a través de su protagonista Teresa; y *Hermanas* (2008), de corte sentimental y basada en la historia de dos hermanas, Isabel y Ana. Interesada en una narrativa semificcional en la cual las vivencias personales y los recuerdos se mezclan con la pura fic-

---

[2] Véase mi artículo (2004) "Mujer y narrativa: Escritoras/escrituras al final del milenio". En: Cuz, Jacqueline/Zecchi, Barbara (eds.): *La mujer en la España actual. ¿Evolución o involución?*

ción, el milenio se inicia para Esther Tusquets (1936) con *Correspondencia privada* (2001), narración entre la novela y el cuento, escrita de manera fragmentaria a través de cuatro cartas —dirigidas a personas reales— y un epílogo. Después de varias narraciones puramente memorialistas, la autora publica *¡Bingo!* (2007), asimismo de tonos autobiográficos, donde relata tanto la ludopatía de su personaje masculino, casado con una mujer de la que no está enamorado, como el descubrimiento de un nuevo mundo, el del bingo, y de un nuevo amor. Finalmente, Ana María Matute (1926) ha publicado sus dos últimas novelas —*Aranmanoth* (2000) y *Paraíso inhabitado* (2008)— dentro de una literatura de tipo fantástico. Además, Matute ha recibido dos de los más prestigiosos premios literarios dentro del ámbito español: el Premio Nacional de las Letras Españolas (2007) y el Premio Quijote de las Letras Españolas (2008).

Dada la cantidad de premios, artículos críticos y atención que han recibido y reciben las narradoras de la democracia —aquéllas que empiezan a escribir después de la muerte del general Francisco Franco— solamente mencionaré los últimos títulos de las mismas. Alejadas de las narraciones de corte autobiográfico y en primera persona, características generalmente aceptadas como normales en la escritura femenina, en la producción de este grupo de narradoras cabe destacar la pluralidad de temas desarrollados tanto en novelas de interés general como en novelas de género. El año 2009 comienza con la concesión a Maruja Torres (1943) del Premio Nadal por su novela *Esperadme en el cielo* (2009), homenaje a su barrio natal, el Raval, y a dos de sus amigos desaparecidos: Manuel Vázquez Montalbán y Terenci Moix. Anteriormente, Torres había recibido el Premio Planeta por *Mientras vivimos* (2000), donde se narran los desprestigiados vínculos amistosos entre tres mujeres: la joven Judit, la adulta escritora Regina Dalmau y la ya desaparecida Teresa. Almudena Grandes (1960) publica en 2007 *El corazón helado*, historia de amor con el transfondo histórico de la Guerra Civil española, tema que desde una perspectiva femenina había sido tratado con anterioridad por Dulce Chacón (1954-2003) —*Cielos de barro* (2000) y *La voz dormida* (2002)[3]—, así como por Ángeles Caso en *Un largo silencio* (2000). Tras dos exitosas narraciones relacionadas con la historia —*El corazón del Tártaro* (2001) e *Historia del Rey Transparente* (2005)— Rosa Montero (1951) publica *Instrucciones para salvar al*

---

[3] Con el título general de Trilogía de la Huida, la editorial Alfaguara publica en 2007 tres novelas de Chacón: *Algún amor que no mate*, *Blanca vuela mañana* y *Háblame, musa, de aquel varón*, aparecidas en 1996, 1997 y 1998 respectivamente.

mundo (2008), novela contada desde el humor y lo cotidiano de los desafíos de la sociedad contemporánea: temas como la trata de blancas, los asesinatos en serie, la inmigración, los mundos virtuales, la marginalidad de los extrarradios, el terrorismo, el cambio climático, entre otros, aparecen narrados por personajes desarraigados y noctámbulos. Por otro lado, Marina Mayoral (1942) apuesta por el crimen del marido en *Casi perfecto* (2007) y Soledad Puértolas (1947) por la historia de la familia Moraleda como excusa para llevar a cabo una exploración del pasado, en *Cielo oscuro* (2008). Con una incursión tardía en la literatura —como pasó con Tusquets— habría que incluir en este grupo a Rosa Regàs (1933), que en estos años, además de libros de viajes y cuentos, ha publicado *La canción de Dorotea* (2001), Premio Planeta, y más recientemente *Viento armado* (2006). Dentro de la literatura de corte fantástico se encuentra Pilar Pedraza (1951), que desde el inicio del milenio ha entregado *La perra de Alejandría* (2003) y *El síndrome de Ambrás* (2008). La primera de estas narraciones tiene como protagonista la ciudad de Alejandría durante las celebraciones de las fiestas dionisiacas, y la segunda de ellas se centra en la licantropía del protagonista, lord Ashtron.

Muchas son las autoras que pueden ser incluidas en el grupo del denominado *boom* de narrativa femenina, escritoras que publicaron su primera novela en los años noventa y que en el nuevo milenio han alcanzado fama internacional. Una lista provisional e incompleta incluiría a Belén Gopegui, Juana Salabert, Lucía Etxebarria, Susana Fortes, Ángela Vallvey, Marta Sanz, Luisa Castro, Cuca Canals, Pilar Zapata Bosch, Gabriela Bustelo, Care Santos y Espido Freire, entre otras muchas. Estas narradoras han conquistado espacios de muy difícil acceso para las mujeres —como los premios, los jurados literarios, las ferias de libros o los espacios televisivos dedicados a la cultura—, aunque hay que señalar que la presencia de escritoras en general sigue siendo mínima y que todavía causa sorpresa que un premio literario sea otorgado a una mujer. Entre los premios recibidos por este grupo, se pueden citar el Premio Alfaguara a Clara Sánchez (1955) por *Últimas noticias del paraíso* (2000); el Premio Azorín a Luisa Castro (1966) por *El secreto de la lejía* (2001) y a Dulce Chacón por *Cielos de barro* (2000); el Premio Biblioteca Breve a Juana Salabert (1962) por *Velódromo en invierno* (2001), a Elvira Lindo (1962) por *Una palabra tuya* (2005) y a Luisa Castro por *La segunda mujer* (2006); el Premio Nadal a Ángela Vallvey (1968) por *Los estados carenciales* (2002); el Premio Primavera de Novela a Lucía Etxebarria (1966) por *De todo lo visible e invisible* (2001) y a Nativel Preciado (1948) por *Camino de hierro* (2007); el Premio Planeta a Lucía Etxebarria por *Un milagro en equilibrio* (2004) y a

Maria de la Pau Janer (1966) por *Pasiones romanas* (2005). Con premio o sin él, cabe destacar la trayectoria literaria de Gopegui (1963), que desde sus inicios ha centrado su escritura en temas existenciales del individuo contemporáneo y que en su última novela, *El padre de Blancanieves* (2007), trata cuestiones como la inmigración, el trabajo y el despido, la responsabilidad social de la clase media y la separación de las esferas pública y privada. A este mismo grupo pertenecen escritoras sobradamente conocidas por sus *best sellers,* como Matilde Asensi (1962) y Julia Navarro (1953), cuyas novelas —dentro del género de la ficción histórica— han alcanzando altas cotas de popularidad y venta, especialmente *El último Catón* (2001) de Asensi, basada en las aventuras de la monja paleógrafa Ottavia Salina, y *La hermandad de la Sábana Santa* (2004) de Navarro, centrada en el robo de la reliquia del título de la catedral de Turín[4]. Menos conocidas son las narradoras que pertenecen a géneros minoritarios, como por ejemplo Elia Barceló (1957) que, junto a la argentina Angélica Gorodischer, es una de las principales escritoras de ciencia ficción en habla española. Su última novela, *Corazón de tango* (2007), se sitúa dentro de la literatura fantástica, teniendo como referentes a Julio Cortázar y Luis Astolfi. La ciencia ficción se cruza con temas de identidad sexual y de género en novelas como *Planeta Hembra* (2001) de Gabriela Bustelo (1962), parodia de la sociedad patriarcal dentro del tópico del mundo al revés: la tierra se encuentra regida por las mujeres al tiempo que los hombres están en una situación de semiesclavitud. Por otro lado, desde una perspectiva lésbica radical escribe Isabel Franc, que en 2002 publicó su última novela con el seudónimo de Lola van Guardia, *La mansión de las tríbadas,* para continuar con su nombre real en *No me llames cariño* (2004)[5]. En esta novela, de tintes paródicos como las anteriores de Van Guardia, Franc mezcla la intriga detectivesca —a través del personaje de la inspectora García— con un humor lésbico muy característico de la autora.

Para completar este sucinto recorrido por la narrativa española contemporánea escrita por mujeres, es necesario mencionar al grupo de novelistas más jóvenes que publican su primera novela alrededor del cambio de milenio. Este nuevo grupo de escritores, en general, ha sido denominado por Julio

---

[4] Estas dos autoras, junto con Carlos Ruiz Zafón, Javier Sierra e Ildefonso Falcones, están en la lista de autores de *best sellers* más leídos del mundo, con once millones de ejemplares vendidos de sus novelas.

[5] Con *La mansión de las tríbadas* se completa la trilogía de Lola van Guardia, compuesta además por *Con pedigree* (1997) y *Plumas de doble filo* (1999).

Ortega y Juan Francisco Ferré como *mutante,* es decir, "narradores educados en la escuela de la imagen y los medios, y en la escuela de la globalización, y en la escuela del recalentamiento informativo y el enfriamiento global de las estructuras humanas de relación" (Ferré 11). Dentro de dicha corriente se encuentran, entre otras, las siguientes escritoras: Marta Rivera de la Cruz (1970), cuya última novela, *En tiempo de prodigios* (2006), narra la extraña amistad entre una joven, Cecilia, sumida en una crisis personal, y un anciano, Silvio, con una particular historia; Patricia Rodríguez (1975), que en su único libro hasta el momento, *19 pulgadas* (2008), retrata la globalización y otros problemas de la sociedad del momento como la drogadicción, el tráfico de estupefacientes y el sexo vacío; Cristina Grande (1962), que en *Naturaleza infiel* (2008) realiza un recorrido por los recuerdos de Renata, la narradora-protagonista; Eva Puyó, que en *Ropa tendida* (2008) describe la educación sentimental de la protagonista dentro de una familia de clase media baja; Eugenia Rico (1972), de la cual cabe destacar *La muerte blanca* (2002), Premio Azorín, y *La edad secreta* (2004), Premio Primavera de Novela, así como su última entrega *Aunque seamos malditos* (2008), cuyo hilo argumental se centra en la brujería femenina; Rosa Ribas (1963), con dos importantes novelas de género: la novela histórica *El pintor de Flandes* (2006) y la novela policiaca *Entre dos aguas* (2007); Lolita Bosch (1970), entre cuyas obras —siempre en busca de la experimentación con el lenguaje y las formas narrativas y publicadas generalmente tanto en catalán como en castellano— se pueden citar *Una: la historia de Piiter y Py* (2008), centrada en la experiencia de un superviviente de Auschwitz, y *La familia de mi padre* (2008) en la cual, a partir de la muerte del padre de la autora, se traza la historia novelada de su familia así como la de la ciudad de Barcelona; y por último, Gloria Méndez, autora hasta el momento de dos celebradas novelas: *El informe Kristeva* (1997), investigación apócrifa de la vida de la artista polaca Ana Kristeva, y *La verdadera historia de Sara James* (2004), sobre la realidad de la existencia a través del recorrido vital de su protagonista, la exitosa escritora Sara James.

REFERENCIAS

ALDECOA, Josefina (2005): *La casa gris.* Madrid: Alfaguara.
— . (2002): *El enigma.* Madrid: Alfaguara.
— . (2008): *Hermanas.* Madrid: Alfaguara.
— . (2003): *Vergel.* Madrid: Alfaguara.

Asensi, Madilde (2001): *El último Catón*. Barcelona: Plaza & Janés.
Barceló, Elia (2007): *Corazón de tango*. Madrid: 451 Editores.
Bergmann, Emilie L./Herr, Richard (eds.) (2007): *Mirrors and Echoes. Women's Writing in Twentieth-Century Spain*. Berkeley/Los Angeles: University of California Press.
Bosch, Lolita (2008): *La familia de mi padre*. Barcelona: Mondadori.
— . (2008): *Una: la historia de Piiter y Py*. Oaxaca: Almadía.
Bustelo, Gabriela (2001): *Planeta Hembra*. Barcelona: RBA.
Caballé, Anna (dir.) (2004): La vida escrita por las mujeres. Barcelona: Lumen.
Caso, Ángeles (2000): *Un largo silencio*. Barcelona: Planeta.
Castro, Luisa (2001): *El secreto de la lejía*. Barcelona: Planeta.
— . (2006): *La segunda mujer*. Barcelona: Seix Barral.
Chacón, Dulce (2000): *Cielos de barro*. Barcelona: Planeta.
— . (2002): *La voz dormida*. Madrid: Alfaguara, 2002.
— . (2007): *Trilogía de la huida*. Madrid: Alfaguara.
Etxebarria, Lucía (2004): *Un milagro en equilibrio*. Barcelona: Planeta.
— . (2001): *De todo lo visible e invisible*. Madrid: Espasa.
Ferré, Juan Francisco (2007): "La literatura del post. Instrucciones para leer la narrativa española de última generación". En: Ortega, Julio/Ferré, Juan Francisco (ed.): *Mutantes. Narrativa española de última generación*. Córdoba: Berenice, pp. 7-21.
Forrellad, Luisa (1954): *Siempre en capilla*. Barcelona: Destino.
— . (2006): *Foc latent*. Barcelona: Angle. *Fuego latente*. Trad. de Mª Ángeles Cabré Castells. Madrid: Espasa Calpe.
Freixas, Laura (2000): *Literatura y mujer*. Barcelona: Destino.
Franc, Isabel (2004): *No me llames cariño*. Barcelona: Egales.
Gopegui, Belén (2007): *El padre de Blancanieves*. Barcelona: Anagrama.
Grande, Cristina (2008): *Naturaleza infiel*. Barcelona: RBA.
Grandes, Almudena (2007): *El corazón helado*. Barcelona: Tusquets.
Henseler, Christine (2003): *Contemporary Spanish Women's Narrative and the Publishing Industry*. Urbana: University of Illinois Press.
— . (2003): *En sus propias palabras: escritoras españolas ante el mercado literario*. Madrid: Torremozas.
Janer, Maria de la Pau (2005): *Pasiones romanas*. Barcelona: Planeta.
Lindo, Elvira (2005): *Una palabra tuya*. Barcelona: Seix Barral.
López Cabrales, María del Mar (2000): *Palabras de mujeres. Escritoras españolas contemporáneas*. Madrid: Narcea.
Matute, Ana María (2000): *Aranmanoth*. Barcelona: Destino.
— . (2008): *Paraíso inhabitado*. Barcelona: Destino.
Mayoral, Marina (2007): *Casi perfecto*. Madrid: Alfaguara.
Méndez, Gloria (1997): *El informe Kristeva*. Barcelona: Seix Barral.
— . (2004): *La verdadera historia de Sara James*. Barcelona: Lumen.

Montero, Rosa (2001): *El corazón del Tártaro*. Madrid: Espasa Calpe.
— . (2005): *Historia del Rey Transparente*. Madrid: Alfaguara.
— . (2008): *Instrucciones para salvar al mundo*. Madrid: Alfaguara.
Navarro, Julia (2004): *La hermandad de la Sábana Santa*. Barcelona: Plaza & Janés.
Pedraza, Pilar (2003): *La perra de Alejandría*. Madrid: Valdemar.
— . (2008): *El síndrome de Ambrás*. Madrid: Valdemar.
Preciado, Nativel (2007): *Camino de hierro*. Madrid: Espasa.
Puértolas, Soledad (2008): *Cielo oscuro*. Barcelona: Anagrama.
Puyó, Eva (2007): *Ropa tendida*. Zaragoza: Xordica.
Redondo Goicoechea, Alicia (ed.) (2003): *Mujeres novelistas. Jóvenes narradoras de los noventa*. Madrid: Narcea.
Regàs, Rosa (2001): *La canción de Dorotea*. Barcelona: Planeta.
— . (2006): *Viento armado*. Barcelona: Planeta.
Ribas, Rosa (2007): *Entre dos aguas*. Barcelona: Umbriel.
— . (2006): *El pintor de Flandes*. Barcelona: Roca.
Rico, Eugenia (2008): *Aunque seamos malditos*. Madrid: Suma de Letras.
— . (2004): *La edad secreta*. Madrid: Espasa.
— . (2002): *La muerte blanca*. Barcelona: Planeta.
Rivera de la Cruz, Marta (2006): *En tiempo de prodigios*. Barcelona: Planeta.
Rodríguez, Patricia (2008): *19 pulgadas*. Barcelona: El Aleph.
Salabert, Juana (2001): *Velódromo en invierno*. Barcelona: Seix Barral.
Salisachs, Mercedes (2000): *Los clamores del silencio*. Barcelona: Plaza & Janés.
— . (2002): *La conversación*. Barcelona: Ediciones B.
— . (2003): *Desde la dimensión intermedia*. Barcelona: Ediciones B.
— . (2005): *Reflejos de luna*. Barcelona: Planeta.
— . (2003): *Entre la sombra y la luz*. Barcelona: Ediciones B.
— . (2004): *El último laberinto*. Barcelona: Planeta.
Sánchez, Clara (2000): *Últimas noticias del paraíso*. Madrid: Alfaguara.
Torres, Maruja (2009): *Esperadme en el cielo*. Barcelona: Destino.
— . (2000): *Mientras vivimos*. Barcelona: Planeta.
Tusquets, Esther (2007): *¡Bingo!* Barcelona: Anagrama.
— . (2001): *Correspondencia privada*. Barcelona: Anagrama.
Urioste, Carmen de (2004): "Mujer y narrativa: Escritoras/escrituras al final del milenio". En: Cruz, Jacqueline/Zecchi, Barbara (eds.): *La mujer en la España actual. ¿Evolución o involución?* Barcelona: Icaria, pp. 197-217.
Vallvey, Ángela (2002): *Los estados carenciales*. Barcelona: Destino.
Van Guardia, Lola [Isabel Franc] (2002): *La mansión de las tríbadas*. Barcelona: Egales.
— . (1997): *Con pedigree*. Barcelona: Egales.
— . (1999); *Plumas de doble filo*. Barcelona: Egales.

LA NARRATIVA GALLEGA DE AUTORÍA FEMENINA: UNA INTERPRETACIÓN DESDE EL SIGLO XXI

Dolores Vilavedra
Universidad de Santiago de Compostela

Cuando se aborda el tema de la narrativa de autoría femenina en lengua gallega surgen numerosos interrogantes y algunas evidencias que, más que alumbrar, enredan la cuestión, porque de entrada se nos muestran como contradictorias. Me refiero, por ejemplo, al rol fundacional desempeñado por Rosalía de Castro en nuestra historia de la literatura. No hay muchos casos en nuestro entorno cultural de sistemas literarios en los que el papel de una escritora fuera tan determinante. Pues bien, a pesar de eso, o quizás por eso, la literatura gallega no es pródiga en autoras, y las que fue sumando demoradamente a lo largo de décadas apostaron de manera decidida por la poesía. La larga sombra de Rosalía configuró un modelo de escritora del que el conjunto de los agentes culturales gallegos tardaría en alejarse: escribir en gallego para una mujer era sinónimo de escribir poesía. Aunque las mujeres padecieron históricamente las mismas dificultades empíricas que los hombres a la hora de expresarse por medio de la narrativa, un género que suponía para los editores un riesgo económico que pocos podían asumir, para las literatas el conflicto se presentaba *a priori;* es decir, como escritoras eran escasas las ocasiones en que llegaban a barajar como una opción real la del género narrativo, pues el modelo rosaliano resultaba muy condicionante y las encaminaba de forma casi inconsciente por los caminos de la lírica.

Otra de esas evidencias que suscita más cuestiones de las que resuelve es la de que en muy poco tiempo, entre finales del siglo XX y comienzos del XXI, la literatura gallega ha conseguido recuperar el terreno perdido y ofrecer una nómina no pequeña de narradoras que, con un éxito notable de crítica y público, han logrado no sólo hacerse visibles socialmente, sino también dinamizar con productos originales la oferta literaria. ¿Cómo es posible que eso sucediera de manera tan repentina y acelerada? ¿Cómo se puede recuperar en una década un retraso secular? En las dinámicas culturales casi nada se produce por casualidad y, por tanto, intentaré describir cómo y por qué se produce la eclosión de narradoras que hoy actúan en el sistema literario gallego y explicar las causas de esa tardía presencia.

Kirsty Hooper (2003) considera que las carencias que presenta el fragmentado desarrollo histórico de una narrativa gallega de autoría femenina se deben al hecho de que las mujeres no consiguieran construir una voz pública en el lapso temporal que media entre Rosalía de Castro y la publicación de *Néveda*, de Francisca Herrera Garrido, en 1920. Según Hooper, la carencia de esa voz las privaría de un referente autorial justo en la etapa crucial del proceso de formación de la identidad cultural gallega. Estando básicamente de acuerdo con este análisis desde un punto de vista diacrónico, pienso que puede ser matizado por otros factores que muestran la atipicidad que marcó ese proceso prácticamente hasta nuestros días. Así, la aparente normalización de la participación de las mujeres en el desarrollo del discurso narrativo gallego es fruto de una serie de avances parciales y peculiares que nos permiten calificar ese proceso de normalización como singular, singularidad que explicaría no sólo la fragmentariedad de la que habla Hooper, sino también las distintas etapas de su historia y su tardía conclusión.

Enumeraré a continuación esos factores singulares. En primer lugar, fueron varias las narradoras que actuaron desde una posición doblemente periférica. Primero, por su condición de mujeres, que las aislaba claramente en el panorama literario de los ochenta y de los noventa. Segundo, por actuar ubicadas lejos del centro geográfico y lingüístico del sistema. He ahí el caso de Marina Mayoral quien, aunque gallega de nacimiento y formación, vive en Madrid, donde ejerce la docencia universitaria. Quizás por eso oscila constantemente entre el gallego y el castellano como lenguas de expresión literaria, lo que sin duda complica su adscripción a uno u otro sistema y puede contribuir a explicar cierta frialdad con la que sus últimas obras fueron recibidas en Galicia. La producción de esta autora representa la continuidad de lo que podríamos considerar una concepción tradicional de lo femenino: conflictos amorosos, intimismo, nostalgia de la infancia y de sus espacios... todo vehiculado por medio de una modalización muy clásica. El hecho de que una de sus últimas novelas en gallego *(Ao pé do magnolio*, 2004) sea la continuación de la primeriza *Unha árbore, un adeus* (1988) implica que su voz nos habla desde un pasado que posiblemente les resulte muy lejano a las nuevas generaciones lectoras.

El caso de Úrsula Heinze es más curioso: nacida y educada en Alemania, ensayó diversos registros narrativos y su apuesta por la narrativa fue original desde su primera novela *O soño perdido de Elvira M.*, publicada en 1982. Pues bien, Heinze fue la primera mujer que ganó uno de los grandes premios de narrativa, el Blanco Amor, con *Culpable de asasinato* (1994). Paradójicamente, este libro fue casi una despedida: considerándose injustamente tratada por el *establishment* literario —editores, crítica...—, abandonó la literatura en gallego para dedicarse a la poesía en alemán. El suyo es un caso que abre muchos interrogantes, ya que se trata de una escritora alófona —de ahí esa condición de doblemente periférica— que parece mostrar una clara preferencia por una u otra lengua en función del género literario escogido: gallego para la narrativa, alemán para la poesía. Pero también podría ser al revés, y la renuncia al gallego como idioma de expresión artística implicaría para Heinze un cambio de modelo genérico.

Por lo que respecta a la cuestión del singular y fragmentario desarrollo histórico de la narrativa femenina, resulta muy evidente si reparamos en lo que sucede en las décadas de los sesenta y de los setenta. La publicación de *A orella no buraco* (1965), de María Xosé Queizán, y *Adiós, María* (1971), de Xohana Torres, no pareció tener ningún tipo de consecuencia generacional; es decir, no hay un grupo de autoras nacidas en esa época que, pudiendo escoger a las citadas como referentes autoriales, apostaran por la narrativa, de ahí que el argumento de Hooper que glosaba más arriba deba ser matizado. ¿Dónde está pues la generación de narradoras nacidas en los cincuenta y los sesenta? Veremos más abajo qué ha sido de esta *generación perdida*. Así, el gran empujón al género narrativo se lo darán por una parte las escritoras nacidas en la década de los cuarenta o primeros cincuenta —Mayoral en 1942 y Heinze en 1941—, aunque en algunos casos lo hagan tardíamente, y por otra las nacidas ya en los setenta, que desde la enseñanza primaria recibirían formación académica en lengua y literatura gallegas de una manera estable —la Ley de Normalización Lingüística que regulaba esta cuestión fue aprobada en 1983—, lo que sin duda resultaría determinante para su decidido monolingüismo creativo, pues escribirán sólo en gallego.

Finalmente, y como un rasgo más de la singularidad del proceso que estamos describiendo, hay una serie de escritoras que en la década de los ochenta publican un único libro de narrativa —dos, en algún caso—, optando después de manera radical por desaparecer del mapa literario. El fenómeno es lo suficientemente llamativo como para que nos detengamos a analizarlo. Estas escritoras carecían de modelos autoriales actualizados sobre los que referenciarse, pues Mayoral y Heinze eran prácticamente coetáneas, a efectos de publicación, mientras que María Xosé Queizán y Xohana Torres parecían en aquel momento estar experimentando con la narrativa, al limitarse a hacer una única incursión en ese campo, mientras que se prodigaban más en otros. De hecho, Xohana Torres no volvería a cultivar la novela, y Queizán no la retomaría hasta 1984 con *Amantia*, de tal manera que funciona, más que como precursora, como coetánea de las escritoras que en los ochenta decidían acercarse al género narrativo. Estas tenían todo por hacer, desde construir una imagen autorial —individual y colectiva— con la que sentirse identificadas, hasta elaborar un registro creativo útil para codificar de una manera singular aquello que precisaban expresar. Demasiados desafíos, demasiados retos para unas creadoras que carecían de cualquier tipo de respaldo por parte de un sistema literario que en aquel momento no tenía en su agenda de prioridades la de apostar por la literatura de género, abrumado como andaba con el espejismo de la urgencia normalizadora. Estoy hablando, en concreto, de Carmen Panero *(Diario do mimo,* 1989), Xosefa Goldar *(No fío do tempo,* 1987), y de María Teresa Otero Sande *(Relatos,* 1990 y *A illa,* 1991).

En general, estas obras fueron en su día bien acogidas por la crítica, lo que parece indicar que estas escritoras no iban muy desencaminadas en la consecución de la segunda de las tareas que antes apunté, la de elaborar un registro literario singular y eficaz. Sin embargo, creo que no tuvieron la misma suerte con la primera, la de construir una imagen autorial; es más, ni siquiera puedo asegurar que fueran conscientes de la necesidad de hacerlo, de ahí su fracaso, que no tenía que ser percibido como tal en tanto no respondía a un proyecto formulado explícitamente, pero que a largo plazo sí se reveló como un hándicap. En mi opinión, la interrupción de las trayectorias literarias públicas de estas creadoras puede explicarse por el hecho de que no asumieran la proyección social que en nuestros sistemas literarios implica hoy ser escritora. Más o menos interiorizado por parte de todas ellas el modelo literario romántico-rosaliano de la autora solitaria, individual, sólo comprometida con el rigor artístico y con su inspiración, estas escritoras no pudieron, no quisieron o no supieron elaborar un proyecto literario grupal ni reclamaron un espacio compartido en el sistema que las había hecho más visibles. Convertidas en francotiradoras, poco nos legaron más allá del patrimonio que constituyen sus particulares aportaciones literarias; desde luego, nada en lo referido a la configuración de un nuevo modelo autorial para las narradoras gallegas que vendrían detrás, ni tampoco ningún avance a la hora de ocupar las posiciones canónicas del sistema. Éste, conviene insistir en ello, nada hizo tampoco para facilitárselo. Y un caso parecido a estos podría ser el de Helena Villar Janeiro, hoy muy conocida como poeta y autora de literatura infantil y juvenil, pero que en 1980 firmaría junto con Xesús Rábade Paredes la novela *Morrer en Vilaquinte*. Hasta 1991 no volvería Helena Villar a hacer ninguna otra incursión en la narrativa para adultos con los nueve relatos de *O enterro da galiña de Domitila Rois*, ahora ya escritos en solitario y que, a pesar de ser muy bien acogidos por la crítica, no se verían continuados por otras aportaciones de la autora al género.

Llegados a este punto podríamos establecer la hipótesis de que el desarrollo diacrónico de la narrativa gallega de autoría femenina se produciría gracias a la actuación de tres grupos fundamentales. En primer lugar, un grupo de autoras nacidas todas antes o alrededor de 1950 que apostaron de manera decidida por este género y en cuyas obras subyace de manera más o menos evidente el ideario feminista. En este grupo incluimos a Marina Mayoral, Úrsula Heinze, Marica Campo, Marilar Aleixandre, Margarita Ledo y María Xosé Queizán, y detectamos en las trayectorias narrativas de muchas de ellas rasgos singulares: alofonía, estreno tardío —Campo, Aleixandre— o abandono —Ledo, Heinze.

Sin duda, la narradora vinculada al movimiento feminista de manera más radical y explícita es, y ha sido siempre, María Xosé Queizán, militante pionera de las primeras organizaciones reivindicativas del feminismo gallego. El caso de esta autora es muy interesante, pues su trayectoria supone una apuesta decidida por la normalización de una narrativa de autoría femenina que renunciase de una vez por todas a la excepcionalidad que, por unas u otras causas y como acabamos de ver, había caracterizado siempre la labor de las narradoras. Realmente María Xosé Queizán es la auténtica precursora de las narradoras de hoy pues, tras publicar en 1965 *A orella no buraco*, supo eludir la trampa de la ocasionalidad, en la que sí cayeron, como ya comentamos, Xohana Torres, Xosefa Goldar o Carmen Panero. El libro, además, estaba casi predestinado a ser excepción por varios motivos: en primer lugar, por encuadrarse en la producción de la llamada Nova Narrativa Galega, un grupo de creadores jóvenes que, a finales de los cincuenta y primeros sesenta, apostaban por una ruptura radical con los modelos tradicionales, ante los que proponían una poética del extrañamiento que dio lugar a un abanico de textos muy interesantes pero de recepción minoritaria. En segundo lugar, por ser la única mujer del grupo y la única que publicaría un texto narrativo en la década de los sesenta. En esas circunstancias, que María Xosé Queizán no quedara reducida a la condición de narradora de un único texto resulta algo explicable sólo por su militancia, que enseguida le mostraría la importancia de seguir cultivando un género que resultaba especialmente apropiado para codificar los sucesivos desafíos que el feminismo fue asumiendo: revisión de los modelos tradicionales, restauración de la perspectiva y el protagonismo femenino en la historia, reformulación de la representación de las mujeres en los textos literarios, revelación del carácter construido del género sexual, afirmación de la multiplicidad y reconocimiento de las subjetividades como agentes de lucha política... Todo esto, y mucho más, está en la obra de María Xosé Queizán.

Si su labor narrativa ha tenido continuidad hasta hoy, actuando como puente entre la situación de excepcionalidad vivida por las narradoras gallegas desde Francisca Herrera y la incipiente normalidad que parecen disfrutar las de hoy, fue precisamente porque tenía un proyecto literario que iba más allá de sí mismo y que, por esa razón, consiguió afianzarse. Abriendo el espacio textual a la reflexión sobre las cuestiones que preocupaban a la autora y a muchas mujeres gallegas, quizás se transgredió la autonomía de la obra literaria, pero en este caso también se le proporcionó un ámbito de proyección que propició su integración en el sistema, aunque fuera en una posición heterodoxa y periférica.

En cuanto a Margarita Ledo, sus relatos de *Mama-fé* inauguraron en 1983, dentro de la colección Montes e Fontes, una sección subtitulada "La mujer escritora" y supusieron por aquel entonces una apuesta radical por una "nueva sensibilidad, centrífuga y heterogénea, que se alimenta de una enciclopedia dispar y marginal" (González-Millán 1996: 266). Las siguientes entregas narrativas de la autora ahondarían en esta línea, de forma que "esta consciente subversión se traduce en un discurso incómodo, ambiguo e impreciso, frente al que algunos críticos reaccionaron negativamente" *(ibidem)*.

Así, la narrativa de Margarita Ledo tiene un valor excepcional en el conjunto de las aportaciones hechas por las escritoras gallegas al desarrollo de este género. Por una parte, por la heterodoxa singularidad de su proyecto, que dificultó enormemente que otras autoras establecieran con él un diálogo intertextual. Lo que ella estaba haciendo en ese momento tenía muy poco que ver con lo que les interesaba a las otras narradoras gallegas, de manera que su obra no tuvo entonces mucha repercusión y sólo ahora estamos en condiciones de valorar con justicia lo que supuso en cuanto a anticipación de una serie de recursos —revalorización del lenguaje, hibridación de géneros, ambigüedad semántica, *collage*, rechazo de la anécdota y de la trama como soportes de la narración— que entre nosotros se consagrarían tardíamente bajo la etiqueta de la posmodernidad. Un discurso tan innovador no encontró, en un contexto narrativo como el gallego, tan dependiente de los modelos de género —policial, histórico, fantástico, etcétera—, receptores apropiados con los que establecer una relación de *feedback* y, por lo tanto, su autora poco pudo contribuir en aquella época a configurar un modelo de escritura femenina.

Algo semejante a lo apuntado en el caso de María Xosé Queizán sucede también con la narrativa de Marilar Aleixandre, una escritora alófona (Madrid, 1947) que se instaló en Galicia en 1973 y utiliza en exclusiva el gallego como lengua de expresión literaria. Su obra, en la que aún es apreciable la huella del feminismo, quizás podría representar la transición entre una práctica militante o comprometida de la escritura de autoría femenina, característica de las narradoras de su generación por muy tarde que llegaran al género, y la de las nuevas escritoras, que defienden una praxis literaria no mediatizada por tesis alguna y cuyas obras sólo parecen tener como rasgo común el absoluto protagonismo de las mujeres en sus mundos ficcionales. En 2001 Marilar Aleixandre se convirtió en la primera mujer que obtenía el prestigioso Xerais con *Teoría do caos*. Si tenemos en cuenta que el premio se convocaba desde 1984 no es exagerado afirmar que, por lo que se refiere a la proyección pública de una narrativa gallega de autoría femenina, se había roto, de una vez por todas, el espejo de nuestra propia invisibilidad.

El segundo grupo de narradoras de la genealogía que estoy intentando reconstruir lo constituyen aquellas que representarían la generación perdida de los cincuenta-sesenta, de obra escasa, estreno tardío y bajo perfil mediático quizás por el hecho de ser poco o nada premiadas. En este grupo se incluye Belén Feliu, nacida en 1961 y que sólo llegaría a publicar póstumamente, pues los relatos que componen *Da Guenizah* aparecieron en 1998, un año después de su muerte. De 1967 son Beatriz Dacosta y Laura Caveiro; de 1957 Luísa Villalta, repentinamente fallecida en 2004, y Uxía Casal; de 1960, Rosa Vidal y Anxos Sumai. Y a éstas habría que añadir los nombres de Ana María Arellano (1954) y Medos Romero (1959).

Todas estas autoras tienen en común, además de lo ya apuntado, el hecho de que opten casi siempre por el relato —u otras modalidades fragmentarias y escasamente organicistas— como fórmula discursiva, y que sus obras primerizas aparezcan, en muchos casos, en colecciones experimentales, de formato pequeño y modesto, destinadas a escritores y escritoras noveles, aunque no sólo; colecciones como Abismos de Xerais y Descuberta de Galaxia, que en buena parte se nutrieron del trabajo, silencioso y poco visible, de estas narradoras. Resultaba bastante evidente que también los agentes editoriales pretendían relegar a estas creadoras a la periferia de los espacios por ellos controlados. Tardaremos en encontrar alguna obra de estas escritoras en las colecciones de narrativa *canónica,* aunque sí estarán presentes en colecciones juveniles como Costa Oeste o Fóra de Xogo, en las que entrarán muchas veces de la mano de algún premio o de algún éxito asombroso e imprevisto, como sucedió con Anxos Sumai, que sólo publicaría su *Melodía dos días usados* (2005) en la canónica colección literaria de Galaxia después de haber seducido a crítica y lectores con *Anxos de garda* (2003), publicada en una editorial de importancia menor.

Son dos los hechos que fijan la frontera cronológica a partir de la cual se diseña un nuevo escenario en el que se irá configurando un tercer grupo de narradoras, nacidas ya en los setenta. Uno, la adjudicación por vez primera del Premio Xerais a una mujer en el año 2001, Marilar Aleixandre, seguida enseguida por otras como Inma López Silva (2002), Teresa Moure (2005) y Rexina Vega (2007). Otro, la publicación en el año 2000 del volumen *Narradoras,* una iniciativa de Edicións Xerais que, aunque abarca textos de desigual calidad, fue concebida como una estrategia de visibilización de una nueva generación de narradoras que pretendía "inaugurar un espacio casi inédito en nuestras letras: la narrativa de mujer", ofreciendo "una plataforma para la difusión de los productos literarios de un grupo social emergente que, por razones históricas bien conocidas, disponía de escasos medios a su alcance para manifestarse" (así lo indican las editoras del volumen en el prólogo).

A diferencia de lo que había sucedido en las décadas anteriores, cuando la obra emergente de algunas narradoras se vio abortada por el desinterés del sistema en estimularlas, si desde el año 2000 asistimos a la consolidación de una serie de trayectorias es por la implicación decidida de determinadas agencias literarias en el proceso —crítica, editoriales, premios—, de forma que a escritoras como Rosa Aneiros (1976) e Inma López Silva (1978) les ha resultado mucho más fácil conseguir un estatuto mínimamente canónico, entre otras razones porque ambas han conseguido importantes galardones.

Por lo general, las declaraciones públicas de estas nuevas narradoras sugieren que consideran superados los condicionantes derivados de la militancia feminista. No hay en ellas la conciencia genealógica que apreciábamos en autoras de la generación anterior como Marina Mayoral o Marica Campo, aunque, paradójicamente, las novelas que consagraron a Rosa Aneiros e Inma López Silva sean historias de sagas femeninas. A menudo estas escritoras afirman no sentirse marginadas o relegadas por el hecho de ser mujeres, condición ésta que se manifiesta sobre todo en el acusado protagonismo femenino de sus novelas pero que no limita *a priori* sus respectivos proyectos literarios, tal y como ellas han comentado en varias ocasiones en diferentes medios de comunicación.

En todo caso, el tremendo impacto que en el sistema literario tendría la publicación en 2005 de *Herba moura,* de Teresa Moure, confirma el hecho de que desde el año 2000 la literatura gallega está viviendo, en lo relativo a la narrativa de autoría femenina, una nueva fase sobre la que aún queda mucho que reflexionar[1].

Referencias

Noia, María Camino (1993): "Estructuras narrativas na obra de Marina Mayoral". En: *Boletín Galego de Literatura* 9.

González-Millán, Xoán (1996): *A narrativa galega actual (1975-1984). Unha historia social.* Vigo: Edicións Xerais de Galicia.

Hooper, Kirsty (2003): "Girl, interrupted: The Distinctive History of Galician Women's Narrative". En: *Romance Studies* 21, 2, pp. 101-114.

Miguélez Carballeira, Helena (2008): "Inaugurar, reanudar, renovar. A escrita de Teresa Moure no contexto da narrativa feminista contemporánea". En: *Anuario de Estudos Literarios Galegos 2006,* pp. 62-71.

Vilavedra, Dolores (2007): "Unha achega ao discurso narrativo de autoría feminina". En: *Madrygal* 10.

---

[1] Para una información algo más detallada sobre esta etapa, véase Vilavedra (2007). Sobre la ubicación de Teresa Moure en el contexto de la narrativa gallega de autoría femenina, Miguélez (2008).

CREADORES

LOS METALIBROS Y YO

Óscar Aibar

Empecé en esto de escribir como guionista de cómics a principios de los noventa, en la última edad de oro de los tebeos en España. Recuerdo que entonces ayudaba a los redactores a seleccionar las páginas de los aspirantes a profesionales que llegaban a la editorial. No exagero en absoluto si digo que el noventa por ciento de estas obras contaban más o menos la misma historia: un dibujante de cómics está tranquilamente trabajando en su habitación cuando se abre la ventana y un rayo de luz le proyecta a otra dimensión. O: un dibujante de cómics está tranquilamente trabajando en su habitación cuando las viñetas de la historieta que dibuja le absorben proyectándole a un mundo fantástico. También: un dibujante de cómics está tranquilamente trabajando en su habitación cuando se abre la puerta y unos extraterrestres lo raptan para llevarlo a su planeta. Como es lógico, estas historietas eran rechazadas automáticamente porque, de lo contrario, hubiésemos tenido que cambiar el nombre a nuestra revista y llamarla *Dibujantes de cómics que están tranquilamente trabajando en su habitación Stories* o algo así. No creo que este curioso fenómeno se debiese a una crisis creativa ocasionada por algún fármaco ingerido por toda una generación de madres. La explicación científica es mucho más sencilla: a la mayoría de la gente que empieza a escribir le parece que lo que hace es lo más importante del mundo y que su trabajo diario, por lo general un acto tedioso e insustancial, entraña una aventura humana sin precedentes.

Pues bien, ahora en los libros sigo observando este fenómeno que aborrecía por entonces en los cómics. Sólo que hoy me encuentro con que las circunstancias de los metalibros, o libros sobre libros, son bien diferentes a las de los metatebeos. Estas circunstancias me preocupan y me hacen pensar. Creo que el producto de estas cavilaciones define bien mis ideas sobre el oficio de escribir y, aún más, sobre el oficio de escribir aquí y ahora, que es lo que se me pide. Intentaré no aburrirles.

Los metalibros abundan y son cada vez más frecuentes. Pero observo que, a diferencia de lo que hacíamos con los cómics —rechazarlos por su falta de originalidad—, estas historias son ensalzadas, premiadas y se venden muy bien. ¿Que de qué estoy hablando? Estoy hablando de *La sombra del viento*, *El librero de Selinunte*, *Retrato de un asesino de pájaros*, *El libro de las moscas*, *El lector*, *La lectora*, *Balzac y la joven costurera china*, *La biblioteca de noche*, *Si una mañana de verano un niño*, *Corazón de tinta*, *El cuento número trece*, *La ciudad de los libros soñadores*, *Lolita en Teherán*, *El código Da Vinci*, *El grupo de lectura*, *El club de lectura Jane Austen*, *Historia abreviada de la literatura portátil*, *Bartleby y compañía*, *Ex Libris. Confesiones de una lectora*, *Auto de fe*, etcétera, etcétera. Estoy de acuerdo en que muchas de estas obras no tienen nada que ver en cuanto a su contexto o calidad, pero convendrán conmigo que todas ellas tienen por lo menos un nexo claro. La mayoría de ellas convierten el libro en un objeto totémico, sagrado, al que hay que acercarse con recelo y respeto, en una llave mágica que puede abrirnos puertas ocultas, darnos la vida —sumida hasta entonces en la oscuridad— o incluso matarnos con su inimaginable poder. Estos libros subliman también de una manera exagerada el acto de leer. Los lectores de estas historias viven experiencias místicas al pasar las hojas de los libros. Son momentos mágicos y para nada mundanos. El camino que lleva al libro es siempre difícil y lleno de baches, un viaje muchas veces iniciático y siempre enriquecedor. Al final hay un premio siempre: el libro, el tótem. Ni que decir tiene que el hecho de escribir supera incluso al de leer en cuanto a su idealización. Los escritores de estos libros son individuos especiales, dotados de una sensibilidad acentuada y diferente a la del resto de los mortales. Son seres humanos particulares, con unas vidas extremas y complejas. No se relacionan con las personas que los rodean como todo hijo de vecino. Sus historias de amor son, tanto en el rechazo como en la sublimación, demoledoras; sus pensamientos, elevados y sus observaciones, brillantes. Aunque no les haya ido bien, los escritores que aparecen en los metalibros tienen talento hasta para hacer la lista de la compra.

Para mí los libros están muy lejos de ser objetos totémicos. Recuerdo que en el colegio se nos reprendía severamente por rayar las páginas, marcar las esquinas o pintar bigotes a los señores que salían en las fotos. Yo heredaba los libros impolutos de mi hermano mayor, que es una persona mucho más pulcra y respetuosa, y me dedicaba a destrozarlos a fondo exponiéndome a castigos y broncas. Estaba convencido de que los libros eran para ser usados y no para venerarlos. Me gustaba subrayarlos, escribir anotaciones en los márgenes, llenarlos de garabatos y doblarlos hasta cargarme las cubiertas. Muy probablemente el hecho de que no existiera un hermano menor que los tuviera que heredar de mí, me hizo perder el respeto a los libros. Creo que gracias a ello le perdí también el miedo a leer, un miedo que agarrotaba a la mayoría de mis compañeros y que, sin duda, los llevó más tarde a odiar los libros, a considerarlos sólo como objetos decorativos que daban nivel a las estanterías del mueble del comedor. Luego, cuando empecé a hacer cómics, había algo que me atraía mucho de ellos. Los tebeos no eran objetos venerados, no estaban bien vistos socialmente, no se les tenía respeto. Podías leer tebeos en el baño, durante la comida y en el recreo. Podías mancharlos, mojarlos, tirarlos a la basura si no te gustaban e incluso forrar con ellos el suelo de la jaula del canario. En definitiva, estaban hechos básicamente para ser usados. Ahora intento mantener este espíritu en mis libros. No me canso de decirle a la gente que están escritos para leer a ratos en el lavabo y que son muy buenos para superar el estreñimiento. Cuando voy a casa de alguien y veo un libro mío sucio y ajado... siento una gran satisfacción. Pienso que su lector ha viajado con él, ha vivido junto a él durante un tiempo, lo ha utilizado. Siempre que hago una dedicatoria en la primera página me gusta imaginar que me reencontraré con ella muchos años más tarde en un mercadillo de segunda mano y que al leerla pensaré en las muchas vueltas que desde entonces habremos dado el libro y yo. En definitiva, los libros que yo quiero, los que me gustan, no se parecen a los de los metalibros. Son de usar y tirar.

Entiendo el acto de la lectura como algo muy diferente a lo que se muestra en los metalibros. Leer da prestigio y está muy bien visto socialmente. Llamar a alguien iletrado, insinuar que no lee, es uno de los peores insultos que se le puede hacer a una persona. He visto a auténticos garrulos asegurar a grito pelado durante una cena que consumían más de doce novelas al año mientras hacían auténticos esfuerzos por leerse la carta hasta el final. Todo el mundo invierte una gran energía en hacer ver que lee. La gente compra libros y los amontona sobre la mesa del salón para que los vean las visitas, la gente enumera más de diez novelas favoritas en su perfil de Facebook cuando es muy posible que sean las únicas que haya leído en su vida, la gente se hace del Círculo de Lectores para que los vecinos se enteren. Estoy convencido de que esto es uno de los motivos fundamentales por los que tanto gustan los libros sobre libros. Los personajes de los metalibros leen mucho y viven por y para los libros. La gente se identifica con ellos porque se engañan hasta a sí mismos imaginando que son como ellos. A todo el mundo, incluso al carnicero de Milwaukee, le gusta imaginarse a sí mismo como una persona sensible. Y es esta apología de la sensibilidad una de las facetas que más odio de la condición humana. Adoro a las personas que tienen la suficiente inteligencia y valor como para reconocer en público que no leen, que leen poco o que tardaron cuatro años en acabarse *Los pilares de la tierra*. Creo que es mucho mejor leer poco o incluso no leer que leer mal. Me gusta pensar que escribo para la gente que lee poco y que no lo hace para mostrarse a sí misma como una persona sensible. Incluso cuando escribo pienso mucho en ello. Si al acabar un párrafo y releerlo creo que hace apología de la sensibilidad lo elimino inmediatamente. Normalmente hago tres preguntas a todo lo que escribo: ¿he escrito esto para que el mundo sepa lo sensible que soy?, ¿he escrito esto para que el mundo sepa el gran corazón y la gran conciencia social que tengo?, ¿he escrito esto para que el mundo sepa lo mucho que leo? Si la respuesta es sí para alguna de las tres, lo tengo muy claro: borrar.

He sonrojado a más de una señora cuando se me ha preguntado alguna vez qué pienso sobre el acto de escribir. Siempre contesto lo mismo: escribir es algo muy parecido a masturbarse. Es algo monótono en sí mismo, excitante a veces, sí, pero banal, muy poco glamuroso y siempre triste al final. Los escritores de las novelas viven una realidad muy diferente. Para ellos la escritura es un acto mágico, una ceremonia, un trance maravilloso. A la gente le gusta ver a los escritores como a una especie de médiums, como a chamanes. Yo creo que la escritura está también más que idealizada. Lo ha estado siempre, incluso en sus orígenes. Constantino Bértolo dice para sorpresa general en las primeras palabras de su estupendo ensayo *La cena de los notables*:

> Cabe pensar que la escritura nació ligada al poder aunque nos guste pensar que fue creada para dar honra, voz y cobijo a la memoria. Debió de parecer un acto de magia o diabólico, sagrado en cualquier caso: sobre un pergamino pintarrajeado o una tablilla con incisiones viajaban, por encima del espacio y del tiempo, palabras, historias, mandatos. El poder de la memoria y la memoria del poder. Lo memorable.[1]

---

[1] Bértolo, Constantino (2008): *La cena de los notables. Sobre lectura y crítica*. Cáceres: Periférica, p.9.

Hasta ahora la cosa no ha cambiado mucho. Para el subconsciente colectivo el que escribe es un ser libre, un héroe de las palabras, un mártir. Nada más lejos de la realidad. La mayoría de los autores escriben para quien les compra, para quien les publica y a veces para quien les critica. Y esto no es un acto tan puro, tan elevado como cabría imaginar. Escribir no es para tanto. Es un trabajo como otro. Eso sí, un trabajo muy bien considerado. Es un trabajo que da prestigio. Queda muy bien decir que escribes en una cena, aunque pagues por publicar tus libros. Por eso intento imitar a los autores que no ejercen de escritores, a los que se limitan a contar historias, a los que nada se parecen a los de los metalibros.

P.D.: No todos los metalibros son malos para mí por sistema. Añadir a la quema *El Quijote*, *El nombre de la rosa* o *84 Charing Cross Road* sería un pecado imperdonable.

ESCRIBIR A LA INTEMPERIE

Xurxo Borrazás

En una ocasión imaginamos un mundo en el que sólo había tres mil libros, los que una persona puede leer en la vida sin comprometer su salud; cada nuevo título debía probar sus méritos antes de sustituir a alguno de los existentes. "Un escritor," escribió Robert Walser, "no debe abusar de la escritura". La situación real es la opuesta, el número de publicaciones y la prosa de hoy reflejan colapso o saturación, no contención. Sobre el autor suizo dijo Walter Benjamin que "cada frase suya parecía tener como objetivo hacernos olvidar la anterior". Cada texto debe buscar el enfrentamiento cuerpo a cuerpo, la superación de los textos anteriores. A la hora de escribir no hay lugar para la armonía con la tradición, la fidelidad o los buenos modales.

Lo que hace que Walser disfrute hoy de una consideración superior a la de su tiempo no es la aspiración a esa prosa mínima —un factor irrelevante en sí—, sino la idea de que el autor parte siempre del fracaso, de que al comenzar a escribir lo estropeamos todo. El autor avanza por la página en blanco con sensación de ridículo, consciente del absurdo de su vanidad y de sus ansias de trascendencia, presa de un complejo de culpa que lo atenaza en cada indecisión. Al elegir, piensa, siempre nos equivocamos. Lo mejor que un escritor puede hacer, él lo sabe más que nadie, es callarse. Justamente lo que no hará. La escritura es cacofonía y el autor, un criminal sin conciencia moral pero consciente de serlo, sólo se pone en lugar del otro para mejorar sus burlas y apenas puede aspirar a no ser descubierto.

Hay visiones distintas de lo literario, las listas de más vendidos rebosan de autores que las aplican; son los carriles centrales de la autopista, nosotros el arcén donde se acumula la goma quemada, la gravilla suelta y los cristales de los accidentes, algunos leves, otros fatales. Para Walser el escritor era un profanador, mas... ¿qué se profana al escribir? ¿El silencio? ¿El respeto a los clásicos? ¿El estatus del artista? Con su frase se ponía en guardia, se amonestaba a sí mismo: "Cuando escribo no debo abusar de la escritura". Y lo hacía escribiendo. Lo decisivo, en el siglo XXI, no es lo que se profana sino el concepto de profanación.

Walser era un profanador de templos, angustiado por el ojo sin cuerpo de la modernidad. El profanador de hoy, de estos rescoldos de la posmodernidad, es un mero saqueador de iglesias. La profanación ha perdido su valor simbólico y el artista es ahora un ser sin escrúpulos, convertido él mismo en ojo mecánico, *voyeur* de unos infiernos que no son eternos ni insufribles, sólo paisaje cambiante al que uno puede adaptarse.

"El artista," proclama Ortega, "bracea angustiosamente en la tormenta actual del arte", sufre por encontrar sentido en una realidad caótica y hostil. En un contexto tal el *logos* está velado, la proliferación de información desorienta, las apariencias encubren lo esencial y la materia arrincona al espíritu. El artista es el crisol trágico en que confluyen todas las tensiones, donde el acceso al sentido de la vida se paga con la muerte. Esa persecución titánica de un sentido huidizo, esa nostalgia del logos, marca una de las diferencias formales, estructurales y de contenido entre comienzos del siglo XX y lo que los críticos vagos englobaron bajo el sello de posmodernismo. El arte de hace cien años ya problematizaba el camino del realismo del XIX, pero mantenía el concepto de destino que vertebraba a los grandes metarrelatos de la cultura occidental.

Una obra moderna es *compleja* pero se construye sobre una *estructura*. Pensemos en el *Ulises* y en el andamiaje que comparte con la *Odisea*. O *The Sound and the Fury*, ejemplo de narración fragmentaria moderna. Si uno se esfuerza, puede reconstruir la historia linealmente: "Compleja, sí, pero estructura". Comparemos estas obras con el lenguaje narrativo de videoclips musicales o de la publicidad audiovisual, paradigmas de la estética contemporánea. La ecuación ha invertido sus términos: "Estructura, sí. Pero compleja". La reconstrucción lineal de algunas propuestas de videoarte no es posible: ¿cómo intentar componer una imagen con piezas de tres puzzles? La experiencia estética se escinde de la hermenéutica y nos sitúa frente al aspecto material del arte. Algo así expresaba Kafka cuando escribió: "Toda metáfora quiere decir que lo incomprensible es incomprensible". Hay autores de hoy que no han alcanzado el estadio del realismo decimonónico. Del mismo modo, hay autores y textos de hace ochenta años que nos siguen pareciendo del futuro, Kafka es un ejemplo.

En *Matrix*, el guía, Morfeo, sentado en una butaca situada en un escenario de escombro y vertedero —el mundo arrasado que una corporación virtual oculta— comunica al recién llegado Neo: "Bienvenido al desierto de lo real". Hoy la realidad es una heterotopía más, la vida muestra fronteras borrosas, permeables. La materia no esconde el sentido, lo constituye. No es posible acceder a lo real partiendo de la abstracción, llámese logos o alma. La conciencia es enemiga de la experiencia y el arte ha decidido sumergirse en la experiencia, renunciar a la trascendencia. El conocimiento emana del choque con la experiencia, de su carácter de experiencia. Cuando el productor de *El ángel exterminador* contempló la película exclamó: "Me encanta. No he entendido nada pero me encanta". He ahí una nueva forma de entender.

Moral, estilo, originalidad, verosimilitud… son rémoras para disfrutar del arte. En este sentido, la última contribución del arte a la humanidad será su propia desaparición. El arte contemporáneo se afana por evidenciar su carácter superfluo, es un arte suicida que sobrevive como factor de legitimación, como el cadáver del Cid paseado a caballo para mantener a raya al enemigo. El artista es un enfermo que ha superado un tumor pero no se libra del miedo, espera el nuevo ataque. Su vida es prórroga, epílogo fantasmal entre dos abismos, su existencia un préstamo envenenado.

"Hoy todo es post", escribe Margaret Atwood, "como si fuéramos únicamente la nota a pie de página a algo anterior, algo lo bastante real como para tener nombre propio". Nuestra época se define negativamente. Vivimos a la contra, extramuros, en una zona que no se ha librado del prejuicio genesíaco de definir. Lo que no se puede nombrar no existe, pensamos, ignorando que lo real no necesita ser verosímil para llegar a ser. No sólo se trata del prefijo post. Repasemos la proliferación de títulos y eslóganes agonísticos que se valen de un anti-, un de-, un contra, el fin de…, la muerte de…

La preocupación por la muerte como tránsito de la conciencia a la no conciencia, la desinserción del tiempo… se desplaza al cadáver. De la razón creadora a la presencia fría y material de la carcasa putrefacta; del mecanismo complejo al desecho biológico. Una vez confirmado el carácter mecánico del cuerpo, es lógico que las máquinas se conviertan en modelo o en verdad agonística. La vida es inerte y lo artificial cobra vida. La diferencia entre sujeto y objeto es, frente a un cadáver, mera ideología.

De estos cuerpos-fantasma que ejecutan sus funciones vitales mecánicamente, incapaces de reproducir el más mínimo gesto social, comenzando por la expresión lingüística, nos habla Beckett. Sus personajes enmudecen, se encierran en un cuarto oscuro, las frases se desmembran y decapitan como maniquíes abandonados, figuras vacías de un cuadro de Bacon que nos remiten por un lado a la soledad, por otro lado a la técnica y a los materiales, a lo que en el ser humano hay de mecánico y de objeto. Su prosa tiende a la autoaniquilación, a destruir los puentes que va cruzando, se acumula como la basura en un vertedero, rebosa los márgenes de la gramática y busca ahogar al mundo, reducirlo a lenguaje. El artista es el cuervo que viene a arrancarle los ojos a la civilización que lo engendra, sin espíritu de venganza, como una rutina.

Beckett dice y desdice, se niega a salir de sus callejones ciegos, cortocircuita la cohesión y la coherencia formales. El espejo se ha roto y nos afanamos por reunir los fragmentos, en vano. Observamos el cristal cortante, las filigranas del óxido en la pintura plateada. La literatura es lenguaje, la conciencia es lenguaje, la sociedad es lenguaje. La vía para acceder a la vida pasa por la muerte del lenguaje.

Muchos autores fingen que la literatura es cuestión de personajes redondos e historias trabadas. Afirma Ken Follett que "los personajes deben ser siempre fuertes. A nadie le interesa un personaje débil". Y que "el autor no debe de darle al lector ni un instante de respiro". Ken Follett no aspira a representar la realidad. Ésta, constituida por personas débiles e inseguras, inercias y parones que huyen del acontecimiento como del demonio, queda forzosamente fuera de sus páginas. Sus historias son las de los libros de Historia, es un pintor de iglesias del Románico que ilumina el dogma. Una labor de cronista que ejecuta con maestría mientras acompaña al Estado Mayor en sus campañas.

A la gente tampoco le interesa la realidad, un cuento de hadas resulta más práctico. El público demanda imágenes de lo que *quiere ser,* no de lo que *ya es:* personajes fuertes, acción sin descanso... El éxito actúa como un consejo de administración: con gráficas, saldos, márgenes, campañas o estrategias de penetración. A Ken Follett le va como anillo al dedo. El problema es cuando el éxito, por error, alcanza a un autor ajeno; como el fuego amigo, uno nunca se lo espera y nos pilla sin el chaleco antibalas.

El éxito es enemigo de la creación, envuelve al artista en niebla, lo desposee de su fuerza, le atiborra de dulces y almohadas, le infunde el miedo a perderlo todo, le rodea de voces que le hacen creer que el silencio es la soledad. Nuestros libros deben conspirar contra el éxito, incluir algo que les impida triunfar, cubrirse de fango e inmoralidad, hacerse ilegibles, personajes débiles, tramos de hastío... Todo con tal de evitar las entrevistas encadenadas, las sesiones de fotos o la firma en el centro comercial. El artista debe rechazar el abrigo contra su intemperie. "Es muy fácil alcanzar el éxito", dijo Camus, que no pudo evitar ese trago, "lo difícil es merecerlo". No es así. No es nada fácil alcanzar el éxito, y casi todos los que lo alcanzan se lo merecen, incluido Ken Follett. Otra cosa es lo que el éxito tenga que ver con la literatura.

Que no es poco. Para el *best seller* lo es todo y para la literatura ambiciosa es una hidra hostil: pocas cosas nos definen como nuestros enemigos. Pensemos en Emily Dickinson y en su relación con el aspecto social de la literatura. O en Rimbaud enmudeciendo a los veinte años. Es el mercado el que lleva a estos autores a reflexionar sobre lo íntimo o lo trascendente, a descubrir la raíz de su poesía.

¿Qué diferencia se puede marcar, con rigor, entre Ken Follett y Rimbaud? Al fin y al cabo, lo que más se parece a un buen libro no es un amigo ni un tesoro sino un mal libro. Ambos comparten soporte, códigos lingüísticos y narrativos, incluso precio. O no. Los clásicos son siempre más baratos que las novedades de paja, y el precio es una medida objetiva del valor de las cosas. ¿O no? La diferencia entre los libros de vagón de metro frente a los de manual de literatura es la que existe entre los períodos artísticos, por vagas que sean sus fronteras; la diferencia está en la relación que una obra o un período establece con el lenguaje como productor de significado.

Hay grandes novelas que, circunstancialmente, tienen éxito y se convierten en productos comerciales, pero su número es, a gran escala, insignificante. La literatura de masas *no quiere* decir nada sobre el lenguaje, lo hace a su pesar. En su política exterior el lenguaje no existe, ni las ideologías ni la técnica narrativa. La escritura sería una práctica cultural naturalizada, una intuición en contacto directo con la realidad. Hacer visible el carácter autorreferente y contradictorio del lenguaje rompería el hechizo, precipitándonos al pozo de la melancolía: no hay nada tan incompatible con un *best seller* como la melancolía. Todo sujeto consciente de sí, incapaz de disolverse en los otros y en los objetos, estaría condenado al abismo de la autodestrucción.

En parte es así y la mayoría opta por mimetizarse con el entorno, sondea la dirección del viento y se deja llevar como la semilla que compite por un parche de tierra fértil. El arte ambicioso parte del fracaso, de los mismos elementos que emplea el autor de éxito: lenguaje, personajes, punto de vista, manejo del tiempo. La diferencia es que Cervantes, o Joyce, o Beckett, no ocultan sus cartas: el lenguaje no es algo dado, ni mágico, mucho menos neutro. El lenguaje es escenario de conflicto, campo de batalla de las ideologías, o campo de juego de los significados.

El artista de talento aprende su oficio y lo desaprende, es inseguro, constantemente hace un alto y se pregunta: ¿qué más se puede hacer con este instrumento? ¿Con este abecedario? ¿Qué ocurriría si...? Les retuerce el cuello a las palabras y las tortura hasta lograr que confiesen. Decía Monterroso que "nadie sabe cómo debe ser un cuento. El que lo sabe es un mal cuentista, y al segundo cuento se le nota que sabe, y entonces todo suena falso y aburrido". No se trata de no saber. Monterroso sabía. Lo importante es tener presente ese peligro, mantenerlo a raya.

Los *best sellers* actúan como si el siglo XX no hubiera existido. Como si la ciencia, que tira de la renovación de las artes, continuase en el espacio euclídeo, el creacionismo y la teoría de los humores. Como si en plástica siguiésemos imitando a Delacroix. Estos tristes epígonos hacen buena *la muerte de la novela,* sentencia pendiente desde el siglo XVIII. Irónicamente, los imitadores caducos copan el mercado y sus libros alcanzan tiradas que los genios del esplendor no podrían ni haber soñado.

La novela es, cierto, un género sobreexplotado, extenuado, que en parte vive de las rentas de sus abuelos, pero la propia extenuación se ha convertido en filón. Por otra parte, ¿de qué se habla cuando se habla de novela? ¿Es lo mismo *Emma* que *Finnegans Wake*? ¿Son el mismo género? Con un criterio así de vago, en los dos sentidos del término, la novela no va a morir nunca. Caducan ciertas convenciones, desde el realismo del XIX a las obras de ingeniería perfectamente ensambladas, como el *Ulises*. Y aun así, un autor puede, por medio de la ironía, extraer oro de un molde agotado, como Cervantes con la novela de caballerías.

Si un escritor no explora con el mismo impulso las limitaciones y las capacidades del lenguaje, si no ironiza sobre su propio manejo de los marcos, si parte de la Tradición sin más ambición que la de emularla o replicarla, si reproduce relaciones sociales y temas que no reflejan el desasosiego intelectual de su tiempo, difícilmente aportará un texto significativo o perdurable a su sistema literario o a su tiempo. Uno lee declaraciones de autores comerciales y se pasma de cómo confunden Las Vegas con la Atenas de Pericles. Y tan anchos.

Es comprensible que el ser social, al intentar entender su papel en el mundo, opte por imágenes de jardines más que de bosques o maleza, olvidando que el camino que va del bosque al jardín es el que va de lo real a lo imaginado. Lo real es la maleza, el conflicto entre lo diverso. El arte es bosque, no jardín. Son las estéticas enfrentadas las que definen la Tradición, no la hebra que los historiadores hilan.

A menudo la crítica y la academia se limitan a roturar y ajardinar. Hay creadores que admiten su papel de flores, reciben abono y agua a cambio de permitir que su desarrollo se planifique. Para ellos, en el caso de la novela, lo importante es la historia. "Ni un segundo de respiro". Qué diferente aquella frase de Flaubert: "Me gustaría escribir un libro que no tratase de nada". Robbe-Grillet lo formuló igual de claro: "El escritor de verdad no tiene nada que contar. Sólo tiene una forma de hablar propia". No tan radical pero en esa línea se expresa John Barth: "Da igual de lo que se ocupe, la gran literatura casi siempre se ocupa también de sí misma. En ocasiones puede ocuparse sobre todo de sí misma, pero casi nunca se ocupa exclusivamente de sí misma, ni siquiera cuando parece hacerlo". El arte, más que la ciencia, nos coloca frente a nuestros límites, nos recuerda que siempre falta algo, siempre llegamos tarde, nos quedará la duda. El arte nos hace vivir a la intemperie.

CUANDO FUI EXPULSADO DEL PARAÍSO

Juan Cobos Wilkins

Cuando fui expulsado del Paraíso comencé a escribir sabiendo que escribía. E interrogándome sobre qué escribía. Antes, habitante aún del Jardín, también escribía —¿o quizás sólo hablaba, sólo narraba oralmente?—, pero entonces lo que yo nombraba, lo que yo signaba, tenía un nombre no dado por mí y, por tanto, una vida ajena a la que habría de insuflarle mi verbo.

Algo —bastante— de lo que sintetiza y condensa el párrafo anterior vive, palpita en mi libro de poemas *Escritura o Paraíso*, publicado en 1998. Y en *Mientras tuvimos alas* (2003), mi segunda novela. Y desde luego, baña mi escritura que, a su vez, intenta caminar sin hundirse sobre los mares —interiores y externos— que aguardan a quien deja el Edén y ni sabe ni puede hacer otra cosa que crear. Al inicio del siglo XXI, tras no pocos libros de poemas y alguno también de relatos, me aventuré en la novela y ahondé en el cuento; comprendí entonces que más que un camino sin retorno iniciaba la trayectoria del bumerán. A medida que han ido transcurriendo años y sucediéndose títulos *(El corazón de la tierra*, 2001; *Mientras tuvimos alas*, 2003; *Siete parejas y un solitario*, 2005; *El mar invisible*, 2007) se han ido afianzando y confirmando una serie de puntos que, como narrador, me importan. Son la médula de la columna que mi escritura desea poner en pie, esqueleto que, luego, con la lectura del lector, es ya cuerpo que camina. Esos puntos, que bien son puntales, podría reunirlos así:

Rebeldía. Belleza. Libertad

Este triángulo, si no equilátero sí hermosamente escaleno, es carne de mis personajes, está en la materia con la que se construyen, pugna en los temas elegidos, late en las tramas. E igual que un imán o, por seguir con el símil, como el triángulo de las Bermudas, atrae cuanto se aproxima. Esa triple corriente de un mismo venero es agua para la insaciable sed de mi propia escritura.

Imaginación. Vuelo. Transgresión

Me interesa lo hondo —y ahondado— que, tras tocar fondo, rebota y vertiginosamente emerge hasta que, al salir a la superficie, al rozar el aire, se vuelve alado. Lo abisal que, tal los misteriosos peces de las profundidades, genera su propia luz. La transgresión del pez volador.

Y gusto de la literatura que estando profundamente enraizada —subterránea incluso— en tiempo y espacio eleva el vuelo a la imaginación, a lo insondable.

Misterio. Metamorfosis. Transubstanciación

Enlaza directamente este apartado con el anterior. Sin el Misterio, sin que en lo escrito y tras su lectura permanezca ese no se qué que queda balbuciendo, se me alicorta la creación, se me queda falta, parece que caducase antes de fecha. De entre los anillos disponibles, prefiero los de Saturno. Y esto, de forma inherente, engarza con otros dos horizontes en los que se fija mi interés: la literatura como permanente metamorfosis, la literatura como transubstanciación. Si el verbo se hace carne, no menos la carne se hace verbo.

Literatura de invasión

La conocida y popular literatura de evasión nos saca de nosotros, nos pasea por las afueras, enfoca su linterna a lugares ajenos, alejados, y su espejo no se orienta hacia nosotros ni es nuestro rostro lo que refleja. Como escritor me interesa la que llamo literatura de invasión. Ésta nos adentra, nos ensimisma, ahonda en lo insondable, dirige su luz al límite ciego del pensamiento y lo cruza para que alcance el haz las zonas recónditas del alma. El espejo, como un retrovisor —mas con trayectoria de futuro— se dirige directamente al yo. Así, el yo se acompaña del tú y se torna nosotros.

Conciencia y emoción

Junto a la ética estética, que nombró mi paisano Juan Ramón Jiménez, busco una escritura de la emoción consciente y de la conciencia emocionada. No se puede nombrar en vano.

Particular. Universal
Aspiro a observar el mundo, para después contarlo, recrearlo o inventarlo, con un ojo en el microscopio y el otro en un telescopio.

ESCRIBIR EN EL SIGLO XXI

Najat El Hachmi

Escribir en el siglo XXI sigue siendo lo mismo que escribir en el siglo XX o en otros siglos. La escritura no ha dejado de ser otra secreción corporal más difícil de controlar. Es algo que sale del organismo fruto de lo que se ha ido acumulando durante un largo tiempo después de haberse digerido. El variado alimento de la escritura, principal material de un escritor, es su propia experiencia vital, lo que le hace genuino y le permite ver de primera mano esa relación intrínseca entre literatura y vida. Al observar los acontecimientos de la propia existencia y de la de aquéllos que nos rodean, nos damos cuenta del verdadero poder de la escritura, de que ficcionalizar todo lo que nos rodea, literaturizar incluso los acontecimientos más triviales de nuestro deambular por estos mundos, no es más que una necesidad universal. Lo sé porque lo he visto y lo he vivido en su forma más primitiva, más despejada de barroquismos y de presunciones. Presencié este acto de intentar poner orden a lo absurdo de la existencia a través de las palabras desde una privilegiada primera fila sin ser, ni de lejos, consciente de ello. He tardado unos treinta años en unir todos los pedazos y darme cuenta de que era precisamente allí donde empezó a roerme el gusanillo de la narración. Hablo de los desayunos en torno a un pequeño fuego donde las mujeres calentaban el pan frío del día anterior junto a las humeantes teteras. Aunque a lo largo de la jornada en ese pueblo perdido del Rif había distintos instantes en los que la magia del relato se hacía presente, mi preferido era el de los desayunos. En esas horas del día estaban prohibidos los cuentos ya que, según decían las mujeres, si se contaban al calor de la luz diurna, había muchas posibilidades de tener hijos calvos; de este modo, lo que ellas se contaban, con todo lujo de detalles, eran *verdades*. Al recordar aquellos desayunos, me observo agazapada entre los voluminosos vestidos de capas de mi abuela y recuerdo montones de preguntas que habría querido hacer frente a unas historias que, siendo supuestamente verdaderas, contenían informaciones que a mí me parecían desconcertantes. Recuerdo la de una mujer que se casó con un gorila y tuvo una mezcla de humano y simio por hijo. No recuerdo si fue la misma que luego asesinó a su hijo y lo frió en una sartén a trocitos para dárselo de comer al padre. Claro que había relatos más creíbles relacionados con el día que se murió un familiar o se produjo una pelea en el pueblo, o historias de infidelidades propias de un culebrón. Y estaban los sueños y su narración minuciosa antes de que la abuela los interpretara basándose en la experiencia de sueños anteriores y el momento en el que se produjeron. Eran recurrentes los que anunciaban embarazos y el sexo del nonato en un lugar donde el Predictor y las ecografías tardarían unos años en llegar.

Así es la escritura, un intento de entender el mundo a través de una mezcla de géneros, de realidad y de ficción; un espacio donde pronto se desdibujan las líneas y ya ni el mismo autor sabe dónde empieza una y acaba la otra. Ésa es la parte fácil, la de la escritura, aun teniendo en cuenta que en mi caso el moverme más de forma intuitiva que racional me acarrea momentos de una tensión de la que no me importaría deshacerme. Lo más complicado de este proceso de escribir es intentar comprender cómo es en sí mismo. Nadie te lo va a contar porque nadie, mejor que una misma, sabe en qué consiste su propio proceso creativo; saber cómo funcionas en este ámbito es tan complicado como conocerte a ti misma.

Desde mi punto de vista, la parte más difícil para un escritor en el siglo XXI tal vez no sea el oficio en sí sino su profesionalización. Convertirme en escritora es lo que a mí me está resultando más complejo, y eso que he tenido la suerte de no haber tenido que ir nunca de puerta en puerta con un manuscrito para conseguir su publicación. En ese sentido, lo he tenido incluso más sencillo que mis compañeros de generación, pero no es oro todo lo que reluce. ¿En qué consiste ejercer de escritor hoy en día? De entrada parece que la labor de promoción de la propia obra es tarea ineludible teniendo en cuenta los tiempos que corren. Los mundos del espectáculo, del cine, de la publicidad y de la comunicación de masas han ido influyendo en el resto de los ámbitos de la existencia humana. Ahora, no sólo los actores de Hollywood o las modelos de pasarela tienen que ir de *performance* en *performance* ante la mirada vigilante de los medios; hoy por hoy, cualquiera que pretenda ser reconocido tiene que pasar un riguroso escrutinio bajo los focos. Te lo dejan claro desde distintos campos relacionados con la edición: si un libro no se promociona, por muy bueno que sea, dura quince días en las librerías. Y eso puede significar miles de entrevistas con periodistas que, en muchas ocasiones, viven una situación laboral precaria que los obliga, después de hablar contigo de tu libro, a tener que ir a la retransmisión de un partido de fútbol o acudir a escuchar las declaraciones de un político. La suma de tanta aparición en los medios de comunicación convierte el oficio del escritor en un trabajo arduo ya que puede llegar a desgastar y a descentrar, hasta el extremo de acabar por no escribir ni una sola línea a lo largo del día. ¿Qué te va a quedar por decir si te has pasado horas y horas contestando, del mejor modo posible, preguntas, a menudo absurdas, sobre un material sensible que pusiste a la venta al firmar tu primer contrato de edición?

LA ESCRITURA EN EL SIGLO XXI

Laura Freixas

Hacia 1980 se instauraron en España —me acuerdo perfectamente de su llegada, y de la sorpresa que me produjeron— algunas modas con las que desde entonces no he dejado de batallar internamente. A saber: el afán de contar historias, la condena del costumbrismo y la convicción de que la patria del escritor es la lengua.

Mi primer libro, *El asesino en la muñeca* (1988), fue de relatos semi-fantásticos. Mirando atrás, lo veo como una obra excesivamente deudora de su época, demasiado marcada por el entusiasmo que tanto a mí, como a los miembros de mi generación, nos suscitaron algunos escritores latinoamericanos —el *boom* era muy reciente—, y muy singularmente, de entre ellos, uno que no era el mejor, pero sí el más atractivo, Julio Cortázar. Eso, en cuanto a las influencias positivas; en cuanto a las negativas, o sea, los rechazos, diré que yo compartía en esa época —sin haberlo pensado demasiado— el desdén hacia el costumbrismo, o hacia la "la berza", como también se decía. Creo que nos referíamos a una serie de autores: Galdós, Cela, Sánchez Ferlosio, Umbral, Delibes..., que metíamos en el mismo saco —¡con lo distintos que me parecen ahora unos de otros!— y a los que en el fondo, sospecho, desdeñábamos no tanto por cómo escribían, sino de qué: en sus obras retrataban un país que nos aburría, nos exasperaba, al que despreciábamos, España.

Después de publicar ese libro, me puse a escribir otro que iba a ser mi primera novela: *Último domingo en Londres*, que se publicaría en 1997. Y ahí me tropecé con una piedra en la que no había pensado: el argumento, la historia. El argumento —según fui descubriendo, porque la dificultad práctica me llevó al interés teórico, como suele ocurrir— había sido dado por muerto hacia 1910. Las mentes más preclaras de entre 1900 y 1930 —Proust, Joyce, Gide, Woolf; en España Ortega y Rosa Chacel— lo consideraban artificioso, pasado de moda, definitivamente agotado. Lo importante en una novela, según Ortega, no era el "asunto" —la historia, lo externo— sino lo interno: el novelista debía sumergirse en los personajes y "tornar apretando en el puño perlas abisales". Eso hacía Proust, al que yo había leído con fervor a los veinte años, alternándolo con el *boom* latinoamericano. No es que la *Recherche* no tenga argumento, pero en ella el argumento es lo de menos, igual que en *Ulises, To the Light House, Estación. Ida y vuelta, Les fruits d'Or* o *La modification*. En cambio, en la España de 1980 en adelante —hasta hoy— se había puesto furiosamente de moda afirmar que escribir consiste en "contar historias". Y ahí empezó para mí un largo forcejeo, teórico y práctico, con el maldito argumento.

Ese forcejeo, agotador y no del todo resuelto, hace que *Último domingo en Londres*, que terminó por adoptar la estructura epistolar — en homenaje a otro de mis amados autores franceses, el Laclos de *Les liaisons dangereuses*—, no sea, a mi modo de ver, una novela lograda. Cuando escribí las siguientes, *Entre amigas* (1998) y *Amor o lo que sea* (2005), ya había encontrado mi propia solución: es necesario que exista un argumento, pero sólo como pretexto, como percha en la que colgar el traje. No es la historia, por sí misma, lo que me interesa, sino las emociones y reflexiones que suscita. Y para eso, como decía Ortega, "cualquiera sirve". Yo tomo las que tengo más a mano: historias muy simples, vividas por mí o por personas próximas, y convenientemente alteradas luego del mismo modo que se altera cualquier materia prima, la tela por ejemplo: hay que cortar, coser, añadir y quitar, para convertirla en traje.

Encontrar la propia voz —creo que yo la he encontrado ya, sobre todo en *Adolescencia en Barcelona hacia 1970* (2007), a mi modo de ver, mi mejor libro, aunque quizá sólo me lo parece por ser el último— es un proceso que requiere, no sólo práctica de la escritura y reflexión sobre problemas técnicos que, en última instancia, son teóricos e históricos; sino también, quizá sobre todo, requiere hacerse una genealogía literaria propia. Bien mirado, y pasado mi entusiasmo inicial —un poco mimético— de finales de los setenta, el *boom* latinoamericano me resultaba muy ajeno. En los años siguientes conseguí aprender inglés, aplicando un remedio de caballo —me fui a vivir a

Inglaterra—, y pude, por fin, leer en lengua original a muchos autores: de Shakespeare a Ian McEwan, pasando por Jean Rhys o las hermanas Brontë y, sobre todo, a Virginia Woolf y a Henry James —los que más me influyeron, o al menos me gustaría que me hubieran influido. En esos años, también, perdí el prejuicio anti-español y no sólo leí —o releí—, sino que disfruté, a Santa Teresa, Cervantes, Alonso de Contreras, Galdós, Valle-Inclán, Azorín, Pla, Carmen Martín Gaite, Ana María Matute, Mercè Rodoreda, Umbral... Pero, a fin de cuentas, la literatura que me siguió sirviendo de inspiración y modelo fue la francesa: Madame de Lafayette, Montaigne, La Bruyère, Madame de Sévigné, Diderot, Laclos, Rousseau, Voltaire, Balzac, Stendhal, Flaubert, Colette, Duras, Beauvoir, Sarraute, Yourcenar, Butor... y, por encima de todos, Marcel Proust.

Se comprenderá, entonces, que me cueste admitir que la patria de un escritor es su lengua. Supongo que la extensión de ese tópico tiene más que ver con lo que tácitamente rechaza —*la littérature engagée,* o en un sentido más amplio, la consideración del escritor como portavoz de un colectivo— que con lo que ostensiblemente reivindica. Lo supongo, entre otras cosas, porque yo no veo que en la literatura española de hoy a (casi) nadie le importe demasiado la lengua. Salvo excepciones, se usa un castellano insípido, incoloro, inodoro, impersonal. El empobrecimiento lingüístico general, la pérdida del castellano popular y la lectura en lenguas extranjeras o sus traducciones —con frecuencia malas— nos han hecho un daño tal vez irreparable. Para comprobarlo no hay más que comparar las obras de Carmen Martín Gaite —tan ricas lingüísticamente, en su combinación de lenguaje popular y culto, sin perder nunca la naturalidad— con las de sus actuales herederas... Yo me conformaría con que mi escritura, aunque oliera a María Moliner —que es lo que se suele achacar a los que nacimos en la periferia bilingüe—, fuera densa y hermosa. Me gustaría sentir que he aprendido algo de aquellos escritores que, con algunas de sus frases, de sus páginas, han logrado que se me salten las lágrimas, como Valle-Inclán o Umbral. Me gustaría incorporar, aunque fuese sólo un poco, la frescura, la plasticidad, del castellano que hablaban mis abuelos maternos, nacidos en la provincia de Ávila —el castellano es mi lengua materna; el catalán, de la familia paterna, llegó más tarde y sin el apoyo de la escuela. Lo intento, aunque me da la impresión de que escribir "se fue cada mochuelo a su olivo", "anda y que te zurzan" o "que cada palo aguante su vela" provoca incomprensión y extrañeza.

Sintiéndome, pues, como me siento, más heredera de la literatura francesa e inglesa que de la castellana, y poniendo, con frecuencia, en escena a unos personajes cuya lengua materna tampoco es la española —sino la francesa, la inglesa o la catalana—, se comprenderá, repito, que no considere la lengua como mi patria literaria. Pero entonces, ¿cuál es esa patria, si es que existe? Creo que la encuentro en una tradición que no es lingüística, ni geográfica, ni histórica, y que, sin embargo, tiene características propias; una tradición de la que me siento heredera y continuadora: la literatura escrita por mujeres. En Madame de Sévigné, Emily Brontë, Mercè Rodoreda, Virginia Woolf, Jean Rhys, Colette, Katherine Mansfield, Clarice Lispector, Ana María Matute o Esther Tusquets, encuentro todo lo que se necesita: experiencias compartidas —vitales y culturales—, sintonía, afinidades, sobreentendidos... para constituir una patria *(¿matria?)*.

Y ya para terminar, dos palabras sobre el mercado. Desde los años ochenta —no era así antes—, las ventas parecen haberse convertido en el metro de platino iridiado con el que se mide el éxito literario. Es este un criterio que no comparto: creo que entre calidad literaria y éxito mercantil no hay una relación directa. Tampoco inversa; sencillamente —y hablo ahora no sólo como escritora, sino como la editora que fui durante algunos años—, lo comercial tiene sus propios mecanismos. Yo a veces los entiendo y otras veces, no tanto. No me sorprendió, por ejemplo, que de entre mis libros, las novelas *(Amor o lo que sea* y *Entre amigas)* se vendieran mejor que los relatos *(El asesino en la muñeca* y *Cuentos a los cuarenta),* pero sigo sin entender por qué *Entre amigas* vendió mucho más que *Amor...*, siendo así que no me parece ni mejor ni más comercial. Me gustaría poder añadir que semejantes consideraciones no me influyen en absoluto a la hora de decidir el género —novela, cuentos, autobiografía u otros— y las características de cada nueva obra; sin embargo, no sería sincera si no admitiera que hay algo que sí tomo en consideración, una raya que intento no traspasar, y es la de arriesgarme a quedarme, por ser demasiado poco comercial, sin editor. Lo que procuro es, conociendo las reglas del juego, jugar mis cartas lo mejor posible. Pero sin perder de vista cuál es mi objetivo: escribir lo que me venga en gana y no lo que los editores o el mercado me pidan, y hacerlo de la mejor manera —la más creativa, la más libre, la más auténtica y personal— posible. Es un programa intemporal; es el mío para el siglo XXI.

BREVE HISTORIA DE UN ESCRIBIDOR

Miquel M. Gibert

Sobre hablar y escribir

A quienes bordeamos o ya hemos sobrepasado la raya de los cincuenta, alguien nos aconsejó, al entrar en la adolescencia, que debíamos tomar dos precauciones al hablar con los demás: la primera consistía en no hablar demasiado de uno mismo por prudencia y por respeto a quien escucha; la segunda, en buscar temas, en una conversación general, en los que todo el mundo pudiera decir algo sin hacer el ridículo ni, para evitarlo, verse obligado a tener la boca cerrada.

Sin embargo, esas personas que tan bien nos aconsejaron nada dijeron de palabra sobre papel —ni sobre pantalla electrónica, por supuesto. Siempre he creído que, en este aspecto, guardaban silencio en atención y gracia del escritor —quizás sólo un escribidor. El escritor es el más irreductible de los habladores pero, ya que habla normalmente por escrito, nada hay más fácil que cerrar el libro, la revista o el periódico. O el blog de Internet. Además, y aunque a veces no lo parezca, el escritor habla de sí mismo siempre, desde los comienzos de su vicio o manía. Sus artimañas no nos deben engañar.

Sobre el escribidor y sus comienzos

En los primeros días de octubre del remoto 1968 empecé el Bachillerato. Nacido en un pueblo de Lérida y ante la imposibilidad de seguir estudios medios en ese pueblo, mi padres me llevaron a un internado que regían los Padres

Paúles en Bellpuig d'Urgell, a unos treinta y cinco kilómetros de la capital. Recuerdo muy bien el primer día de clase en un colegio cercano —compartíamos aulas— y, especialmente, la hora dedicada a Lengua Española. La impartía un entonces joven profesor, Jordi Pàmias —actualmente, un destacado poeta catalán y un excelente amigo. Serio y educado, después de presentarse y pasar lista, empezó escribiendo en la pizarra unas cuantas líneas de don Armando Palacio Valdés, tan olvidado hoy; unas líneas que me descubrieron un mundo y actuaron encima de mí —como todavía lo hacen hoy— con una fuerza magnética extraordinaria: "El coronel Toledano, por mal nombre Polifemo, gastaba levita larga, pantalón a cuadros y sombrero de copa de alas anchurosas, reviradas. Estatura gigantesca, paso rígido, imponente...". E inmediatamente, antes de entrar en otras consideraciones, aquel profesor de treinta años nos explicó quién era, en la mitología griega, Polifemo. Y que el coronel Toledano, como Polifemo, en realidad sólo tenía un ojo, porque el otro lo traía vacío.

Pensé que todo aquello —escritor, texto, profesor y comentario— era una maravilla y que, seguramente, había otras muchas como aquélla. Y es que había pasado una cosa grande, muy grande para mí, que pide gratitud de por vida: aunque no fuera la de mi lengua —las circunstancias, digámoslo así, lo impedían—, yo acababa de descubrir la literatura, es decir, el Mediterráneo. Mi Mediterráneo, claro.

Unos años después, cursé Filología en la Universidad de Barcelona, y algunos profesores extraordinarios —Antoni Comas, M. Antònia Tayadella, Anton M. Espadaler y, sobre todo, Enric Gallén— me sumergieron en la literatura catalana y universal, en el teatro y los estudios sobre teatro y en la cultura decimonónica. Nada tiene, pues, de particular que mi trayectoria académica y literaria haya estado y esté vinculada a estos intereses profundos, irrenunciables. Hace ya muchos años publiqué y estrené algunas piezas dramáticas —siempre en catalán, mi única lengua propia— que si no me fueron bien, tampoco me fueron mal. Pero yo quería probar con la narrativa, y fui dejando el teatro para dedicarme a *La victòria de la creu*, una novela en la que, con intervalos, trabajé durante quince años.

Sobre algo de lo escrito por el escribidor

¿Qué pretendía al escribir esa novela? En primer lugar, contar, narrar una historia —hecha de historias— que fuera amena y coherente y que se presentara servida en una lengua ajustada y expresiva. En definitiva, quería, por encima de todo, escribir una novela digna. ¿Renunciaba a otros componentes que puede tener una novela? No, si no ponían en peligro los que, a mi entender, son fundamentales, inexcusables y que acabo de mencionar. Y conforme iba avanzando en la escritura me parecía que sí, que podía introducir reflexiones, alguna divagación, pero teniendo siempre presente que no escribía un ensayo sino una novela, y que, en consecuencia, las abstracciones se debían concretar, en lo posible, en lenguaje narrativo. Si lo he conseguido, en parte o completamente, no soy yo quien lo tiene que decir. Sólo cuando me sentí —quién sabe si ilusoriamente— seguro en este aspecto intenté desovillar el hilo de un pensamiento de fondo con la pretensión de hacer posibles varias lecturas de *La victòria de la creu*. De estos aspectos que pretenden superar los límites del lenguaje narrativo, pero sin abandonarlo, convirtiéndose, así, en sustancia de la narración, sólo mencionaré uno, pero muy enraizado en la historia y el pensamiento españoles del siglo XIX: el carlismo.

Desde mi adolescencia sentí la fascinación de la épica carlista pero, precisamente por esto, me pareció indispensable aplicar un distanciamiento intelectual al tema, a veces teñido de humor, para poder tratarlo con convicción literaria, con credibilidad, mediante un texto escrito entre los siglos XX y XXI, a siglo y medio de distancia temporal de los hechos y de los personajes de la ficción presentada en la novela.

La victòria de la creu gira en torno a tres generaciones de barones de La Granadella, abarca temporalmente una gran parte del siglo XIX —desde 1821, con algunas referencias a principios del siglo, hasta 1887— y la acción transcurre entre La Granadella —una villa de la comarca leridana de las Garrigues—, la ciudad de Lérida, Madrid y Barcelona. La novela presenta varios tipos de personajes: los hay históricos del carlismo, como Carlos V y su segunda esposa, M. Teresa de Braganza, princesa de Évora; comparece también una pequeña nobleza rural imaginaria, próxima al carlismo, como lo es, al menos inicialmente, la saga de los Espinós, barones de La Granadella; igualmente, hallamos guerrilleros y partidas de ficción, pero que actúan de manera muy parecida a como lo hicieron los guerrilleros y las partidas documentadas históricamente y, al fin, vemos al pueblo llano de la villa, anónimo, que en gran parte, siguiendo el rumbo marcado por sus señores naturales, se manifiesta afecto al carlismo. Al menos en intención tenemos, pues, todo un mundo, toda una construcción social, un conjunto de estamentos para los cuales el carlismo es un elemento importantísimo de vinculación y de cohesión interestamental.

El mundo liberal —cristino, según la denominación del tiempo de la Primera Guerra Carlista— es, en la novela, una realidad foránea, externa a los habitantes de aquella lejana villa que es La Granadella, a sus habitantes y a sus señores, pero que ha tomado los resortes de poder del Estado y, conforme van pasando los años, se afianza ante el carlismo, que se convierte en una fuerza política y social en retirada. En *La victòria de la creu*, este retroceso se concreta en la distancia que hay entre el carlismo un poco vacilante, quizás demasiado prudente, de don Constantí d'Espinós, el primer barón de La Granadella con la vida reflejada en la novela, y el accidentalismo, por no decir el oportunismo, de su hijo y heredero, don Ròmul, que llega a ser diputado sagastino en las elecciones de 1872. Más adelante, un hijo de don Ròmul se suicidará en La Habana después de que un amigo suyo, jefe de una partida de insurrectos cubanos, haya caído ante las tropas coloniales españolas. Se produce, pues, toda una evolución familiar que no deja de mostrar el derrumbamiento progresivo de aquel mundo antiguo y estamental que había sido la referencia de señores y vasallos. La estirpe de los Espinós, al fin, sólo sobrevivirá en una hija deforme de don Ròmul y mediante el incesto.

Tal como quise mostrar en la novela, el carlismo de la Primera Guerra es una fuerza sólida en el mundo rural granadellense, un lugar representativo de un anchísimo territorio. A través de *La victòria de la creu*, intuimos que el carlismo conserva posiciones sociales importantes en todas partes y que mucha gente lo percibe como una propuesta, sólida y viable, de vida personal y colectiva feliz —al menos, tan feliz como pueda ser la vida humana. Ante el mundo nuevo, incomprensible, del que el liberalismo es la avanzadilla, el carlismo ofrece una felicidad ordenada, secular, conocida, la única concebida como posible.

Naturalmente, cada una de estas dos propuestas de felicidad colectiva pretende imponerse aniquilando a la otra. Sabemos muy bien que no es ninguna paradoja —el siglo XX ha sido riquísimo en ejemplos— buscar una dicha intangible con el más tangible de los terrores. En realidad, la paradoja aparente responde muy bien a la lógica de los proyectos totalizadores de felicidad. Y, por lo tanto, no nos puede sorprender que la crueldad de unos vaya seguida de la crueldad de otros, en una espiral que, a veces, parece que no va a tener fin. Se diría que una forma especialmente sarcástica de destino ha querido proclamar que tantos anhelos de felicidad, que tantas esperanzas de solución definitiva a los males de la patria y del individuo no pueden traer nada más que la destrucción permanente y el dolor continuado.

Todas estas cuestiones, y otras en las que no puedo entrar ahora, aparecen planteadas en *La victòria de la creu* por un sacerdote, al servicio de la casa de los barones, que, en plena vejez, escribe unas memorias. La narración, a pesar de sus intenciones, es inevitablemente subjetiva y, a veces incluso, al lector le parece que en el texto hay otra voz, una voz que no es la del narrador declarado; una voz que modifica parcial o totalmente los capítulos supuestamente escritos por el sacerdote, al cual acabamos creyendo un impostor. ¿Dónde está, pues, la verdad de personajes, hechos y situaciones de *La victòria de la creu*? ¿Dónde está la verdad de unos carlistas y de un carlismo, supuestamente históricos, que quizás varias manos han construido, consciente o inconscientemente, en función de los intereses propios? ¿Dónde está la verdad del relato? Y en definitiva, ¿qué diferencia objetiva hay entre la Historia y la ficción? ¿Qué ilumina más nuestro presente, la memoria o la fábula?

LA LITERATURA COMO DESAZÓN

J. A. González Sainz

Tengo la no sé si desagradable impresión de que, cada vez que pruebo a pensar o escribir algo sobre la novela o la literatura y el arte en general, o bien sobre la novela que intento o me importa escribir, me ocurre algo semejante a lo que sucede también cuando uno se pone realmente a escribir una novela: que hay que empezar de cero, o bien desde un principio, desde el *mismo sitio* en cualquier caso de siempre.

No debiera acaso ser así, o bien hasta es ridículo que pueda ser así, habida cuenta de todo lo mucho y bueno —y también de lo demasiado y regularcillo o bien francamente tirando a malo— que se lleva escrito y reflexionado sobre el asunto; pero, sin embargo, nada me puede quitar del todo el cosquilleo de esa impresión que además, para colmo, ni siquiera sabría decir si no es incluso motivo de alguna desapacible forma de agrado.

Y ese principio, o ese *mismo sitio* —ese *cero* que es a la vez, por paradójico que pueda sonar, el corazón mismo de la *continuidad*—, al que me da la impresión de que de algún modo ha de remontarse cualquier interrogación que se precie sobre nuestra práctica de la literatura y el arte, no es a mi modo de ver sino el sitio común, la raíz común de Arte y Técnica, la *techné*, uno de los pilares, si no el pilar fundamental —junto al *logos*— de lo que seguramente venimos mal que bien entendiendo como humano.

El colosal e inquietante desarrollo de la Técnica en nuestras modernas sociedades, puesto soberanamente de relieve con certera y perspicaz inteligencia desde Ortega y Heidegger, no por evidente, demasiado evidente hoy en día, deja de pasar insuficientemente atendido, merced, entre otras cosas, al hecho de que todo, lo que se dice todo, incluida la propia atención, tiende a convertirse en una hijuela o calco suyo. Las cosas en general, pero también las relaciones humanas con ellas y con los hombres y hasta tal vez los hombres propiamente hechos a ella —y con ella y de ella—, se han venido convirtiendo *mayormente* en nuestras sociedades en lo que podemos denominar un "surtido a disposición" —me permito trasladar así el *Bestand* heideggeriano (Félix Duque dice "existencias en plaza"[1], otros traducen "depósito")— del que echar mano a conveniencia —o al antojo— no sólo para conseguir objetivos puntualmente, sean éstos los que sean, sino para habitar en el reino de la permanente consecución de objetivos que es nuestro mundo.

El *paraíso* moderno tiene hoy ese fondo técnico, enseñoreado por los *dispositivos de utilización* y *consecución* literalmente *a mansalva* de cosas, relaciones, objetivos, lenguajes o materias; e incluye asimismo la persuasión de que ese "surtido a disposición", por mucho que el hombre *liquide sus existencias* —o *reduzca todo sin residuo* a eso, a meras "existencias en plaza" o "surtido a disposición"—, éstas, dado el *triunfo de los dispositivos* de consecución que constituyen nuestro *paraíso* técnico —ya ni siquiera "el triunfo de la voluntad"—, serán convenientemente *repuestas* en su momento adecuado.

El sueño de todo esto es nuestra actual vigilia. Pero ese *sueño de sazón total* incluye también —por lo menos para algunos— su no menos desazonadora pesadilla: la posibilidad consecuente de que entre las cosas, las relaciones o lenguajes a disposición o en plaza, figuren también efectivamente, a poco, poquísimo que nos *descuidemos*, incluso los propios hombres, y que, del mismo modo que todo lo demás, sin residuos ni restos ni diferencias o contemplaciones que valgan, podamos vernos reducidos por completo —o estemos siempre en peligro o en camino de serlo— a nuestra mera utilización en procesos, redes o dispositivos de consecución. Es la desazonadora pesadilla de caer de bruces y de lleno, o de estar destinados a caer de lleno, en nuestra propia *trampa*[2], en la trampa mortalmente tendida por nuestra propia esencia de hombres. No son Auschwitz o los universos con-

---

[1] Véase por ejemplo, entre otros textos de Félix Duque, (2005): "La verdad puesta en obra". En *Heidegger y el arte de verdad*, Cuadernos de la Cátedra Jorge Oteiza. Pamplona: Universidad Pública de Navarra.

[2] No hará mal el lector en hacer resonar aquí la "trampa" de la que habla Milan Kundera en (2000): *El arte de la novela*. Barcelona, Tusquets, p. 37.

centracionarios los únicos ejemplos de ello, tal vez sólo los de más llamativa y brutal observancia.

Pero no basta escandalizarse ante ello sólo con pánfilo humanismo. Más bien no habría que *descuidarse*. ¿Pero cómo, qué prácticas son mayormente susceptibles de enhebrar o dar cabida a ese *cuidado*? ¿Y a quién o qué encomendar la labor de *centinela* y *exploración* que requeriría esa negativa a descuidarse?

Y otra pregunta: ¿está hoy en día verdaderamente nuestra sociedad por esa negativa? ¿No habrá capitulado, incluso con todos los honores, y se habrá echado ya con mil amores en los brazos de esa pesadilla que, para nuestra sociedad actual, no es sino el mejor de los mundos?

Aparte de que a uno le puedan cosquillear también preguntas un poco más chuscas, como la de que si, a la cosmovisión campesina, no le habrá sucedido, en los siglos de la burguesía, la visión del tendero, con sus existencias, sus liquidaciones y sus surtidos y reposiciones, o más bien incluso la del hortera —que quiere decir mozo— de tienda, uno se interroga en verdad sobre si, a esa realidad de nuestra habitación de la tierra, cada vez más global e inquietantemente técnica, y justamente para que el peligro que anida en su tendencia al absolutismo instrumentalizador, utilizador y lograr no acabe por arramblar con todo y convertirlo a su imagen y semejanza, no ha hecho siempre —desde que el mundo es mundo— de *contrapeso*, de *reverso*, de pie *necesariamente opuesto y complementario*, otro tipo distinto de prácticas, entre ellas, sustantivamente y por lo que aquí nos concierne, las que, bajo el nombre general de Arte, albergaba la propia *techné* en su misma raíz. Prácticas cuya sazón, a diferencia de las puramente técnicas, *custodia siempre una desazón* y cuya consecución o resultado es el *despliegue de una inherente irresolución*. Prácticas de la interrogación y la indagación, de la vigilancia y el cuidado, de la exploración y la iluminación y el aviso y la puesta al descubierto como *puesta en obra*, que por eso son también a su manera producción, *poiesis*, pero de la puesta en obra de lo que llamamos *verdad*.

Estas prácticas se han de mantener por definición despabiladas y alertas, prestas, y ser abnegadas, pacientes y tenaces, conscientes de su fondo común con las otras relaciones acaparadoras y triunfantes, pero también de su necesaria oposición. Si cayeran víctimas de la "obscenidad", como diría Baudrillard, del triunfo técnico, o de las mil formas de modorra, atolondramiento, dejadez o impaciencia a que éste incluye destinarlas, la cojera que ello ocasionaría a nuestra forma de habitar la tierra daría alas a unos absolutismos de la Técnica que nada indagan o cuidan y por nada se interrogan que no sea la utilización de existencias en pos de una consecución de objetivos, cualesquiera que ellos sean.

Tengo la convicción de que el paulatino desgajarse y emanciparse de las prácticas que antaño tenían casa común, como la Moral y la Economía o el Arte y la Técnica, si es verdad que ha traído aparejado el creciente y progresivo desarrollo por el que ahora somos lo que somos, también nos ha acarreado no menos crecientes peligros, como se echa de ver y no dejará, por ese camino, de verse. Pero, como en los versos de Hölderlin, en ese peligro que hoy se cierne sobre nosotros y nuestra habitación de tierra, puede que se yerga también lo que nos salve.

De la misma raíz de donde brota el peligro, vamos a pensar aquí nosotros, crece también lo que salva; de la misma raíz de la que brotan *el triunfo de la Técnica* y sus *sueños de sazón total*, pero asimismo los inmensos riesgos de despotismo totalizador que, con mayor o menor gravedad según las circunstancias, ese triunfos y esos sueños traen aparejado, crecen también la *vigilia* de la *desazón* y el *fracaso* del Arte, y en ello —en su vigilia y su desazón y justamente en su fracaso, como veremos— anida aquello que es susceptible de salvaguardarnos o de permitir que nos escabullamos una y otra vez de esos peligros. El poder del Arte, pues, como antídoto o reverso del de la Técnica; la acción y la *poiesis* del Arte como lo opuesto, viniendo de lo mismo, a las de la Técnica.

¿Pero está el Arte o, en nuestro caso, la Literatura, la novela, a la altura? ¿Están hoy día el Arte y la Literatura realmente para esos trotes? ¿O bien a la Técnica no hay ya, por así decirlo, quien la tosa? ¿O bien ésta se ha desembarazado de tal modo ya de todo, o hecho suyo ya y asimilado a sus mecanismos en tal medida todo, que campa ya por sus solos respetos a sus anchas por todas las modalidades de las prácticas y en todas nuestras relaciones y lenguajes, de modo que a todo lo que no sea ella, y por lo tanto relaciones de consecución y desvirtuación, de mediatización y usura, no se le asigna ya sino una naturaleza de *rémora* o *estorbo* que hay que superar, de *margen* del que hay que desentenderse o bien de *adorno*?

Mucho me temo que la práctica del Arte o la Literatura haya admitido ya en general, o bien en buena parte y medida, su calidad de *adorno* o su estricta naturaleza *ancilar,* que hayan pedido árnica o bien se hayan pasado, con sus armas y bagajes, a su oponente, el cual las ha asimilado como Estética o Espectáculo, como Diversión o Comercio. La "obscenidad" de esa asimilación no parece tampoco dar al ojo en exceso —lo que da al ojo ha caído también bajo su dominio— ni crear excesivas desazones. Descansen en paz pues todas esas prácticas o modalidades artísticas entregadas a sus relaciones técnicas; literalmente han pasado a mejor vida.

Pero si algo todavía se obstina verdaderamente en el Arte y la Literatura, si algo persevera en ellos en hacer lo que les es propio —en *hacer de las suyas*— y algunos aún se ven abocados a perderse en esa obstinación, el cometido que les es dado incluye *mover guerra* a esas otras prácticas esencialmente instrumentalizadoras, desvirtuadoras y manipuladoras, hoy inexorablemente triunfantes, que remiten a una misma comunidad de raíz. Dar guerra, erguir la obra desde la *desazón* y mantener en continuo despabilamiento su poder o acción de señalación o centinela con el que ponerse *manos a la obra de la verdad*, es decir, a *escudriñar y destapar* y, también, a *custodiar* la *verdad* de lo que somos y de lo que es.

Hará falta —es de pensar— hacerse a la constante *vigilia* propia de todo centinela, a una inherente *desazón* y sentido de la *falta* y la *pérdida*, que ni se inventan ni improvisan, y también al constantemente renovado —y consustancial— *fracaso* en el logro. Pues lo que se intenta *lograr* de veras en la obra de arte, más allá de cualquier otro resultado siempre susceptible de ser asimilado por la Estética o el Espectáculo, por el Comercio o la Historia, no es sino poner en ella, en obra, ahí delante, la *verdad*, sacarla a relucir o hacerla vibrar por un momento. La verdad de lo que somos y de lo que es, que siempre gusta de esconderse y en su propio retraerse asienta además sus reales, por lo que siempre, de alguna forma, el Arte o la Literatura estarían abocados al fracaso. O mejor dicho, a un fracaso que, bien logrado, es su éxito.

El *desvelamiento*, la *desocultación*, la *verdad* no como equivalencia, copia o reproducción de nada, no como objetivación ni subjetivación de nada, sino como *desocultación* y, también, la *custodia* de lo que es, serían los cometidos que a mi modo de ver le son propios a la Literatura en este sendero de ascendencia heideggeriana[3] por el que discurrimos. También estaríamos diciendo algo parecido si dijéramos conocimiento, sabiduría, indagación, iluminación, experiencia, artesanía, escucha: ésos serían su empeño y su compromiso.

Me inclino a pensar que, para ello, la novela, en nuestro caso, no tiene más remedio que levantarse —en todos los sentidos de la palabra— frente al encasillamiento a que la Estética, el Comercio o la Diversión la destinan con el

---

[3] Véase Heidegger, Martin (1998): "El origen de la obra de arte". En: *Caminos de bosque*, trad. de Helena Cortés y Arturo Leyte. Madrid: Alianza.

extraordinario desparpajo que les es propio y recabar fuerzas, modalidades y quilates allí donde pueda o vea conveniente, *conjurando* todas las muertes que cada cierto tiempo se le adjudican, *abriéndose* a todas las posibilidades que se le antojen como cabales y potenciadoras de su cometido y *remontando* todas las superaciones de las que, a lo largo de los años, han creído hacerla objeto.

Concibo pues una narrativa que, lejos de rehuir o verse orillada de nada de ello, *comprenda* tanto las modalidades del *arte nuevo*, intrascendente, rebuscado y juguetón, filiado por Ortega[4] —y que muchos, un siglo después, se empeñan en seguir considerando todavía nuevo o lo más rematadamente nuevo—, como las del *relato* que veía surgir Blanchot[5] ahí donde, a causa de la transformación llevada a cabo por la Técnica en el tiempo y los modos de diversión de los hombres, decía que la novela ya no funcionaba, pasando por las de la *narración* a cuya altura no veía Benjamin[6] ya a la novela, dada la pérdida de sabiduría y pobreza de experiencia, y por las de las más diversas combinaciones e intersecciones entre géneros o modalidades de escritura o, si me apuro un tanto, hasta por algo de la antigua *epopeya* de la que la novela moderna habría descabalgado. Una auténtica novela que se preciara de ello atravesaría todo eso o podría abrevar en todo eso, pues su *referente de fondo* no es ni la *verosimilitud* ni la *objetividad* ni la *subjetividad*, sino la *veracidad, la puesta en obra de la verdad*, el asomarse de la obra al *desvelamiento* y la *custodia* de eso tan resbaladizo y huidizo, complejo y a la vez sencillo que se ha venido denominando, a falta de otra nominación, como *condición* humana o naturaleza de lo humano o del ser de las cosas.

Ése es el verdadero referente de fondo de la literatura en cuyo clavo dieron de forma definitivamente modélica y certera Cervantes o Shakespeare: el ser de lo que es y de lo que somos, la radical condición trunca e insuficiente de todo ser como ser para con la muerte y "el enorme agujero negro que es el sentido del mundo y del hombre"[7], la desnuda existencia en su verdad de la condición que se resiste a ser manipulada y a desgastarse y desvirtuarse en su

---

[4] Ortega y Gasset, José (1925): *La deshumanización del arte* e *Ideas sobre la novela*.

[5] Blanchot, Maurice (2005): *El libro por venir*. Trad. de Cristina de Peretti y Emilio Velasco. Madrid: Trotta, p. 26. El original francés en libro es de 1959, pero los textos fueron publicados antes como artículos.

[6] Véase Benjamin, Walter: "El narrador", por ejemplo en *Obras Completas*. Madrid: Abada.

[7] Jiménez Lozano, José (2005): "Monjas pintadas al gusto del tiempo". En: Howell, Victoria: *Monjas pintadas*. Valladolid: Junta de Castilla y León, p. 118.

usura y adonde ninguna sociología ni psicología o pedagogía o ciencia nos puede asomar, pero cuya vibración sí puede sacar a relucir o poner al descubierto aunque sólo sea un momento, *dar a ver* o *ver de dar* y poner de relieve el auténtico narrador en la obra o bien la obra auténtica a través del narrador. No en vano creo que es lícito volver del revés la afirmación de Günter Anders y decir que nada ama tanto la verdad como la coartada de la mentira o, vamos a poner, de la ficción.

Si el hombre ha de sacar la cabeza de su condición por encima de los peligros siempre acechantes de su desvirtuación y manipulación, o si ha de alimentarse o fortificarse de veras para ello, no se crea que puede prescindir así por las buenas del trato con esos, vamos a decirlo así, *integradores literarios* o artísticos, mucho más —y menos— que un logro o un triunfo técnicos en cualquier cadena de consecuciones o que otro modo sólo de tirar los dados.

TRES CONDICIONES NECESARIAS, AUNQUE NO SUFICIENTES, PARA UNA LITERATURA DE IZQUIERDAS

Belén Gopegui

La primera está muy ligada a lo que Edward Said escribió en su libro *Cultura e imperialismo*, en 1993. Said decía: "El poder para narrar, o [cursiva mía] *para impedir que otros relatos se formen y emerjan en su lugar*, es muy importante para la cultura y para el imperialismo, y constituye uno de los principales vínculos entre ambos". Creo que el escritor o la escritora materialista, a la hora de concebir cada relato, ha de tener presente no sólo aquello que va a contar, sino aquellos relatos que está impidiendo que se formen o emerjan al hacerlo.

Es decir, tener presente que el trabajo literario de los autores no sucede en un espacio infinito, donde todo cabe, donde unas narraciones no desplazan a otras sino que todas se despliegan en igualdad de condiciones sobre el llamado campo literario que en los manuales hegemónicos suele recordar a una inmensa llanura. Muy al contrario, creo que el campo literario tiene poco de llanura, no es infinito, y se agita y expulsa unos cuerpos y hunde otros. Y así, como los barcos, las historias no sólo importan por lo que cuentan, sino también por lo que desplazan; en el sentido enunciado por Said tanto como en el sentido contrario: el de aquellas historias que suenan distinto, historias que durante horas, o tal vez años, atenúan el fragor de la ideología dominante, logrando que dejen de oírse, de entre todas las convenciones, algunas que confunden y enturbian la imaginación y la realidad.

Para terminar este punto, recordemos que el tiempo ha demostrado cómo en muchas más ocasiones la cultura ha servido para bendecir a los explotadores. Existe el otro lado, pero es importante saber que ha de ser otro. Tengamos pues presente, siempre, que, como diría el lenguaje informático, la opción al parecer predeterminada para la cultura es la de rendir pleitesía al poderoso. Hay que desactivar esa opción, hay que configurarla manualmente y comprobar una y otra vez al servicio de quién trabajamos.

En segundo lugar, a la hora de preguntarse qué escribir, y por tanto a la hora de escribirlo, los autores materialistas hemos de acogernos a la formulación brechtiana según la cual es preciso escribir "influido conscientemente por la realidad e influyendo conscientemente sobre ella". La influencia inconsciente ya la tenemos: todo lo que pusieron en nosotros, todo lo que asumimos sin querer o sin darnos cuenta. Creo que es preciso contrarrestar esa influencia con la razón, la crítica, una sensibilidad agudizada y cualquier otro instrumento que lo haga posible. En cuanto a influir conscientemente sobre la realidad, puesto que todo cuanto hacemos causa modificaciones —frente a los cantos de sirena de quienes creen posible escribir en el vacío, sin romper nada, sin manchar nada—, habrá que preguntarse si estamos dispuestos a dar por buena la dirección en que hoy avanzamos, o si nuestros libros van a cuestionarla.

Como la palabra realidad remite a realismo, y éste a su vez contiene demasiadas connotaciones negativas, acudiré de nuevo a Bertolt Brecth, quien decía que los realistas combaten todo tipo de esquematismo porque no hace posible el dominio de la realidad. Éste es el realismo que me interesa, y el único que debiera merecer ese nombre, el realismo que combate todo tipo de esquematismo.

En tercer lugar, quizá lo más importante sea tener presente que la elección de qué escribir, como tantas otras, no es una elección meramente individual. Dice el inmunólogo cubano Agustín Lage: "La ciencia [digo yo, la literatura] es una tarea social: la hacen las colectividades humanas a través de determinados individuos, no a la inversa" —como algunos aún la describen, por cierto. Hacemos ciencia, literatura, como parte y aporte de un proyecto de sociedad, de una visión de cómo deben ser las cosas. Hacemos ciencia, digo yo, intentamos hacer literatura, como expresión de compromiso con un futuro que la ciencia, la literatura, ella sola, no es capaz de construir. Y dice Lage: "Los científicos", los escritores, "lo saben, aunque quizá muchos no se den cuenta de que lo saben".

Sabemos que la literatura interviene en la realidad. Incluso quienes piensan, como el dramaturgo David Mamet, que su único fin es deleitar, admiten que "por el solo hecho de estimular nuestra capacidad de síntesis de la acción", la literatura puede mejorarnos o, por el contrario, producir un "efecto debilitador acumulativo", cosa que ocurre, por ejemplo, cuando una narración en lugar de contarnos qué es lo que pasa en este mundo, nos cuenta la supuesta excelencia de un héroe que vence por encima de todo. Pero sobre todo, lo que a menudo se olvida es que la literatura no interviene sólo desde y en los hombres y las mujeres tomados de uno en uno, sino que interviene desde y en hombres y mujeres que, aun siendo gotas individuales, son al mismo tiempo, y no pueden dejar de serlo, colectividades, lluvia.

En consecuencia, no se trata de que ningún escritor exhiba una supuesta superioridad moral que le permitiría decir a cada lector lo que debe hacer. Se trata, por el contrario, de que ser escritor exige saber siempre, recordar a cada instante, que no es solamente uno, ni una, quien escribe. Por eso ocurre a menudo que un escritor conoce las mismas cosas que las demás personas, pero en cambio sus novelas, sus dramas, sus historias, conocen más, llegan más lejos. Por eso también, en algún momento, se acabará decidiendo que el *copyright* no tiene sentido. Por eso cuando las novelas o los dramas o los poemas mienten, cuando adormecen o confunden nuestro instinto de supervivencia, el problema no es sólo que renueven nuestra angustia, que aumenten nuestra ansiedad ante un mundo donde las cosas no son equitativas. El problema es que adormecen, también, el instinto de supervivencia de la comunidad. Por eso el escritor o la escritora, como el resto de los hombres y mujeres, habrá de preguntar a sus creaciones: ¿a quién servís?

Termino con unas palabras de Teresa Moure, en traducción aventurada mía: "La palabra establecida, convencional, que no se cuestiona, hecha de tópicos que se repiten funciona como un diminuto director de conciencia que reproduce una visión del mundo pequeñoburguesa, susurrándonos al oído lo que hay que pensar sobre las personas, sobre los problemas de las sociedades, sobre política, arte o literatura, esparciendo verdades que deben ser aceptadas sin vacilar y plegándose al conformismo, al academicismo o a los intereses de mercado", y de clase.

TANTO POR LEER, TANTO POR CONTAR

Miguel Mena

A principios de los años ochenta comencé a trabajar en la radio y a principios de los años noventa empecé a publicar libros con una cierta regularidad. Mis primeros programas eran musicales. Entonces en España era muy difícil grabar un disco, pero una vez que se conseguía era relativamente sencillo alcanzar una cierta difusión a través de la radio, y con suerte algunas ventas. Ahora editar una grabación es mucho más accesible, pero la inmensa mayoría de los nuevos grupos buscan canales alternativos para hacerse oír porque sonar en las grandes emisoras ha quedado reservado a unos pocos elegidos, la mayoría muy veteranos en el negocio. Tal vez con los libros suceda algo parecido.

En 1992 publiqué mi primera novela en una pequeña editorial de Zaragoza. Quizá debería decir en *la* editorial de Zaragoza porque en aquella fecha, fuera de las instituciones, prácticamente no había otra. La ciudad rozaba los 600.000 habitantes, pero para un escritor debutante era un páramo batido por el viento. Ahora mi ciudad tiene algunos miles de vecinos más, la mayoría de ellos inmigrantes, y no menos de veinte editoriales que no paran de remitir novedades a los medios de comunicación. Publican de todo: novelas históricas, novelas minimalistas, novelas policíacas, novelas decimonónicas, novelas fragmentarias, novelas juveniles, relatos, memorias, viajes, ensayo y poesía, mucha poesía. Es mucho más fácil publicar, también tener difusión a través de los medios locales, quizá no tanto vender ni romper las fronteras regionales. Por lo menos en este aspecto la España de las autonomías ha ensanchado el ámbito de los que no alcanzan repercusión nacional, y quien antes se tenía que conformar con ser un *escritor de provincias*, entendido en el sentido de que sólo era leído por sus convecinos, puede aspirar ahora a ser un *escritor autonómico*, cuya obra se distribuye, se promociona y, lo más importante, se lee en el ámbito de la comunidad autónoma donde reside, lo que sin duda no proporciona grandes cifras en sitios como Cantabria o La Rioja, pero sí en territorios mucho más poblados como Cataluña o Andalucía.

Es evidente que cantidad no significa lo mismo que calidad, pero también es cierto que cuantos más libros se publican más oportunidades se brindan para que no queden inéditos trabajos interesantes. Otra cosa es lo que luego les cueste abrirse camino en un panorama antes muy selecto y ahora, tal vez, muy saturado. Y otro asunto aún más difícil es convertirse en un escritor profesional, hacer de la literatura una dedicación exclusiva.

Por mi profesión estoy en contacto con mucha gente que escribe, pero son escasísimos los que viven exclusivamente de ello. La mayoría compatibiliza su afición a las letras con un trabajo remunerado. Son periodistas, profesores, abogados, bibliotecarios, funcionarios. También sé de un escritor que trabaja en un horno de pan. En los últimos años he conocido un par de personas que abandonaron su profesión para dedicarse por entero a la literatura y ninguno me ha parecido especialmente feliz al cabo de un tiempo de tomar la decisión. He percibido en ellos una cierta decepción, un punto de ansiedad y una gran preocupación por asuntos económicos. Tienen más tiempo para escribir, pero también más presión. Tal vez añoran los días en que el tiempo era escaso pero la libertad era máxima. O simplemente han descubierto lo difícil que es pagar la hipoteca a base de tramas ingeniosas y frases brillantes. Y los escritores ajenos a las servidumbres cotidianas, los bohemios, los capacitados para entregarse en cuerpo y alma a las letras aunque sea a costa de estar en la miseria, simplemente desaparecieron, quedaron anclados a otra época. Hoy no parece quedar nadie dispuesto a vivir en las catacumbas con tal de mantener el fuego de su pasión literaria. Valientes dispuestos a esforzarse, muchos; temerarios listos a inmolarse en el altar de las letras, no tantos.

Por otra parte, escribir es una tarea solitaria pero no parece que el aislamiento sea una buena receta para la literatura, al menos para la literatura que aspira a dejar testimonio de su tiempo, la cual, con excepción de la novela histórica, es prácticamente casi toda la que se produce, incluyendo en ella gran parte de la poesía actual y por supuesto el teatro. No quiero decir con esto que quien se dedica por entero a escribir viva en una burbuja, ajeno a lo que pasa en el mundo. Después de todo, basta con cambiar de pantalla y asomarse un rato a Internet para estar al tanto de millones de acontecimientos; pero también es cierto que una vida profesional complementaria a menudo es muy enriquecedora, sobre todo cuando permite el roce diario con realidades diversas. Después de todo el autor es a menudo un ladrón de vidas ajenas y en este tipo de latrocinio ningún robo mejor que aquél que se acomete sobre experiencias, emociones y testimonios que se conocen de primera mano.

Otro caladero en el que un escritor echa las redes es en la literatura ajena. No hablo de plagio, hablo de contagio. No conozco ningún escritor que no sea en primer lugar, antes que cualquier otra cosa, un apasionado lector. Y todo lo que leemos nos contamina. Para bien o para mal. A veces nos pega un tic, en ocasiones todo un estilo, y la mayoría de las veces lo que nos va quedando son pequeñas huellas de aquí y de allá que a menudo tardamos años en apreciar e incluso a veces ni siquiera estamos dispuestos a reconocer.

Más de veinte años después de haber sido un fiel lector de Graham Greene publiqué una novela, *Días sin tregua*, en la que, unos meses después de estar en la calle, me di cuenta de que había una enorme influencia del escritor inglés. Cómo había aflorado tantos años después es algo que todavía me maravilla porque significa que gran parte de lo que leemos, vemos o escuchamos se queda en algún rincón de nuestra memoria dispuesto a resurgir cuando apretemos la tecla adecuada en el panel de los sentimientos.

En estos momentos apenas leo otros libros que los de mis contemporáneos. Con frecuencia escucho a algún erudito que comenta su pasión por los clásicos y su desinterés por la literatura actual. A mí me pasa todo lo contrario: me interesa muchísimo lo que se escribe ahora mismo, lo que publican mis coetáneos, en especial cuando hablan de la época que nos ha tocado compartir. Me gusta conocer su interpretación de lo que pasa o de lo que pasó recientemente. Me gusta que me cuenten mi vida y mi época a través de las vivencias de sus personajes. Me gusta que aclaren mis ideas o que me provoquen una mayor confusión. Me gusta que me pinchen y que me relajen, que me exciten, que me serenen, que susciten mi curiosidad o que me la satisfagan.

Creo que fue en COU cuando leímos en clase un libro de Miguel Delibes del cual se me quedó grabada una reflexión: el escritor vallisoletano comentaba la angustia que sufría a veces observando su biblioteca y siendo consciente de que moriría antes de poder leer todos los libros que guardaba allí. Me impactó ese comentario, pero aún me impactó más, años después, el caso de un pariente lejano que había acumulado libros y libros que esperaba disfrutar tras su jubilación, pero cuando por fin llegó serios problemas de salud le dejaron casi ciego, con las estanterías llenas y las pupilas vacías. Hay tanto por leer y hay tanto por contar que cuanto más tengamos a nuestro alcance, mejor, mucho mejor. Hasta los resúmenes de las contraportadas son capaces de proporcionarnos un minuto emocionante.

HABLANDO DE CRISIS NARRATIVA

José María Merino

Ignoro si el ser humano ha conocido, a lo largo de su historia escrita, algún periodo en el que no haya sentido las tribulaciones de las crisis: guerras, catástrofes naturales, problemas alimentarios, movimientos migratorios, transformaciones técnicas, enfrentamientos políticos y religiosos... Por ejemplo, en estos momentos el planeta está en ebullición desde muchas perspectivas, desde lo económico a lo bélico, sin olvidar la de sus propias condiciones naturales.

Una de las perspectivas que más llama la atención a quienes estamos interesados en la literatura es la incidencia de determinados factores en el campo de nuestro interés: por un lado, la generalización de un sistema de mercado que se basa en la aspiración al máximo beneficio y que parece obligar a las editoriales, incluso a aquellas que parecían baluarte de la defensa de los valores estéticos y conceptuales, a la búsqueda incansable del *best seller* millonario, mercantilizando de modo estricto incluso los mostradores de las librerías; por otro, la incidencia del mundo cibernético y de eso que llamamos *nuevas tecnologías* en la reproducción y transmisión de los productos escritos de la imaginación, un aspecto que puede afectar incluso a ese venerable soporte, el papel impreso organizado en forma de libro.

Sin embargo, hay algo que pertenece naturalmente al *homo sapiens*, y es su disposición insoslayable a ordenar en su imaginación ficciones por medio del lenguaje, como la forma originaria de intentar comprender el mundo que lo rodea. La ficción está con los seres humanos desde que existimos, es previa a todas las demás formas de conocimiento y subsistirá en tanto que nuestra especie sobreviva tal como está constituida. Por otra parte, seguramente todas las posibles ficciones están ya imaginadas mediante unos arquetipos inmutables que vamos actualizando y entrelazando mediante una innumerable combinatoria. Por eso no creo en la muerte de la literatura, que derivaría de la pérdida de la ficción, aunque la abundancia de tantos libros de esa clase, efímeros y hasta superfluos, pudiese hacernos pensar en ello.

Es cierto que tantos *best sellers* relacionados con lo pseudohistórico, o con lo esotérico, o marcados por su condición de simulacros/sucedáneos de la verdadera literatura, nos pueden hacer pensar que a un cierto período *clásico* de la modernidad literaria —el que habría comenzado con *El Quijote* y acaso se cerró con *La montaña mágica*, por proponer unas acotaciones significativas— comienza a sustituirlo una especie de regreso al espíritu de los libros de caballerías, en cuanto especímenes pensados sólo para el consumo fácil y el entretenimiento banal. Pero también es cierto que, entre los clásicos de la lectura, hay bastantes, como el propio *Quijote*, que también pretendieron entretener y divertir. Quiero decir que no todos los libros que buscan ante todo el entretenimiento son en sí prescindibles, si además llevan consigo otros valores estimulantes en lo estético y en lo moral.

Además, al menos en España, dentro de ese panorama en el que tanto abundan esos mamotretos de tapa dura —acorazados—, elaborados por quienes pretenden ante todo ganar mucho dinero en poco tiempo, siguen existiendo autores que creen en la literatura como elemento indispensable del quehacer artístico, y lo más esperanzador es que tales autores sean jóvenes, pertenezcan a nuevas generaciones de escritores.

Un ejemplo de ello sería el género del cuento. Frente a las grandes editoriales buscadoras de esas gruesas novelas capaces de producir rentas cuantiosas, a lo largo de los últimos años —los años de la crisis, precisamente— han surgido entre nosotros algunas pequeñas editoriales dedicadas casi en exclusiva al cuento literario. En una sociedad poco lectora como lo es la española, no deja de ser sorprendente este fenómeno de edición de un género en el que la prolijidad, superficialidad y simplificación características del *best seller* más común, el de puro consumo, son prácticamente imposibles, y que requiere además la colaboración ferviente del lector para ser desentrañado. Y la sorpresa aumenta si consideramos que tampoco el sistema educativo español, donde la enseñanza de la literatura sobrevive muy precariamente, utiliza el cuento literario como elemento iniciador del gusto en los jóvenes. Es decir, que tales editoriales se proyectan sobre un mundo lector autodidacta.

En ese mundo lector de cuentos se siguen reeditando los clásicos —de Poe a Cortázar o Carmen Laforet pasando por Chéjov, Clarín o Maupassant— pero también están presentes los jóvenes escritores, y quien siga con cierta atención el desarrollo del cuento literario que se está haciendo en España durante los últimos años —donde conviven, en ambos sexos, los escritores españoles con los hispanoamericanos— no dejará de sorprenderse de la vitalidad e interés del fenómeno.

En otro sentido, no todos los jóvenes que escriben novelas están al servicio de la producción de esos libros masivos, vacuos y sin otra pretensión que la comercial que parecen predominantes. También, quien se interese por la situación de la novela que me atrevo a denominar *literaria* en España puede encontrar ejemplos suficientemente demostrativos de que continúa la tradición en el buen camino y con no mala salud, aunque otra cosa sería analizar el acierto y el buen criterio de las fuentes informativas y orientadoras al respecto.

Lo que puedan determinar los cambios técnicos no es posible predecirlo aún. En la estupenda biblioteca de Hernando Colón no entró ni un solo libro elaborado mediante la imprenta de tipos móviles, la técnica Gutemberg, porque tales objetos no se consideraban dignos de llamarse libros, denominación que solo correspondía a los manuscritos… Pero lo que no parece plantear duda es que si la especie humana sobrevive sobrevivirá la ficción; que el lenguaje escrito seguirá componiéndose en formas narrativas y que seguirán existiendo verdaderos creadores capaces de transmitir en esas formas contenidos que nos ayuden a seguir mejorando el conocimiento poético, misterioso, profundo, de lo que somos.

GARABATOS DE ARENA

Rosa Montero

Pertenezco a una generación que se educó literariamente en su lengua leyendo a los autores latinoamericanos. Las dictaduras, sobre todo si son largas, destrozan el tejido cultural de una sociedad, y durante las últimas décadas del franquismo los españoles, salvo excepciones, no leíamos a nuestros propios autores. Luego, con la normalización democrática, llegó un momento de gracia en el que descubrimos a nuestros escritores. Este súbito enamoramiento lector dio un impulso increíble a la ficción en España. No sólo empezaron a ser mucho más leídos los autores veteranos, sino que además surgieron novelistas nuevos hasta de debajo de las piedras, y eso dio lugar a la llamada Nueva Narrativa, hoy ya notablemente vieja, porque está cumpliendo los treinta años.

La fuerza de aquella primera explosión no se ha extinguido. Pienso que la novela goza de buena salud en todas partes, pese al cansado y tópico esnobismo de quienes anuncian su muerte; pero yo diría que en España la situación es especialmente favorable. No todas las literaturas cuentan, como la nuestra, con cinco generaciones de novelistas en activo, desde los nonagenarios como José Luis Sampedro hasta los veinteañeros como Laura Gallego, y todos ellos con sus propios lectores. Digamos que es una época de plata, ecléctica, muy profesionalizada, sin escuelas ni movimientos literarios. Cada cual va devanando su madeja y cabe todo. También caben, desde luego, los *best sellers* hechos con troquel, es decir, los libros pura y crudamente comerciales. Nunca ha habido en España tantos escritores de *best sellers* como ahora, cosa que algunos enfadados puristas consideran un claro signo de decadencia, la prueba inequívoca de que nuestra literatura ha caído en unas hondonadas abisales. Pero el caso es que tampoco ha habido antes en España tantos escritores de todo tipo, tantos lectores, tantas publicaciones. Bienvenidos sean los autores descaradamente comerciales si sus libros hacen nuevos lectores y son un síntoma de la vitalidad del sector.

Un problema aparte, y no exclusivo de España sino común en todo Occidente, es el ruido del mercado. Desde hace un par de décadas, y de manera progresiva, se han empezado a utilizar en el circuito literario técnicas publicitarias muy agresivas. Ahora los libros se apilan en las librerías en grandes torres, junto con aparatosos expositores en cartón, castillos tridimensionales de plástico, personajes silueteados y dragones de tamaño natural. Todo este despliegue hace que en las librerías no quepan los libros, y que hoy en día en España sea más fácil vender 30.000 ejemplares de un libro que 3.000. Porque con la novela de gran tirada se hacen pilas, mientras que el libro de pequeño recorrido necesitaría tiempo, necesitaría mantener una o dos copias visibles en cada librería durante muchos meses, para que llegase a funcionar el boca a boca y pudiera encontrarse finalmente con sus lectores. Pero las obras de tirada corta carecen hoy de ese periodo de gracia; al mes de no haberse vendido —¿y cómo venderla si nadie la ha visto, sepultada como estaba por el dragón?—, la novela es devuelta, y a los dos meses ya ha sido guillotinada y convertida en pulpa. Este mercado antropofágico y gritón es opresivo. Porque, si bien en la España de hoy es relativamente fácil publicar una primera novela, empieza a suceder que lo verdaderamente difícil es sacar la tercera, tras editar un par de libros que no han funcionado. Para peor, se diría que se está asentando social y culturalmente la creencia de que un libro es bueno si vende y malo si no lo hace. Esto es, la idea de que el resultado comercial es el único baremo de calidad. Curiosamente, cuando comencé a publicar, hace treinta años, en España imperaba la tontería contraria: se creía que un libro que vendía era malo y que sólo podía ser bueno aquello que no compraba nadie. Supongo que ambas mentecateces son igual de dañinas.

Pese a esta presión, la narrativa española sigue viva, los novelistas escribimos, los libros se publican, los lectores leen. Yo creo que las novelas nacen del mismo estrato del inconsciente de donde nacen los sueños. Y, si uno consigue profundizar lo suficiente, llega a conectar con el inconsciente de su sociedad. Las novelas son los sueños de la Humanidad y un escritor que es fiel a sí mismo es fiel a su época; lo que sucede es que es difícil ser verdaderamente fiel, verdaderamente libre. Es difícil oponerse al ruido del mercado, pero también a tus propios miedos de pérdida de control, a tu idea de ti mismo. Para mí, madurar como escritora es intentar ser cada día un poco más libre cuando escribo. Dejarme atravesar por los fantasmas colectivos de mi mundo, que es la sociedad urbana y occidental. Es un mundo caótico, fragmentado, discontinuo, amenazado, híbrido. El siglo XX demolió todas las certidumbres, y ahora, a comienzos del XXI, ya no es fiable ni siquiera el yo. De ahí, me parece, que tantos autores contemporáneos se incluyan a sí mismos como personajes dentro de la ficción. Supongo que es una de las características de la modernidad narrativa, y es un recurso que también empleamos en España —desde las pioneras Carmen Martín Gaite o Nuria Amat a Javier Marías, Javier Cercas, yo misma. Pero creo que el rasgo más distintivo de la ficción del siglo XXI es la ausencia de rasgos específicos. La realidad es hoy tan móvil y confusa que las novelas, al intentar reflejarla, son como garabatos de arena que dibuja el viento.

NARRAR EN EL SIGLO XXI: LA CULTURA DE LA TRANSNACIÓN

Gonzalo Navajas

Mi actividad literaria ha estado definida por una trayectoria alternante a ambos lados del Atlántico, con núcleos y focos predominantes ubicados en España y Estados Unidos. El sistema educativo de la España franquista me enseñó a desconfiar de los límites impuestos por una nación que, en ese momento particularmente sórdido de su historia, me parecía carecer de todo atributo o cualidad valiosa con la que yo pudiera identificarme. De manera análoga a Luis Cernuda, aunque sin llegar a compartir con él su ruptura radical con la patria de origen, para mí los vínculos con la nación se limitaban escuetamente a la lengua como un instrumento de comunicación, ya que los contenidos que esa lengua transmitía me parecían inválidos y contraproducentes para mi pensamiento y proceso de escritura.

No obstante, mi elección de una lengua primordial —aunque no única— de trabajo no fue casual y accidental. Elegí el español cuando tal vez hubiera sido más asequible para mí elegir el inglés que, al fin y al cabo, era la lengua de mi más inmediata circunstancia, la que determinaba mi experiencia cotidiana más frecuente. Mi preferencia estuvo motivada por mi inserción en un paradigma cultural en el que pensé podía hacer una aportación más real, con mayor impacto. Mi propósito era contribuir a que la cultura española adquiriera una legitimidad y relevancia internacionales que le habían estado negadas durante siglos, potenciarla dentro de unos parámetros transnacionales. Aunque he escrito y escribo en inglés y me intereso profundamente en otras lenguas y literaturas, mi lengua primaria es el castellano y mis escritos están concebidos para un público preferentemente situado en esa lengua.

La dimensión lingüística no debe determinar, sin embargo, los componentes temáticos y artísticos de la textualidad. La literatura española dejó de proyectarse universalmente cuando se hizo local y estuvo obsesivamente ensimismada en el estrecho marco de lo nacional. La eclosión del primer tercio del siglo XX, desde Ortega y Gasset a Jorge Guillén y García Lorca —y en el arte visual, Picasso, Dalí y Buñuel— ocurre a partir de una *Aufhebung*, una superación sintetizadora de los parámetros nacionales. Tanto mi obra de crítico como de novelista se encamina a la superación de los límites de la nación. Por ello, no quiero ser identificado como un escritor *latino*, adscrito rígidamente a una de las múltiples categorías taxonómicas que proliferan en el medio académico norteamericano. Soy un crítico cultural, un escritor que escribe en español desde una perspectiva internacional y pluridimensional. Mis libros más recientes, publicados en el siglo XXI, tanto mis novelas —*En blanco y negro* (2007) y *La última estación* (2001)— como mis textos críticos —*La utopía en las narrativas contemporáneas* (2008), *La modernidad como crisis* (2004) y *La narrativa española en la era global* (2002)— son una respuesta al desafío más apremiante que plantea la condición contemporánea: ensayan e investigan posibles modos de inserción del cada vez más devaluado y prescindible yo individual dentro del marco de los movimientos migratorios masivos y del lenguaje global y mediático. Las figuras de mis novelas tratan de discernir formas de posicionamiento frente a una de las disyunciones más perturbadoras de nuestra época: el conflicto entre el imperativo de definición y distintividad personal y la presión abrumadora de un entorno cada vez más condicionado por la iconografía efímera y despersonalizada de la *trash culture*, en la que las diferencias individuales quedan asfixiadas en el magma de la uniformidad mediática. Aunque no comparto plenamente la visión apocalíptica de Paul Virilio en torno a las sociedades sometidas a la *bombe informatique*, la trayectoria de mis personajes es un intento de afirmación propia por encima de unas circunstancias en apariencia insuperables. No obstante, a diferencia de la visión terminal de la historia de Virilio y otros pensadores, mis novelas intentan caminos de apertura tanto epistemológica como ética.

De modo paralelo y complementario de mi trabajo novelístico, mis libros de crítica procuran insertar las obras de la cultura en español dentro de la intertextualidad y la interconectividad actuales. No me limito en esos libros al medio de la palabra escrita. También en este aspecto intento la ruptura de fronteras convencionales y estudio las relaciones entre la narratividad escrita y la visual y plástica. La letra se interrelaciona así plenamente con la imagen fotográfica, que, como demuestran John Berger y Susan Sontag, ha revolucionado no sólo nuestro modo de ver el mundo sino *el mundo mismo*. Además, considero las ideas seminales que generan la arquitectura contemporánea, en particular, a partir de las formulaciones heterogéneas que superan las deficiencias del llamado *estilo internacional* y sus consecuencias letales para la habitabilidad de las urbes del siglo XX. Por tanto, Venturi, Einseman, Calatrava, Pei y Frank Ghery prevalecen, en mis propuestas, por encima de Le Corbusier, Van der Rohe y la uniformidad de un diseño urbanístico, en última instancia, antiestético y deshumanizante.

Es aparente que mi experiencia transatlántica e internacional, deliberada y metódica a la vez, ha tenido y sigue teniendo una motivación decisiva en mi obra. Vivir con plena intensidad la experiencia del siglo XXI para mí significa hacerlo a partir de la exploración de los intersticios que dejan al descubierto la multiplicidad de lenguajes y la versatilidad de culturas que los nuevos medios de comunicación han creado. Pienso que la función del escritor y crítico cultural en este momento consiste en la potenciación del juicio analítico y evaluativo, dentro de la avalancha de datos e información neutros y amorfos que Internet y otros modos informáticos audiovisuales nos ofrecen de manera ininterrumpida y siempre en un *tiempo real*, para el que no existen espacios ni tiempos diferenciales.

La edad informática nos ha proporcionado, por primera vez en la historia, la simultaneidad temporal y espacial, la infinitud de la comunicación. Me apasionan los avances fascinantes que esta nueva era nos ha aportado a todos para relacionarnos de manera mucho más rápida y universal. Lo que ese modelo parece incapaz de darnos son los instrumentos para situarnos más adecuadamente frente a los enigmas que, desde siempre —tanto para el hombre de Neandertal como para el del siglo XXI—, abren nuestra condición de sujetos desamparados y fundamentalmente vulnerables frente a la ineluctabilidad de la temporalidad. Es ése, precisamente, el agente motivador y el campo más significativo de mi obra de creación y de crítica.

ARGUMENTISTAS Y FRAGMENTARIOS EN LA SELVA DEL SUPERMERCADO

Antonio Orejudo

Precisamente ahora, cuando se habla del final del libro y de la victoria definitiva de la ficción electrónica o cinematográfica sobre la ficción literaria, aparece una de las generaciones más numerosas de la historia de la literatura española. Desde el Siglo de Oro o, más tarde, desde la Generación del 27, la literatura española no conocía una nómina de autores tan amplia como la de los nacidos en la década de los sesenta, que comenzaron a escribir en los últimos años del siglo XX y tomarán el poder cultural en la segunda década del siglo XXI. La paradoja tiene más relevancia de lo que parece, porque lo que hizo de los siglos XVI, XVII y XX épocas de gran creatividad literaria no fue el aumento del número de escritores, sino el aumento del número de lectores, que creó en un tiempo muy breve una extraordinaria demanda de productos literarios novedosos. Hoy asistimos al fenómeno inverso: cuando los libros van dejando de ser la única fuente de conocimiento y placer, aparece en España una generación extravagantemente extensa de escritores que ofrecen al mercado no una corriente literaria, sino todas las que el mercado demanda.

Como ya he dicho en otra parte[1], la variedad de tendencias, influencias y objetivos, y el individualismo con que estos escritores afrontan su trabajo tienen su origen en un hecho más cercano a la sociología que a la literatura: son escritores del *boom,* del *boom* demográfico español de los años sesenta.

---

[1] "La narrativa del *boom* (demográfico) español". En: *Ínsula* 530, pp. 15-16.

Al contrario de lo que sucedió con la generación anterior —Javier Marías, Antonio Muñoz Molina y pocos más—, los nacidos en esta época empezaron a publicar en un abigarrado panorama literario[2]. Los miembros de esta generación no tienen cohesión entre sí. Todo lo contrario: acostumbrados desde la infancia a luchar por un espacio propio en una sociedad atestada de contemporáneos, es decir, de competidores, los escritores de este *boom* particular aplicaron a la literatura las mismas herramientas que usaron para abrirse paso en la vida: buscar la singularidad, destacar en la masa de gente, hacerse visible en la mesa de novedades.

A esta actitud contribuyó también la intensa mercantilización que sufrió la institución literaria desde finales del siglo xx. Es cierto que no ha existido nunca un estado arcádico en el que la literatura haya sido elaborada y consumida únicamente como producto artístico, al margen del mercado. Desde la aparición de la imprenta la literatura es una mercancía. Sin embargo, de un tiempo a esta parte esta consideración de la literatura como manufactura se ha acentuado. Las pequeñas editoriales han sido absorbidas por grandes grupos empresariales, en los que la división literaria supone una mínima parte de sus beneficios. Aquel editor, dueño de su editorial, que establecía relaciones personales con los autores, y que incidía en el mercado antes de que el mercado incidiera en él, ha dejado paso a un ejecutivo más preocupado por la rendición anual de cuentas que por el resultado literario.

Además, el mantenimiento de la industria literaria exige, como cualquier otra industria, la captación del mayor número de consumidores posible. Para ello hay que poner en circulación una amplia variedad de productos que satisfaga todo el abanico de gustos. Y aquí es donde llega nuestra legión de autores, ansiosos por hacerse un hueco en el mundo literario, y adiestrados para conseguirlo. El resultado es una producción de extraordinaria variedad, pero sin ideas-fuerza: un panorama más cercano al estante del supermercado que al estante de una librería.

En un momento de transición cultural como el presente resulta muy difícil manejarse en esta selva de contenidos y tendencias. La corriente de democracia mal entendida, que comenzó a principios del siglo xx y que se exacerbó en Estados Unidos con las reivindicaciones de las minorías étnicas y sexuales, destruyó las jerarquías. La segregación por calidad se consideró elitista y viciada ideológicamente, es decir, inservible desde su origen.

---

[2] Baste como prueba los 38 autores de la única antología generacional: *Páginas amarillas* (Madrid: Lengua de Trapo, 1997), en la que además no están todos los que son.

Como si cualquier toma de postura no fuera siempre una toma de postura ideológica. El gusto se democratizó, la calidad se relativizó y el llamado canon occidental fue puesto en solfa. Ante la ausencia de criterio y de referencias a la hora de valorar la calidad, la cantidad se convirtió en el único parámetro indiscutible. Y así fue como el número de ejemplares vendidos dejó de ser una simple cantidad para convertirse en un indicio de calidad.

Con todo, en este generoso surtido de tendencias y concepciones literarias es posible distinguir dos grandes actitudes narrativas. Ninguna de ellas es nueva; ambas han aparecido y desaparecido varias veces a lo largo de la historia de la literatura. Por un lado están los defensores del argumento, de la trama como columna vertebral del relato. Se trata de escritores realistas, que construyen narraciones más o menos lineales y que recurren al suspense o a la intriga para mantener la atención del lector. Son contadores de historias que se sitúan en la vanguardia no atacando la tradición, sino defendiéndola y ampliándola[3].

Frente a esta manera de entender la literatura se sitúa otro tipo de escritor, menos narrativo, más poético[4]. No es una casualidad que muchos de estos autores se iniciaran en la ficción literaria con un primer libro de poesía o que se consideren a sí mismos más poetas que narradores. Sus libros no se levantan sobre una estructura, sino que discurren fragmentariamente, buscando no tanto la atención del lector, cuanto su asombro mediante la fuerza expresiva de sus imágenes y evocaciones, expresadas con una prosa desarticulada, más atenta al lenguaje que a la trama.

Pero como siempre sucede en estos casos, los libros que a mi juicio resultan más interesantes son los que se gestan en la frontera de una y otra tendencia, los que buscan nuevos temas y, sobre todo, nuevos modos de tratar los viejos temas: un camino entre la fuerza expresiva del fragmento y el placer de la trama argumental.

---

[3] Puede encontrarse una buena muestra de estos autores en el volumen coordinado por mí (2004): *En cuarentena. Nuevos narradores y críticos a principios del siglo XXI*. Murcia: Universidad de Murcia.

[4] El ejemplo más diáfano es Agustín Fernández Mallo (2006): *Nocilla Dream*. Barcelona: Candaya.

ALGUNAS NOTAS SOBRE MI NARRATIVA

Julia Otxoa

Como autora de microrrelatos, frecuentemente suelen preguntarme el motivo de mi elección del género breve como forma narrativa; en realidad, no fue tanto opción sino hallazgo. Un buen día descubrí que el poema iba transformándose en otro paisaje en el que aparecían figuras, voces que tenían historias que contar; el resultado fue que el poema dio paso a la narración, pero sin abandonar aquellas herramientas de concisión y brevedad propias de las imágenes poéticas.

Siempre me ha interesado la síntesis del lenguaje como herramienta esencial en la precisión de lo narrado, es algo que tiene mucho que ver con el concepto de intensidad expresiva, muy cercano a la abstracción poética. Huyo de toda retórica, me preocupa potenciar al máximo la expresión mediante una austeridad de medios que eleve la tensión en el interior de la narración. Como creación me apasiona toda forma de hiperbrevedad discursiva en cualquier dimensión literaria: microficción, aforismos, prosas poéticas mínimas, etcétera; encuentro en todas esas variantes una valiosa identidad literaria transfronteriza, abierta a infinitas posibilidades combinatorias.

Hay en toda mi obra una mirada perpleja sobre el mundo, un profundo escepticismo, a veces irónico otras inquietante, ante lo ilegible del acontecer humano. La escritura dentro del enigma de existir como respuesta simbólica al laberinto. Encuentro en este modo de narrar que algunos estudiosos denominan como *literatura surrealista* o *del absurdo* el mejor medio para traducir cuanto ocurre a mi alrededor.

Se hallan siempre en mis relatos una serie de ingredientes fieles: el juego con las apariencias y el propio lenguaje, la inclusión de lo inquietante como parte de la normalidad, el factor sorpresa, la ironía, el humor como deconstrucción del orden lineal con el que a veces aparece disecada la vida. Es un universo narrativo entre la melancolía y el humorismo, entendiendo la melancolía como tristeza que se aligera, y el humor como trasgresión y cuestionamiento crítico a través de las distintas escenografías alegóricas.

Lo sugerido, lo entrevisto, es tan esencial en mis textos como aquello específicamente narrado en ellos. Me atrae especialmente esa otra lectura que atraviesa la aparente invisibilidad de las cosas, para percibirlas de un modo no marcado por la costumbre. Trato por ello, en algunos de mis relatos, de descontextualizar circunstancias, textos, unidades de significado, formulándolos de un modo diferente en el tiempo de la ficción, en contraposición al ámbito cerrado de los discursos habituales sobre lo real.

Me planteo el ejercicio de escribir como mirada múltiple sobre la propia escritura y lo narrado, la literatura como arte combinatoria de universos simbólicos abiertos a múltiples lecturas e interpretaciones. Como viaje a través de la ficción hacia el ámbito público o privado de nuestro tiempo, a la memoria, a la Historia, al Arte, a la propia realidad del lenguaje como equipaje heredado, susceptible de ser reimaginado y transformado en la narración; en definitiva, concibo la literatura como indagación en el conocimiento, como traducción simbólica a través de las interrogantes.

Para finalizar esta breve reflexión sobre mi narrativa hablaré de los orígenes y la evolución de este género del microrrelato en el que trabajo. Cercano a veces a la fábula, la sátira, el ensayo, la alegoría o la poesía, sus inicios se funden con los mismos comienzos de la escritura. Las primeas formas breves de texto como entidades de significado autónomo aparecen por primera vez hace cuatro mil años en escritos sumerios y egipcios. Más tarde, serían entre otras la cultura sufí y la yadish las que utilizarían estas historias brevísimas como parábolas en la narración del universo.

Según Enrique Anderson Imbert, un especialista en el género, "[n]o será hasta la Edad Media cuando puede hablarse de una clara diferenciación y definición de ficciones breves, la mayoría de ellas en el ámbito de la literatura didáctica". Luego, mucho después, en el terreno de lo que puede considerarse cuento moderno (siglo XIX) fue en Latinoamérica donde el género hiperbreve fue adquiriendo un auge que no ha dejado de crecer e intensificarse con grandes escritores como Jorge Luis Borges, Julio Cortázar, Augusto Monterroso, José Arreola, etcétera.

Indudablemente la narrativa breve ha evolucionado a lo largo del tiempo. La herencia latinoamericana, así como la europea de Kafka, Canetti, Robert Walser, Walter Benjamin, Ramón Gómez de la Serna o Max Aub, han ido dando paso a otras formas exploratorias de narración dentro de una gran diversidad de estilos en los que a menudo los géneros se interrelacionan y funden en textos breves que conforman en su corpus formal y conceptual auténticas joyas de concisión, agilidad y levedad, repentino salto del poeta filósofo del que hablaba Italo Calvino en su libro *Seis propuesta para el próximo milenio*, que alzándose sobre la gravidez del mundo hace avanzar a la literatura. Levedad que hace recordar, por otra parte, al poeta Guido Cavalcanti, que aparece en uno de los cuentos de *El Decamerón* de Bocaccio, transformado en saltamontes que vuela y atraviesa en un solo segundo el espacio pétreo de una lápida.

Posiblemente estos brevísimos relatos del presente difieran del canon establecido para ellos en otro tiempo, y es bueno que así sea; pura materia de tiempo, el lenguaje cambia. Aquí una vez más nos encontramos con el escritor como lector de la realidad; ésta transforma constantemente su visión de las cosas. El viaje de la creación es una apasionada aventura por la expresión como indagación de significado, como unidad de sentido dentro de una dinámica simbólica de representación, indisoluble de esa búsqueda y estancia simultáneas del ser en sus tiempos múltiples.

EL FINAL ABIERTO

José Ovejero

Sin un argumento nos volvemos locos —sucesión de escenas, sensaciones que nos resultan arbitrarias, sin causa ni efecto: ahora el dolor, ahora el asombro, ahora esa mujer que me sonríe, ahora me empapa la lluvia, ahora una nube de mosquitos, ahora alguien muere, ahora el sonido del viento, caen las hojas...; la trama da, si no un sentido, al menos una sensación de orden que nos permite mirar la realidad. La abstracción continua sólo es soportable en pequeñas dosis, y la realidad, sin trama, se vuelve abstracta, y así insufrible.

Lo abstracto puede, sin embargo, ser interesante, porque nos saca de nuestro hábito de querer entender. Por eso nos fascina principalmente en la pintura: porque hay un marco que impide que se desparrame, y un itinerario a seguir, de un cuadro a otro, de una sala a otra, que vuelve concretos los cuadros —aunque su contenido siga siendo abstracto—, e introduce un orden que imponemos nosotros mismos, y no el autor, como suele suceder en los libros. En la música, la abstracción resulta menos llevadera; si renuncia a la melodía —que es una forma de argumento— la música abstracta sólo agrada a quien ha aprendido a interpretarla, a convertirla en metanarración.

En general, no seríamos capaces de contemplar el mundo, ni a nosotros mismos, sin un hilo argumental. Sólo mediante la construcción de un argumento podemos intuir nuestra identidad.

Pero la función de la literatura no es ordenar el mundo; de eso se encargan la política, la economía, la ciencia, la publicidad —que nos dice quiénes somos y quiénes debemos ser, lo que poseemos y lo que deseamos. La literatura sólo se justifica por su capacidad de desenmascarar el orden aparente. Por eso, toda trama demasiado cerrada debe parecernos sospechosa; aborrezcamos las novelas de detectives, reliquia de una época que confiaba más en la razón que nosotros. Aborrezcamos las novelas cuyo logro principal es atar todos los hilos argumentales en un nudo final.

Aceptar la trama como esqueleto de un libro no significa que cada pieza tenga que estar en su sitio. La novela debe alcanzar lo que en física se conoce como equilibrio inestable: el hecho de que una forma y una historia coincidan para crear un cuerpo no significa que esa coincidencia sea necesaria, ineluctable. Hay que desconfiar de lo inevitable, de lo necesario. Es la voluntad del autor la que fija el destino de los personajes, la que impone ese breve equilibrio que podría derrumbarse de un momento a otro. Cualquier accidente, cualquier azar podría dar una vuelta de 180º a la narración —la vida también tiene una lógica muy limitada. Así, el final de una novela no es único; hay decenas de desenlaces posibles para una misma historia.

El reproche más frecuente que me hacen mis lectores: al final, ¿qué pasa? Algunos afirman que es demasiado fácil dejar un libro sin terminar. Un amigo al que había enviado *Un mal año para Miki* como manuscrito me escribe diciéndome que le ha gustado mucho el libro pero que me he olvidado de enviarle las últimas páginas.

El final abierto como expresión de la inseguridad de nuestros tiempos; inseguridad en el sentido positivo —¿tiene alguno? Sí—: nada es definitivo, nada es seguro, nada es sólo de una manera, todo fin es una forma de interpretar lo anterior. Antes era frecuente escribir sabiendo de antemano lo que iba a ocurrir, porque escribir era precisamente una forma de llegar a ese final, en el que estaba en germen toda la novela; hoy muchos empezamos a escribir, conscientes de que puede que no conozcamos hacia dónde nos llevará la trama: escribir así es más vitalista, no escribimos desde la muerte, sino desde el nacimiento.

Y ya que hablamos de la muerte, referencia inevitable si nuestro tema es el final de un libro: por lo visto Walter Benjamin decía que leemos "para vivir la experiencia de la muerte", puesto que "lo que atrae al lector a la novela es la esperanza de calentar su vida helada al fuego de una muerte, de la que lee" (Rafael Reig 300)[1]; y también nos recuerda Reig que "[e]n general, las novelas se escriben desde el final —el autor sabe cómo acaba—, pero

---

[1] Reig, Rafael (2006): *Manual de literatura para caníbales*. Barcelona: Debate.

se leen desde el principio —el lector no. La vida, para que tenga sentido, habría que leerla también desde el final. Los republicanos recordaban la observación de Heimann de que un hombre que muere a los treinta y cinco años, es, hacia atrás, en cada momento de su vida, un hombre que muere a los treinta y cinco años". (300)

Pero yo, como otros muchos, no escribo desde el desenlace; empiezo a narrar sin tener esa perspectiva desde fuera, sin poder observar cómo desde el punto alfa llego al punto omega. No soy el narrador omnisciente de esa novela en la que escribo una novela. Al comenzar no sé, francamente, casi nada. Y lo poco que sé estoy dispuesto a abandonarlo. Es lógico, entonces, que me meta en vericuetos de los que resulta difícil salir. Que inicie historias que luego dejaré colgadas. ¿Se separarán Lebeaux y Sophie? ¿Abrirá la puerta Marta? Y Miki, ¿qué demonios va a hacer Miki después de reventarse un pie de un disparo?

¿No resulta más interesante dejar que cada historia vaya completándose en la cabeza, en la experiencia, en los deseos del lector? Empezar a escribir sabiendo cómo va a terminar el libro es como vivir conociendo la hora y el lugar de nuestra muerte. Todos nuestros actos parecen entonces condicionados por ese instante; viviríamos rellenando los días, y las páginas, como quien rellena las casillas de un formulario; sabríamos cuántos de nuestros esfuerzos no tienen ningún sentido; escribir empujando a todos nuestros personajes hacia ese destino inevitable los vuelve marionetas que sólo se mueven si yo tiro de sus brazos con mis hilos. Qué aburrimiento.

Según Eco, la literatura nos enseña, precisamente, a conformarnos con la muerte. Lo que sucede en las páginas que leemos ha sucedido ya, aunque para nosotros sea presente. Pero el destino de los personajes está fijado, no importa que lo ignoremos; tampoco sabemos cómo moriremos, y sin embargo lo haremos, aunque ahora parezcamos inmortales, aunque la intensidad de nuestros sentimientos, o la intensidad de su carencia, tenga tal presencia que parezca eterna. En una novela nada se puede cambiar; estaba escrita antes de que empezáramos a leerla. Sólo es posible alterar lo que no ha sucedido todavía. Así, dejar el final abierto, o dejar sin definir la conclusión de diversos aspectos de la trama, es una manera de rechazar la muerte.

De esa forma, tampoco los personajes se acaban cuando se cierra el libro, la peripecia continúa. Como desearíamos que sucediese con nuestras vidas: somos incapaces de imaginar nuestra propia muerte; al intentar hacerlo, no podemos evitar pensar en el después: ¿quién estará alrededor del ataúd? ¿Qué sentirán? ¿Cómo hablarán de nosotros? Nuestra conciencia rechaza el final cerrado. Nos negamos a que todo termine. Dejarlo abierto sería, entonces, una forma desesperada de inmadurez.

Pero es posible otra interpretación: el final abierto es una forma radical de realismo. En nuestras vidas quedan siempre hilos sueltos, no hay ninguna acción, ningún acontecimiento al que podamos adscribir un inicio y un término determinados. De la misma manera que, al contrario que los malos personajes literarios, no actuamos por una sola razón, las historias en las que participamos tienen múltiples ramificaciones, argumentos incompletos, fases difíciles de comprender. Y si miramos toda nuestra vida como historia, y no sólo tal o cual fragmento, es obvio que siempre será una historia abierta: la muerte llega y zanja de golpe nuestros proyectos, no habremos hablado con nuestros hijos como deseábamos, nuestra relación amorosa, de tenerla aún, no terminará en nada significativo, en una frase redonda, en un momento de iluminación, ni en otra catástrofe que ésa, la muerte.

El final abierto puede reflejar esa perplejidad ante lo incomprensible de la existencia, ante su falta de propósito y de explicación; es un ejercicio de honradez no terminar una historia con un desenlace feliz, tampoco con uno triste pero que nos diga: así están las cosas. El final abierto implica que da igual lo que hagamos, que la vida continuará sin nosotros, y que intentar afirmar que dentro de un libro o de una vida está todo lo que importa no es más que una forma de autoengaño. Nada termina, como nada empieza; suceden hechos, con una relación más o menos estrecha, y cerramos el libro sabiendo que sólo hemos asistido a una parte de la representación. Y nos moriremos sabiendo que no somos más que actores secundarios, cuya aparición en escena habrá pasado desapercibida a la mayoría de los espectadores.

BREVES NOTAS BIOGRÁFICAS

ÓSCAR AIBAR (Barcelona, 1967)
Licenciado por la Facultad de Bellas Artes de la Universidad de Barcelona en la especialidad de Imagen, es co-escritor y director de los largometrajes *El gran Vázquez* (2010), *La máquina de bailar* (2006) y *Platillos volantes* (2004). Además ha trabajado como editor de guiones en la serie *Robles, investigador* para TVE y ha colaborado como guionista en la serie de animación *Cuttlas Microfilms*, dirigida por Calpurnio y producida por Tijuana Films para TVE. Entre sus publicaciones se encuentran las novelas *Los comedores de tiza* y *Tu mente extiende cheques que tu cuerpo no puede pagar*, con la que obtuvo el premio Talento FNAC de Literatura 2003. También ha publicado los siguientes libros de cómic: *Atolladero, Texas, Nacido salvaje* y *ADN*, editados asimismo en Francia e Italia. Como guionista de cómics ha trabajado para las revistas *Zona 84, Tótem, El Víbora, Makoki, Comix Internacional, Cairo* y *Cimoc*, en las que publicó historietas desde 1986 a 1994. Ha obtenido el Premio 1984 en tres ocasiones: al Mejor Guionista y al Mejor Guión en 1990 y al Mejor Guionista en 1991.
www.oscaraibar.com

XURXO BORRAZÁS (Carballo, La Coruña, 1963)
Es licenciado en Filología Inglesa por la Universidad de Santiago de Compostela y uno de los escritores más sobresalientes de la narrativa gallega de la última década del siglo XX. Comenzó a escribir poesía, para pasarse después

a la narrativa. Ha traducido al gallego *Trópico de Cáncer* de Henry Miller y *El ruido y la furia* de William Faulkner.

Su producción literaria comprende las novelas *Cabeza de chorlito* (1991), *Criminal* (1994), *Eu é* (1996), *Na maleta* (2000), *Ser ou non* (2004), *Costa norte/ZFK* (2008) y *Covalladas*. *Prosa vertical* (2010), además de sus *Contos malvados* (1998), el ensayo *Arte e parte* (2007) y las misceláneas *O desintegrista* (1999) y *Pensamentos impuros* (2002).

JUAN COBOS WILKINS (Minas de Riotinto, Huelva, 1957)
Es licenciado en Ciencias de la Información. Creador de la Fundación Juan Ramón Jiménez y también director de la Casa Museo del poeta en Moguer, dejó ambos cargos en 1995 para dedicarse plenamente a la literatura. Ha publicado poesía, teatro y prosa. Ha sido traducido a diversos idiomas e incluido en numerosas antologías y estudios de literatura española contemporánea. En el año 2007 el director onubense Antonio Cuadri adaptó para el cine su obra *El corazón de la tierra*. Ese mismo año fue nombrado Hijo Predilecto de su localidad.

Entre sus obras destacan los poemarios *A un dios desconocido*: *poemas 1981-1999* y *Biografía impura,* así como las novelas *El corazón de la tierra* (2001), *Mientras tuvimos alas* (2003) y *El mar invisible* (2007).

NAJAT EL HACHMI (Nador, Marruecos, 1979)
Se licenció en Filología Árabe por la Universidad de Barcelona y compartesu actividad como escritora con colaboraciones en diferentes medios de comunicación. En 2008 obtuvo el Premi Ramon Llull de novela por *L'últim patriarca*. Es asimismo autora del relato autobiográfico *Jo també sóc catalana* (2004).

LAURA FREIXAS (Barcelona, 1958)
Estudió en el Liceo Francés de su ciudad. Se licenció en Derecho en 1980, pero se ha dedicado siempre a la escritura. Ha sido profesora, conferenciante o escritora invitada en numerosas universidades españolas y extranjeras, como las de Estocolmo, Budapest, Cornell, Rutgers, CUNY o Virginia. Forma parte del Parlamento Cultural Europeo y preside la asociación Clásicas y Modernas para la igualdad de género en la cultura. Tras haber residido en Francia e Inglaterra, vive en Madrid desde 1991.

Ha publicado *Adolescencia en Barcelona hacia 1970* (2007), *El asesino en la muñeca* (1988), *Cuentos a los cuarenta* (2001), *Último domingo en Londres* (1997), *Entre amigas* (1998) y *Amor o lo que sea* (2005).
www.laurafreixas.com/freixasenglish.htm

MIQUEL M. GIBERT (La Granadella, Lérida, 1956)
Es licenciado en Filología Catalana y profesor de la Universidad Pompeu Fabra. Destaca por su obra como dramaturgo, que inicia con *El sol dels crisantems* (1982), Premio Joan Santamaria (1980), y continúa con *El vi més ardent* (1984), Premio Ciutat de Granollers (1982); *El somriure del marbre* (1988), *Fedra o La inclemència del temps* (1993) y *Memòria de Natzarè* (1997). Su novela *La victòria de la creu* (2006) fue finalista del Premi Sant Jordi y ganadora del Premi Joan Crexells.

J. A. GONZÁLEZ SAINZ (Soria, 1956)
Vive en la actualidad en la ciudad italiana de Trieste, donde ejerce como profesor y traductor. Licenciado en Filología por la Universidad de Barcelona, compagina su actividad como escritor y docente con colaboraciones en diferentes periódicos y revistas. Fundó en 1989 y dirigió hasta 2003 la revista *Archipiélago*. Ha traducido, entre otros, libros de G. Ceronetti, E. Severino, G. Stuparich, D. del Giudice y buena parte de la obra de Claudio Magris.

En 1985 publica *Porque nunca se sabe*, ensayo en colaboración con Ignacio de Llorens, y en 1989, la colección de cuentos *Los encuentros*. En 1991 vio la luz su relato "Antonomasia" en el libro colectivo *Narraciones* y en 1993 es traducido al alemán junto a otros autores españoles en el libro *Reisende auf Abwegen*. En 1996 obtiene el premio Herralde con *Un mundo exasperado* y en 2006, el Castilla y León de las Letras Españolas. En 2003 publicó la novela *Volver al mundo* y, en 2010, *Ojos que no ven*.

BELÉN GOPEGUI (Madrid, 1963)
Se licenció en Derecho en la Universidad Autónoma de Madrid. Durante un tiempo se dedicó a reseñar obras y hacer entrevistas para diversas publicaciones, como el suplemento de libros del diario *El Sol*, hasta que en 1993 apareció su primera novela, *La escala de los mapas*, apoyada por la escritora Carmen Martín Gaite. Además es autora de las siguientes novelas: *Tocarnos la cara* (1995), *La conquista del aire* (1998), *El lado frío de la almohada* (2004), *El padre de Blancanieves* (2007) y *Deseo de ser punk* (2009).

También se ha dedicado a la escritura de los guiones cinematográficos de las películas *La suerte dormida* (2003), de Ángeles González Sinde, y *El principio de Arquímedes* (2004), de Gerardo Herrero.

En 2005 apareció su primera y única obra teatral, "Coloquio", en el libro coral *Cuba 2005*.

MIGUEL MENA (Carabanchel, Madrid, 1959)
Escritor, periodista y locutor radiofónico, desde 1983 reside en Zaragoza, donde trabaja en la emisora Radio Zaragoza-Cadena SER. Es también colaborador de diversas publicaciones aragonesas y del suplemento "Artes y letras" del diario *Heraldo de Aragón*. En 2006 fue nombrado Hijo Adoptivo de la ciudad de Zaragoza. Su obra literaria incluye los títulos *El escondite inglés* (1997), *Onda media* (1999), *Cambio de marcha* (2000), *Una nube de periodistas* (2001), *1.863 pasos* (2005), *Días sin tregua* (2006), I Premio Málaga de Novela, y *Piedad* (2008).
www.miguelmena.com

JOSÉ MARÍA MERINO (La Coruña, 1941)
Elegido en 2008 miembro de la Real Academia Española de la Lengua, es narrador, ensayista y poeta. Realizó estudios universitarios de Derecho y su actividad laboral se desarrolló en el Ministerio de Educación. Entre 1987 y 1989 dirigió el Centro de las Letras Españolas del Ministerio de Cultura y a partir de 1996 se dedica en exclusiva a la literatura.

En 1972 publicó su primer libro: el poemario *Sitio de Tarifa;* su primera novela data de 1976: *Novela de Andrés Choz*. Después ha escrito otras obras como *El lugar sin culpa* (2007), Premio Gonzalo Torrente Ballester; *El heredero* (2003), Premio Ramón Gómez de la Serna; *Novelas del mito* (2000), compilación que incluye "El caldero de oro" (1981), "La orilla oscura" (1985) y "El centro del aire" (1991); *Los invisibles* (2000), *Las visiones de Lucrecia* (1996), Premio Miguel Delibes, y *Las crónicas mestizas* (1992), donde se recogen "El oro de los sueños" (1986), "La tierra del tiempo perdido" (1987) y "Las lágrimas del sol" (1898).

ROSA MONTERO (Madrid, 1951)
Estudió periodismo y psicología. Compagina su labor literaria con sus colaboraciones en distintos medios de comunicación. En 1997 ganó el I Premio Primavera de Novela por *La hija del Caníbal* y en 1999 el instituto La Laguna de Madrid le otorgó el Primer Premio Literario y Periodístico Gabriel García Márquez por su trabajo en el diario *El País*.

Además de la novela citada, ha publicado también *Crónica del desamor* (1979), *La función Delta* (1981), *Te trataré como a una reina* (1983), *Amado amo* (1988), *Temblor* (1990), *Bella y oscura* (1993), *Amantes y enemigos* (1998), *El corazón del Tártaro* (2001), *La loca de la casa* (2003), *Historia del Rey Transparente* (2005) e *Instrucciones para salvar el mundo* (2008).
www.clubcultura.com/clubliteratura/clubescritores/montero

GONZALO NAVAJAS (Barcelona, 1946)
Es novelista, ensayista, crítico literario y catedrático en la Universidad de California. Su intensa labor se manifiesta en su extensa colección de publicaciones, que han visto la luz en Estados Unidos, Europa y Latinoamérica. Entre sus obras más recientes se encuentran *La narrativa española en la era global. Imagen/Comunicación/Ficción; Más allá de la posmodernidad. Estética de la nueva novela y cine españoles; Unamuno desde la posmodernidad. Antinomia y síntesis ontológica.*

Como novelista, ha publicado *En blanco y negro* (2007), *La última estación* (2001), *Una pregunta más para el amor* (1991) y *De la destrucción de la urbe* (1987).
www.humanities.uci.edu/~gnavajas

ANTONIO OREJUDO (Madrid, 1963)
Licenciado en Filología Hispánica por la Universidad Autónoma de Madrid, obtuvo su doctorado en Stony Brook, Nueva York. Como profesor universitario, ha impartido clases en SUNY, en Stony Brook, en la Universidad de Ámsterdam y en diferentes universidades españolas, hasta establecerse en la Universidad de Almería.

Fue ganador del Premio Tigre Juan a la mejor primera novela del año y del XV Premio Andalucía de Novela con la obra *Ventajas de viajar en tren* (2003), que fue traducida al francés. También es autor de *Fabulosas narraciones por historias* (2007), *La nave* (2003) y *Reconstrucción* (2005).

JULIA OTXOA (San Sebastián, 1953)
Poeta, narradora y artista gráfica, cuenta con más de treinta títulos publicados; ha sido traducida a varios idiomas y ha participado en diversas antologías españolas y americanas. Asimismo, su obra gráfica ha aparecido en múltiples publicaciones y ha formado parte de numerosas exposiciones tanto nacionales como internacionales. Entre sus libros de poesía se encuentran *Luz del aire* (1982), *Centauro* (1989), *L'eta dei barbari* (1997), *La nieve en los manzanos* (2000), *Al calor de un lápiz* (2001), *Gunten Café* (2004), *Taxus baccata* (2005), *Anotaciones al margen* (2008), *La lentitud de la luz* (2008) y *Poemas de un ratón* (2010). Entre los de relatos, *Kískili-Káskala* (1994), *Un león en la cocina* (1999), *Variaciones sobre un cuadro de Paul Klee* (2002) y *Un extraño envío* (2007).
www.juliaotxoa.net

JOSÉ OVEJERO (Madrid, 1958)
Es licenciado en Geografía e Historia. Ha vivido varios años en Alemania y en la actualidad reside entre Madrid y Bruselas. Ha publicado las siguientes novelas: *La comedia salvaje* (2009), *Nunca pasa nada* (2007), *Las vidas ajenas,* Premio Primavera de Novela 2005, y *Un mal año para Miki* (2003). También ha cultivado la poesía —*El estado de la nación* (2002) y *Biografía del explorador* (2001), Premio de Poesía Ciudad de Irún 1993—, el teatro —*La plaga/Los políticos* (2007)— y los libros de viajes: *China para hipocondríacos,* Premio Grandes Viajeros 1998.

Sus artículos y relatos han aparecido en diferentes periódicos y revistas, tanto en España como en el extranjero, y ha dado conferencias en universidades e instituciones culturales en España, Italia, Estados Unidos, Bélgica, Francia, Argentina, Ecuador y México, entre otros países.

www.ovejero.info/sitio